Abschlußsicher verkaufen mit Joe Girard

und Robert L. Shook

Joe Girard aus Detroit, Michigan (USA), hält seit 1973 den Jahresrekord mit 1425 verkauften Autos; dabei kam er auf eine Monatsbestleistung von 174 bzw. einen Durchschnittsverkauf von sechs Autos pro Arbeitstag.

aus ***Guinness Buch der Rekorde***

Joe Girard / Robert L. Shook

Abschlußsicher verkaufen mit Joe Girard

AUTOHAUS

Übersetzung aus dem Englischen von Christoph Arndt

Die Deutsche Bibliothek – CIP-Einheitsaufnahme

Girard, Joe:
Abschlußsicher verkaufen mit Joe Girard / Joe Girard/Robert L. Shook
– Ottobrunn : Autohaus, 1998
Einheitssacht.: How to close every sale <dt.>

ISBN 3-89059-076-4

Titel der Originalausgabe: How to close every sale

This edition published by arrangement with Warner Books, Inc., New York.

Umschlaggestaltung: Vierthaler & Braun Grafikdesign, München
Satz: Mactop Rudolf Hartwig, Hohenbrunn-Riemerling
Druck und Bindung: Media-Print Informationstechnologie, Paderborn
ISBN 3-89059-076-4

INHALT

Vorwort zur deutschen Ausgabe von Erich-Norbert Detroy

Dieses Buch von Joe Girard zu lesen lohnt sich wirklich. Beginnen Sie, Spaß zu haben an unkonventionellen Ideen, der direkten Art wie er vorgeht, der Klarheit und seiner ungezähmten Praxisnähe, mit der er seine Ideen lebendig 'rüber bringt. Das Buch ist die gebündelte Erfahrung eines Mannes aus der Praxis. Deswegen darf man keine großen Theorien erwarten, sondern gesammelte Erlebnisse. Und wer dann in der Lage ist, diese auf seine eigene Praxis zu übersetzen, der kann damit nur seine Erfolge steigern.

Man mag einwenden, daß Amerikaner leichter zu begeistern, im allgemeinen offener, zugänglicher und Neuem gegenüber aufgeschlossener sind. Also müßte Verkaufen dort leichter fallen. Man mag auch einwenden, daß wir uns in Deutschland doch gerade vom „Hochdruck-Verkauf" verabschiedet haben. Sind doch hier die Bürger und Kunden viel mißtrauischer, skeptischer und schwieriger zu überzeugen. Sind doch hier die Verkaufsprozesse viel komplizierter, die Zusammenhänge viel komplexer und die Entscheidungsdauer viel länger als in den USA. Selbstverständlich müssen wir alles auf europäische Verhältnisse anpassen. Den kleineren Ländern. Den vielen Sprachen. Den unterschiedlichen Kulturen. Einer heterogenen Welt.

Lassen Sie einfach die Gedankenwelt von Joe Girard in Ihren Kopf hinein, auch wenn Sie sich gegen manche Idee sträuben. Denn er hatte Erfolg. Und eine alte Unternehmensberater-Weisheit sagt *„Gegen Erfolge diskutiert man nicht!"*

Unsere Welt wurde durch drei epochale Ereignisse drastisch verändert:

Erstens hat die Telekommunikation (ISDN, Internet, Cyber space, virtuelle Realität etc.) unsere Geschäftswelt **sehr schnell** gemacht. Wer hier nicht mitmacht, hat verloren bevor er anfängt. Devise Nummer eins heißt also: **Wir müssen *schneller* werden!**

Zweitens wurden bis 1989 noch ein Drittel aller Menschen kommunistisch regiert. In diesen Ländern gibt es heute eine Form von Turbo-Kapitalismus, der die Menschen (meist konfuzianisch geprägt) in einer unvergleichlich stark ausgeprägten Emsigkeit wirken läßt. Die Medien (Satelliten-TV, Internet etc.) sind schnell genug, um uns diese Kultur zu präsentieren. Kurzum: **Wir müssen *emsiger* werden!**

Drittens hat sich auch das Soziogefüge, das Verhältnis der Menschen untereinander geändert: Ein Drittel aller Ehen sind geschieden, ein Drittel aller Menschen leben in Single-Haushalten und ein Drittel unserer Weggenossen leben in einer sozialen Eiszeit. Großfamilien, wo immer einer zum Streicheln und zum Gestreichelt werden da war, sind nahezu ausgestorben. Heimat und menschliche Nähe sind die großen Sehnsüchte der Menschen. Sagen wir es deutlich: **Wir müssen unseren Kunden wieder viel *näher* sein.**

Eine wissenschaftliche Untersuchung brachte die zwei größten Frust-Erlebnisse und die drei größten Lust-Wünsche der Kunden an das Tageslicht.

Am meisten *„frustet"* potentielle Kunden die **mangelnde Verfügbarkeit** von Verkaufspersonal und deren **geringe Hilfsbereitschaft**. Umkehrschluß: Wer heute für seine Kunden immer da ist und wer hilfsbereiter als die Anderen ist, hat die Nase vorn.

Die größten *Lust-Potientiale* liegen in den Bereichen:

- Individuelle Bedienung und Beratung
  (Schätze das Ego des einzelnen Kunden!)
- Die Anwendungskompetenz
  (Hilf bei der vollen Nutznießung deines Produktes, anstatt mit schulmeisterlicher Fachaufklärung!)
- Ein Kauf ohne Erlebnis ist ein Nichts!
  (Der *Smart-Shopper* sucht nach billigsten Produkten bei höchster Qualität, der veruntreute Kunde nach Wertschätzung!)

Es geht also gar nicht um Hard-Selling contra Human-Selling, um Hochdruck-Verkauf oder verweichlichtes Ansinnen oder gar Anbiedern eines Produktes. Druckvoller Verkauf kann sehr gut zur Zufriedenheit des Kunden führen. Druckvollen Verkauf muß der Kunde nur bereuen, wenn dieser zu dessen Nachteil geführt hat.

Doch letzteres widerspricht der höchsten Zielsetzung des Verkaufens: Schon Jan-L. Wage definierte die Zielsetzung des Verkaufens mit *„Schaffen, Festigung und Ausdehnung einer gewinnbringenden Dauerbeziehung mit Kunden"*, die meistens in einem widerspenstigen Markt stattfindet.

Jahrelang haben wir Verkaufstrainer in den Seminaren die Nutzen-Argumentation vermittelt. Mal war es der allgemeine Nutzen, mal der kundenspezifische Nutzen. Doch das ist heute zu wenig. Nur dann, wenn es uns gelingt, den Kunden im und nach dem Kaufprozeß Glück und Erfolg zu vermitteln, sind wir seine Partner auf Dauer.

Verkaufen heißt Kunden glücklich zu machen.

Deswegen ist ein Verkaufsgespräch ohne Abschluß wie ein spannender Roman bei dem die letzte Seite fehlt.

Erich-Norbert Detroy

Beilstein/Württemberg
Januar 1998

VORWORT

Vor ein paar Jahren verfasste ich ein Buch mit dem Titel *Wie man sich gut verkauft* (Originaltitel: How to sell yourself – A. d. AUTOHAUS Verlags). Ich werde deshalb meine Worte nun in die Praxis umsetzen und Ihnen gleich einmal verkaufen, warum ich qualifiziert bin, ein solches Buch zu schreiben. Für diejenigen unter Ihnen, die mich noch nicht kennen, sei gesagt, daß mich das Guiness Buch der Rekorde als „besten Verkäufer der Welt" führt, weil ich in einem Zeitraum von fünfzehn Jahren über 13.000 Autos verkauft habe. Dies gilt als absoluter Absatzrekord bei teuren Gebrauchsgütern im Einzelhandel. Es gab keine Flottenverkäufe und keine Leasingverträge. Ich habe jedes Auto einzeln an den Mann bzw. die Frau gebracht, schön eines nach dem anderen!

Seit meinem Rückzug aus der Automobilbranche habe ich zwei Bücher zum Thema Verkaufen geschrieben und auf der ganzen Welt Vorträge darüber gehalten, wie ich all diese Verkäufe zustande brachte. Im Publikum saßen dabei Leute aus den unterschiedlichsten Berufssparten: Versicherungsvertreter, Immobilienmakler, Autohändler – nennen Sie mir einfach eine Verkaufsbranche, und die Chancen stehen gut, daß man dort eines meiner Referate gehört hat.

Es spielt keine Rolle, wo ich meinen Vortrag halte, aus dem Publikum erreicht mich stets dieselbe Frage: „Was ist Ihr Geheimnis, Joe? Erzählen Sie uns, wie Sie alle diese Abschlüsse getätigt haben."

Zweifellos ist der Verkaufsabschluß das Thema, über das Verkäufer vor allem etwas hören wollen. Und zwar aus gutem Grund. In diesem Bereich des Verkaufens treten die meisten Schwierigkeiten auf. Schließlich ist es eine Sache, Kunden zu demonstrieren, wie sich ein funkelnagelneuer Wagen fährt oder ihnen ein schönes Vorstadthaus zu zeigen – aber eine ganz andere, die Kaufinteressenten dazu zu bringen, daß sie Ihren Friedrich Wilhelm auf die gepunktete Linie setzen und ihr schwer verdientes Geld herausrücken! Erschwert wird die Aufgabe noch, wenn der Kunde einen Schwager in derselben Branche hat, mit dem er die Angelegenheit bereden möchte oder Preisvergleiche anstellen will, bevor er bzw. sie sich entscheidet. Dies sind nur zwei Entschuldigungen, die man Ihnen auftischen wird, während Sie sich tagein, tagaus um Resultate bemühen. Ich bin mir sicher, Sie haben selbst genug Entschuldigungen gehört, dass die sie noch im Schlaf verfolgen!

Der Abschluss eines Geschäfts ist der weitaus wichtigste Teil des Verkaufsgesprächs. Kurz und bündig: Wenn Sie den Abschluss nicht unter Dach und Fach bringen, haben Sie Ihr Hauptziel verfehlt. Sehen Sie's mal so: Sowohl Ihre Zeit als auch die des Kaufinteressenten sind vergeudet, wenn der Handel nicht zustande kommt, weil aus Ihrem Produkt oder Ihrer Dienstleistung kein Nutzen gezogen wird. Gewiss, der Kunde hat einige Fakten erfahren, die er vor Ihrem Anruf vielleicht nicht kannte, aber ohne Verkaufsabschluss findet kein Geldaustausch statt, und weder Sie noch Ihre Firma wurden für Ihre Zeit und Ihren Aufwand belohnt. Sie sind gescheitert, schlicht und ergreifend.

Es ist kein Wunder, wenn das Thema Verkaufsabschlüsse auf ein derart großes Interesse stößt. *Dafür werden Sie als Verkäufer bezahlt!* Geben Sie sich also nie dem Irrglauben hin, Ihre Arbeit bestünde in der Verkaufspräsentation, unabhängig von jeglichen Konsequenzen. Sie können Ihr Produkt bis zum Sankt-Nimmerleins-Tag vorführen, doch jedes Mal, wenn Sie ein Geschäft nicht abschließen, haben Sie in Ihrem Job versagt. Ich höre von vielen Verkäufern, sie seien im Grunde jedes Mal froh, ein Nein zu bekommen. Das glaube ich nicht. Wie können Menschen darüber froh sein, wenn sie abgelehnt werden? Ich bin mir sicher, sie deuten es einfach so: „Jedes Nein heißt, dass ich um soviel näher an einem Ja bin". Das ist absurd. Denken Sie immer daran: *Nichts passiert, bis etwas verkauft wird.* Und bis zum Abschluss eines Geschäfts haben Sie nichts verkauft.

In unserem Beruf ist der Verkaufsabschluss der Augenblick der Wahrheit. Im Lauf der Jahre habe ich Heerscharen von Verkäufern gesehen, welche die schönsten Vorführungen abhielten. Sie machten alles nach dem Lehrbuch. Alles – bis auf den Abschluss.

Beim Lesen meiner Botschaft werden Sie feststellen, dass der Abschluss eines Verkaufsgesprächs nicht nur am Ende Ihrer Präsentation stattfindet. Sicher, der Augenblick der Wahrheit ist gekommen, wenn der Kaufinteressent einwilligt, sich im Gegenzug für Ihr Produkt von seinem bzw. ihrem Geld zu trennen. Aus gutem Grund werten Nachwuchsverkäufer diese Antwort daher als Verkaufsabschluss – er ist fraglos die Krönung Ihrer Vorführung. Doch ein Geschäft abzuschließen, ist weitaus komplexer und umfasst alles: Vom sicheren Auftreten bis hin zur geziemenden Beantwortung der Einwände Ihres Interessenten. Einen Auftrag zu erheischen, reicht einfach nicht, so effektiv Sie dies auch tun mögen. Sie müssen den Bedarf für Ihr Produkt erzeugen, und Sie müssen den Wunsch wecken, es zu besitzen. Ihr Kunde muss glauben, dass Ihr Produkt einen höheren Wert hat als sein bzw. ihr Geld. Wie Sie beim Lesen dieses Buchs erfahren werden, ist der Verkaufsabschluss von der Effizienz anderer Elemente Ihrer Präsentation abhängig.

Ich werde Ihnen verraten, wie Sie jedes Geschäft zum Abschluss bringen, und was ich zu sagen habe, beruht auf Erfahrung, nicht auf irgendeiner Theorie, die sich irgendwer in einem imposanten Elfenbeinturm ausgedacht hat. Sehen Sie, ich kenne mich aus, und ich habe Lehrgeld gezahlt. Ich war da draußen, knietief im Morast. Ich musste Abschlüsse schaffen, oder meine Familie hatte nichts zu essen. Mein Überleben hing davon ab.

Nun, für vieles von dem, was ich Ihnen über Verkaufsabschlüsse erzählen werde, gebührt nicht mir die Anerkennung. Schauen Sie, zu Beginn meiner Karriere als Verkäufer war ich nicht zu stolz, von jeder verfügbaren Quelle zu lernen, damit ich mehr Autos verkaufen konnte. Ich schaute jedem Verkäufer, dem ich begegnete, genau auf die Finger, wenn ich dachte, dass es da etwas zu lernen gab, das sich lohnte. Und ich las Bücher und Zeitschriftenartikel zum Thema Verkaufen. Dann wählte ich aus, was nach meinem Empfinden am besten zu mir passte. Ich nahm ein bisschen von diesem und ein wenig von jenem und verfeinerte es allmählich, bis ich mich damit wohl fühlte. Ich glaube, was letztlich dabei herauskam, ist ganz allein Joe Girard – doch bedenken Sie, ich musste für meinen Erfolg nicht das Rad neu erfinden. Zum Glück brauchen auch Sie das nicht, um ein Spitzenverkäufer zu werden.

Sie mögen sich fragen, was Sie von mir lernen können, auch wenn Ihr Produkt keinen Bezug zur Automobilindustrie hat. Wie Sie bei der Lektüre dieses Buchs bemerken werden, kann ein guter Verkäufer jedes Produkt verkaufen. Der Grund liegt darin, dass Sie an Leute verkaufen, und Leute sind Menschen – und sie kaufen Menschen, keine Produkte. Was ich Ihnen sage, ist also auch auf das, was Sie verkaufen, übertragbar, was es auch sein mag.

Wie sagte doch der große Richter am Supreme Court [Oberster Gerichtshof – A. d. Ü.], Oliver Wendell Holmes, einst so treffend: „Oft gedeiht eine Idee besser, wenn sie in einen anderen Kopf verpflanzt wird, als in dem, wo sie entsprang." Ich möchte Sie daher auffordern, meine Ideen aufzugreifen und sie noch besser für sich arbeiten zu lassen, als sie es für mich taten.

Vielleicht denken Sie jetzt: „Meint Joe Girard es wirklich ernst, wenn er mir erzählt, wie man *jedes* Geschäft erfolgreich abschließt?" Ich meine es hundertprozentig ernst. Wenn ich das nicht täte, hätte ich diesem Buch nicht den Titel »Wie man *jedes* Geschäft erfolgreich abschließt« gegeben.

I

DIE ABNEIGUNG GEGEN VERKÄUFER ÜBERWINDEN

Ich werde kein Geheimnis daraus machen. Die allermeisten Menschen mögen es nicht, wenn man ihnen etwas verkauft. Sie haben einen eingebauten Widerstand gegenüber Verkäufern. Tatsächlich, wenn es nach ihrer Nase ginge, wäre es ihnen lieber, wenn sie *nie* ein Verkäufer anriefe.

Keine Panik. Ich spreche verallgemeinernd. Legen Sie das nicht so aus, daß niemand irgendetwas verkauft bekommen möchte. Ebensowenig sollten Sie annehmen, daß alle Kunden sich Ihnen widersetzen werden. Sie dürfen nicht den Schluß ziehen, daß Sie automatisch im Nachteil sind, sobald Sie einen Verkaufsanruf tätigen. Wenn Sie in Ihrem Job gut sind, dann wird es mehr als genug Leute geben, denen Sie Ihr Produkt oder Ihre Dienstleistung verkaufen werden – genug, damit Sie in Ihrer Karriere als Verkäufer enormen Erfolg genießen können.

Lassen Sie mich in aller Deutlichkeit sagen, dass ich dieses Buch keinesfalls eröffnen möchte, indem ich negative Gedanken zum Thema Verkaufen wecke. Es ist jedoch wichtig, dass wir uns auf derselben Wellenlänge befinden. Und im Gegensatz zu dem, was manche Verkaufsleiter predigen, wissen Sie und ich, dass die Leute aufdringliche, arrogante Verkäufer, die wie ein Überfallkommando in ihre Häuser und Büros hereinplatzen, nicht leiden können. Tatsächlich gehen ihnen die meisten Menschen aus dem Weg, um solche Erfahrungen zu vermeiden. Geben wir uns also keinen falschen Illusionen hin, dass da draußen eine Menge Leute mit offenen Armen nur darauf warten, dass Sie ihnen Ihre Waren verkaufen. So läuft es nicht, und das wird es nie tun. Das soll es auch gar nicht. Wäre das Verkaufen so einfach, wären Sie lediglich ein Auftragsannehmer, und Ihre Firma würde Ihre Provisionen kürzen.

Ich glaube, zum Verkaufen muss man sich eine realistische Einstellung aneignen. Und mit dieser Erkenntnis im Hinterkopf müssen Sie respektieren, dass Menschen aus verschiedenen Gründen eine Abneigung gegen Verkäufer hegen. Um solche Ablehnung zu überwinden, sollten Sie diese Haltung unbedingt verstehen.

EIN SCHWACHES IMAGE

Sehen wir den Tatsachen ins Auge. Trotz der vielen Profiverkäufer in unserer modernen Welt haben jene von uns, die im Verkaufsbereich arbeiten, ein schwaches Image in der Öffentlichkeit. Was fällt *Ihnen* ein, wenn Sie an den „typischen" Verkäufer denken? Um ehrlich zu sein, sogar ich (und ich sollte es besser wissen) zeichne dieses geistige Bild von einem lauten Typen in seinem karierten Anzug auf dem Weg zur Rennstrecke. Sie kennen diesen Typ, den Schnellschwätzer mit der gespaltenen Zunge. Und wenn ich schon so denke, stellen Sie sich einmal vor, wie die anderen Leute denken.

Leider ist es Teil unserer amerikanischen Kultur, Verkäufer als skrupellos und intrigant zu empfinden – dies stammt noch aus einer Zeit, als Medizinmänner im Wilden Westen den Pionieren Schlangenöl verkauften. „Ich sage Ihnen, was ich machen werde!", war ihr Verkaufsargument, und schon bald erkannte eine misstrauische, argwöhnische junge Nation, daß Verkäufer nur selten ihre Versprechen hielten. Die lateinischen Worte *caveat emptor* („der Käufer möge sich in acht nehmen") schrieb man uns früh ins Stammbuch als eine Warnung, dem Verkäufer nicht über den Weg zu trauen.

Lebendig gehalten wurde das Bild des Schlangenölhausierers durch Bühnen- und Fernsehporträts von wortgewandten, Witze reißenden und auch sonst zweifelhaften, abstoßenden Charakteren. Selbst einem der größten Showstars des Landes, P. T. Barnum, wird das Zitat „In jeder Minute kommt ein Dummkopf zur Welt" nachgesagt. Während Barnum (vom berühmten Zirkus Barnum & Bailey) diese Bemerkung vehement bestritt, ist sie bis zum heutigen Tage ein gern benutzter Ausspruch geblieben. Die Figuren, die einem bei einem kurzen gedanklichen Ausflug in die amerikanische Literatur sofort in den Sinn kommen, sind Willy Loman aus *Death of a Salesman* [Tod eines Handlungsreisenden – A. d. Ü.] und Clark Gables gelackter Werbemann in *The Hucksters*. Dann ist da noch Professor Harold Hill aus *The Music Man*, und aus jüngerer Zeit haben wir Danny DeVito und Richard Dreyfuss als armselige Fassadenverkäufer in *Tinmen*. Nicht ein feiner Charakter fällt mir ein, wenn ich an Verkäufer in der amerikanischen Literatur denke. Meines Wissens nach gibt es keine Verkäufer aus alten Tagen, die einem jungen Menschen als Vorbild dienen könnten.

Ich beabsichtige nicht, darüber zu richten, ob das vorherrschende Bild auf Tatsachen oder Mythen beruht. Ich weiß jedoch, dass jene Männer und Frauen, die als unsere Vorläufer im Verkaufswesen wirkten, uns ein Erbe hinterlassen haben, das viele Hürden schuf, die es nun für uns zu überwinden gilt. In meiner Branche etwa wurden Autos so verkauft, wie man vor hundert Jahren Pferde verkaufte. Momentan kauft kaum jemand ein Auto zum Listenpreis. Doch in nahezu allen anderen Einzelhandelsbranchen kann über die Listenpreise nicht verhandelt werden. Sie würden zum Beispiel nicht in ein Geschäft wie Macy's oder Bloomingdale's gehen und sagen: „Zwanzig Dollar für das Hemd? Ich gebe Ihnen fünfzehn." Es ist aber eine amerikanische Tradition[1], beim Autopreis zu handeln – und wenn es Ihnen gegen den Strich geht, um den Preis zu feilschen, wird man Sie mit Sicherheit übers Ohr hauen.

Den Autohandel erwähne ich, damit Sie wissen, womit ich es zu tun hatte. Ich musste viele Hindernisse im Zusammenhang mit dem miesen Image der Autoverkäufer aus dem Weg räumen. Ich für meinen Teil lernte, um die Hindernisse herumzulaufen, um nicht darüber zu stolpern. Dieselben Hürden dienten später als Straßensperren für meine Konkurrenten. Ich denke, ein guter Verkäufer muss alle Nachteile in Herausforderungen ummünzen, aus denen später Vorteile erwachsen werden. Wenn also die Leute argwöhnisch meinen Ausstellungsraum betraten in der Erwartung, einem smarten und listigen Autoverkäufer zu begegnen, dann vermittelte Joe Girard ihnen ein ganz anderes Bild als das, was sie im Kopf hatten. Und zwar, weil ich ihnen helfen wollte, und ich wollte ihnen das verkaufen, was gut war für sie. Meine Aufrichtigkeit und Überzeugung kamen rüber, und schon bald schwand ihre Abneigung gegen Verkäufer. Infolgedessen galt ich als was Besonderes. „Joe, du bist nicht wie die anderen Autoverkäufer. Ich *liebe* es, mit dir Geschäfte zu machen."

Das negative Verkäuferimage, wie es die Leute mit sich herumtragen, muss nicht dem Bild entsprechen, das man von Ihnen hat. Wenn Sie es umdrehen können, gereicht es Ihnen zum Vorteil, weil es Sie auf ein Niveau hebt, das weit über dem Ihrer Konkurrenz liegt.

DIE WIR-GEGEN-SIE-BEZIEHUNG

Allzuoft geraten Verkaufsvorführungen zu einem Wettkampf zwischen Verkäufern und Käufern. Die beiden Parteien stehen sich feindselig gegenüber. Bringt der Verkäufer den Verkauf zustande, gewinnt er, und der Käufer verliert. Und umgekehrt. Mit anderen Worten, es herrscht eine „Wir-gegen-sie"-Beziehung, in der der Verkäufer als Gegner statt vielmehr als Teamkollege oder Verbündeter gesehen wird.

[1] Dies gilt natürlich nicht nur für die USA (A. d. AUTOHAUS Verlags)

Häufig meinen Kaufinteressenten, dass das Verkaufspersonal sie nur übervorteilen will. Daher nehmen sie eine defensive Haltung ein, und während der gesamten Dauer der Vorführung konzentrieren sie sich darauf, wie sie sich dem Abschluss widersetzen können. Es wird zu einer Selbstschutzangelegenheit. Sie wollen nicht zum Kauf überredet werden, selbst wenn sie das Produkt wirklich brauchen und durch seinen Kauf einen außergewöhnlichen Nutzen hätten.

Leider halten auch viele Verkäufer das Verkaufen für eine Schlacht, in deren Verlauf sie wortgewandt gegen die potenziellen Käufer fechten, und im Erfolgsfall gewinnen sie. Die hohe Kunst des Verkaufens legen sie als Gerissenheit aus. Für solche Typen gleicht ein Verkauf einer Eroberung. Sie heimsen den Sieg ein, und der Kunde wird erobert.

Offen gesagt, kann ich mir kein schlimmeres Szenario ausmalen. Wenn Sie sich zum Feind des Kaufinteressenten machen, arbeiten Sie gegen ihn statt mit ihm. Denken Sie daran, dass Sie beide zum selben Team gehören, und wenn ein Geschäft zustande kommt, gewinnt sowohl der Verkäufer als auch der Käufer.

Sie müssen unter diesem Aspekt denken: Wie kann ich meinem Kunden helfen, die richtige Entscheidung zu treffen? Jedes Mal, wenn eine Person den Ausstellungsraum meines Händlers betrat, sah ich hierin eine Chance, jemandem beim Kauf eines Autos behilflich zu sein. Deswegen war der Kunde ja wohl auch hereingekommen. Die Leute gehen schließlich nicht zu einem Autohaus, wenn sie kein solches Interesse haben. Ebenso ruft man einen Wertpapierhändler an, weil man an Geldanlagen interessiert ist, oder man ruft einen Immobilienmakler an, weil man ein Haus oder Grundstück zu kaufen beabsichtigt. Wenn Sie den Verkäuferberuf in diesem Licht betrachten, können Sie nicht als Gegner des Kunden auftreten. Sie arbeiten beide im selben Team.

Nehmen wir mal einen Industrieverkäufer, der schwere Maschinen an große Produktionsunternehmen verkauft. Er muss seine Beziehung zum Kunden als eine Partnerschaft und im Verkaufen mehr als eine Einmal-Anruf-Situation sehen. Mit der Zeit entwickelt er ein Gespür für jeden Kunden, so daß der Boden für eine solide, langfristige Geschäftsbeziehung bereitet ist.

Wenn dieser Verkäufer Maschinen im Wert von mehreren Millionen Dollar an den Kunden verkauft, müssen die Marketingleute und das technische Personal seiner Firma die Verkaufsbemühungen unterstützen. Die firmeneigenen Ingenieure könnten sich auch mehrere Wochen auf dem Werksgelände des Kunden aufhalten, um den benötigten Gerätepark zu skizzieren und Montagepläne zu erstellen. Zusätzlich müssen sie eine auf mehrere Jahre angelegte Kosten/Nutzen-Kalkulation präsentieren. Eine richtige Präsentation beinhaltet eine enge Zusammenarbeit über Hunderte von Stunden zwischen den Angestellten der Verkaufsfirma und dem Unternehmen des Käufers. Schließlich hat der Kunde den Eindruck, daß beide Firmen in einem Joint Venture [Gemeinschaftsunternehmen – A. d. AUTOHAUS Verlags] zu seinem Nutzen arbeiten. Wenn das erreicht ist, herrscht größtmögliche Kundenzufriedenheit.

Das gleiche Gefühl vermittelt auch ein kommerzieller Immobilienmakler seinen Kunden, ebenso ein Börsenmakler und ein Versicherungsvertreter. Es spielt keine Rolle, was Sie verkaufen. Wenn Sie Ihrem Kunden ehrlich dienen wollen, dann merkt er bzw. sie das, und Sie überwinden die Abneigung gegen das Verkaufen. Und ich glaube, eine solche Verkaufsumgebung muß schon früh bei der Präsentation entwickelt werden. Schaffen Sie das nicht, wird man Sie als Gegner empfinden, und es steht Ihnen eine richtige Schlacht bevor, wenn es an der Zeit ist, das Geschäft zu machen. Höchstwahrscheinlich wird es eine Schlacht ohne Sieger sein.

FRÜHERE SCHLECHTE ERFAHRUNGEN MIT VERKÄUFERN

Jeder hat so seine schlechten Erfahrungen mit unprofessionellen, unsensiblen, manipulativen und betrügerischen Verkäufern. Harte Worte, mag sein, aber zutreffend. Früher oder später läuft jeder einem dieser Typen in die Arme, denen der Rest von uns sch...egal ist.

Schlimmer noch: Wegen ihrer schäbigen Methoden reagieren viele Kunden selbst beim Anruf eines professionellen Verkäufers wachsam und geradezu verschreckt. Sie müssen einsehen, dass die Leute nicht instinktiv eine Abwehrhaltung gegenüber Verkäufern einnehmen und sicherlich nicht damit geboren werden.

Mir ergeht es da keinen Deut anders. Ich hatte schon mit einer Reihe widerlicher und übertrieben ehrgeiziger Verkäufer zu tun, die versuchten, mich durch Manipulation und Einschüchterung zum Kauf ihrer Produkte zu bewegen. Und ich war der Trottel der Verkaufspräsentationen, der unglaubliche, völlig unrealistische Deals anbot. Und wenn ich mich schon von einem schnell redenden, undurchsichtigen Geschäftemacher hereinlegen lasse, dann dürfen Sie mir glauben, wenn ich Ihnen sage, dass *jeder* durch die Mühle musste. Man kann sich nur schwer jemanden vorstellen, der nicht hin und wieder die Hitze und das Unbehagen eines Ganoven verspürt hat.

Doch alles ist relativ. Hören Sie daher auf meinen Rat, und drehen Sie den Spieß um. Schaffen Sie eine Atmosphäre, in welcher der Kunde Sie als einfühlsam, informativ und professionell erlebt. Stellen Sie sich die angenehme Erleichterung bei Ihrem Kunden vor, der sich schon auf Einschüchterungen und Gaunereien eingestellt hatte. Seine früheren schlechten Erfahrungen lassen uns korrekte Verkäufer um so besser dastehen! Deshalb wissen die Leute schon nach kurzer Zeit, was ich meine, wenn ich ihnen erzähle: „Genießen Sie die Erfahrung, mit Joe Girard Geschäfte zu machen".

KUNDENZEIT IST WERTVOLLE ZEIT

Jeder Verkäufer hat es oft genug eingebleut bekommen, dass Zeit Geld ist und dementsprechend geschätzt werden sollte. Ich werde Ihnen daher keinen weiteren Vortrag zum Thema Zeitmanagement halten. Statt dessen möchte ich betonen, wie wichtig es ist, auch den Wert der Zeit Ihres *Kunden* zu erkennen.

Das ist ja ganz was Neues, nicht wahr? Allzu oft sind Verkäufer so beschäftigt mit dem, was man ihnen auf Verkaufsseminaren über kluge Zeiteinteilung gesagt hat, dass *sie sich nicht vorstellen können, dass ihre Kunden genauso denken!*

Oft wird ein Verkäufer aus dem Sattel geschossen, noch bevor er den Fuß in der Tür hat, weil er sich über den Wert der Zeit des Kunden keine Gedanken gemacht hat. Sehen Sie's mal so: Die besten Kunden sind jene, die es sich leisten können, Ihr Produkt zu kaufen. Und Leute mit Geld verdanken ihren Wohlstand gewöhnlich dem Umstand, dass sie ihre Zeit optimal nutzen. Ja, ich sage es noch einmal: Zeit ist Geld. Als der berühmte Bankräuber Willie Sutton gefragt wurde, warum er Banken ausraube, antwortete er: „Weil dort das Geld liegt." Aus demselben Grund wollen Sie Verkaufsvorführungen vor Leuten abhalten, die ihre Zeit zu würdigen wissen.

Um dies zu erreichen, müssen Sie ihre Zeit respektieren und verstehen, wie fürsorglich sie damit umgehen. Erfolgreiche Profis und Geschäftsleute sind unglaublich rührig und haben im allgemeinen „Torwächter". Diese haben Anweisung, Verkäufer abzuwimmeln und jene auszusieben, die sich nicht die Mühe gemacht haben, wegen eines Termins vorher anzurufen; nur etwa einer von zehn darf das Tor passieren und in die Chefräume vorgelassen werden. Das ist notwendig, weil ihre Bosse mit Terminen, Telefonanrufen und Besuchern – vor allem Verkäufer – überschüttet werden.

Würden Topführungskräfte und Geschäftsinhaber auf jeden hören, der sie anruft, sie würden in ihrer Zeit nichts mehr fertig bringen. Und dennoch gibt es Zeiten, wo sie Verkäufern eine Audienz gewähren müssen. Allzu oft müssen sie sich auf Informationen von Verkäufern verlassen, um mit den neuesten Entwicklungen Schritt zu halten. Ungeachtet ihrer randvollen Terminkalender muss also etwas Zeit für *wichtige* Verkaufsanrufe abgezweigt werden. Ich war immer der Meinung, wer seine Zeit mit Joe Girard verbrachte, hatte sie gut investiert. Ebenso war ich mir sicher, dass mein Anruf einer der wichtigsten Termine war, die meine Kunden mit Verkäufern vereinbaren konnten.

Trotzdem konnte ich es sehr wohl würdigen, wie andere Leute ihre Zeit schätzten, weshalb ich immer bemüht war, mit Voranmeldung zu verkaufen. Vielleicht denken Sie jetzt: „Ein Autoverkäufer, bei dem man sich anmeldet?“ Ja, und es ist zugegeben ungewöhnlich in meiner Branche. Aber ich tat das aus gutem Grund. Denn so konnte nicht nur ich meine Zeit optimal nutzen – es erlaubte auch meinen Kunden, genug Zeit darauf zu verwenden, ein Auto von mir zu kaufen. Schließlich erschien es mir nicht eben sinnvoll, jemandem eine Vorführung zu geben und mitten in meinem Abschluss gesagt zu bekommen: „Tut mir leid, Joe, aber ich muss zurück ins Büro. Ich schau mal in ein paar Tagen wieder vorbei.“

Ungefähr drei Jahre nach meinem Einstieg in das Geschäft fing ich an, mit Voranmeldung zu arbeiten. Ich arbeitete genau wie ein Anwalt oder Arzt, und es ließ mich professionell und wichtig erscheinen. Ganz selten verschoben sich Termine, und die Kundschaft musste bis zu eine Stunde lang warten. Dann pflegte ich ihnen zu sagen: „Je länger Sie warten, um so billiger werde ich.“ Ich erklärte, da ich auf Mengenbasis arbeitete, bräuchte ich nur eine geringe Profitspanne, um gut leben zu können, und dies schien die meisten Leute zufriedenzustellen – und sie nahmen die lange Wartezeit in Kauf.

Wenn Sie im Büro eines Kunden sind, sollten Sie ihm den Weg tunlichst so ebnen, dass alles zu Ihrem Vorteil spricht. Dies bedingt oft eine Terminverschiebung auf einen späteren Zeitpunkt, wenn Ihr Interessent seine bzw. ihre ungeteilte Aufmerksamkeit dem widmen kann, was Sie zu verkaufen haben.

Ich gebe zu, es ist verlockend, eine spontane Vorführung abzuhalten für einen eifrigen Kunden, der Sie warmherzig begrüßt und Ihnen eröffnet: „Kommen Sie doch in mein Büro und zeigen Sie mir, was Sie zu verkaufen haben, aber machen Sie's kurz, denn ich habe nur zwanzig Minuten Zeit, danach muss ich zur Vorstandssitzung.“

Es leuchtet ein, dass der Versuch, eine sechzigminütige Demonstration in zwanzig Minuten zu packen, zu einem Eigentor gerät. In dieser Situation rate ich Ihnen, auf die Uhr zu schauen und zu sagen: „Herr Interessent, es tut mir leid, aber ich muss dringend zu einem Termin, und so gern ich's auch täte, ich kann Ihnen nicht mal fünf Minuten widmen. Der einzige Zweck meines heutigen Anrufs war, mich Ihnen kurz vorzustellen. Ich arbeite nur mit Voranmeldung, machen wir also einen Termin aus, wann wir uns für eine Stunde zusammensetzen können, denn so lange brauche ich, um Ihnen mein Produkt in angemessener Form zu präsentieren."

Diese direkte Vorgehensweise zeigt, dass Sie die Zeit Ihres Kunden ebenso respektieren wie Ihre eigene. Vor allem aber haben Sie damit eine feste Verabredung mit einem redlichen Interessenten in der Tasche, und es weist Sie als Profi aus. Die Chancen stehen gut, dass seine Abneigung gegenüber Verkäufern im Keller ist, wenn Sie das nächste Mal sein Büro betreten.

Wieviel Zeit ein Interessent einem Verkäufer zubilligt, hängt natürlich davon ab, was verkauft wird. So wird ein Vertreter für Bürobedarf nur ein paar Minuten brauchen, um ein paar Schachteln mit Bleistiften, Kopierpapier, Heftklammern usw. zu verkaufen. Dagegen benötigt ein Planungsberater im Immobiliensektor unter Umständen mehrere Stunden für seine Demonstration. Und manche brauchen sogar noch länger. Beispielsweise könnte eine erste Zusammenkunft zur Präsentation eines komplizierten Computerprogramms für vernetzte Rechner ein eintägiges Meeting mit mehreren leitenden Angestellten der betreffenden Firma erfordern. Und das erste Treffen markiert nur den Anfang dessen, was vielleicht auf Hunderte von Stunden Beratungsarbeit hinausläuft, bis der Handel unter Dach und Fach ist.

DIE MEISTEN VERKÄUFER DENKEN NEGATIV

Es stimmt: Die Mehrzahl aller Verkäufer erwartet nicht, ein Geschäft zum Abschluss zu bringen. Sie haben schon so oft eine aufs Dach gekriegt, dass sie im Grunde überrascht sind, wenn sie Erfolg haben.

Es hat mich immer wieder erstaunt, wie die anderen Verkäufer in dem Autohaus, wo ich arbeitete, allmorgendlich in kleinen Diskussionsrunden herumzustehen pflegten. Aus naheliegenden Gründen will ich dies mal als »Infozirkel« bezeichnen. Ich war ein Einzelgänger und hielt mich abseits. So wie Ted Williams ein Einzelgänger war – und der letzte Baseballspieler, der 400 Homeruns schaffte.

Wenn ich zur Arbeit erschien, hielt ich es für sinnlos, meine Zeit durch ein Schwätzchen mit ihnen zu vergeuden. Schließlich wollten sie ja kein Auto von mir kaufen! Davon abgesehen, stand ich morgens nicht auf, um zu tratschen. Ich hatte keine Zeit, mir irgendwelche von ihren Witzen anzuhören, und ich verbrachte meine Mittagspause nicht mit den anderen Kollegen.

Mein Job war es, Autos zu verkaufen, und ich hatte keine Lust, den ganzen Tag lang andere Verkäufer meckern zu hören. Doch überhören konnte ich sie nicht. Kunden betraten den Ausstellungsraum, und ein Verkäufer sagte dann: „Nimm du ihn, den will ich nicht. Er ist bloß ein Käufer." Ein anderer beäugte dann den nächsten Kunden und meinte: „Oh, er hat seine Alte dabei. Das ist ein schlechtes Zeichen." Wieder jemand anderes raunte vielleicht: „Sieh dir mal diesen Schnorrer an. Der kann sich ja nicht mal 'nen anständigen Mantel leisten." Beim nächsten Kunden waren die Haare zu lang. Und ein anderer gehörte einer ethnischen Gruppe an, die „keine Autos kauft." Den ganzen Tag lang dachten sich diese Typen Gründe aus, warum die Leute keine aussichtsreichen Interessenten sein konnten. Das begriff ich nicht. Es war, als würden sie sich gegenseitig davon zu überzeugen versuchen, dass niemand jemals Autos kaufte. Ich dagegen glaubte, dass jeder, der den Ausstellungsraum betrat, nur aus einem Grund hier war: Um ein Auto zu kaufen! Ich stellte mir vor, dass jeder, der hier hereinkam, nur den einen Gedanken im Kopf hatte – er oder sie wollte ein Auto kaufen. Weshalb sollte jemand sonst ein Autohaus betreten?

Bis heute konnte ich mir nicht denken, was jene Verkäufer wissen, das ich nicht weiß. Wie um alles in der Welt kann irgendwer jemanden betrachten und dann bestimmen, ob der- oder diejenige kaufen wird? Seit vielen Jahren bin ich nun in der Verkaufsbranche tätig, und ich habe noch immer keine Ahnung, wie ein Käufer auszusehen hat, und ich widerspreche jedem, der mir eine Beschreibung präsentiert.

Das gleiche Negativdenken findet man bei Außendienstlern wieder. Sie verbringen den Großteil ihrer Zeit damit, hinter Kunden herzufahren, wobei sie sich nicht mal die Mühe machen, aus dem Wagen auszusteigen, um die Anrufe zu tätigen. Die Hälfte ihrer Zeit über denken sie sich Gründe aus, warum die Leute nicht kaufen werden, anstatt ihnen ihr Produkt vorzuführen.

Und wenn sie sich dann aufraffen und eine Verkaufspräsentation abhalten, sind sie voller Zweifel und Ängste. Ich ertrage nicht die Gegenwart negativer Menschen, und ich muss einfach davon ausgehen, dass es den Kunden nicht anders geht. Wer kann schon einen Typen brauchen, der mit einem Gesicht wie sieben Tage Regenwetter hereingeschlurft kommt und Trübsal in die Bude bringt? Was würden Sie tun, wenn so jemand Ihr Haus oder Büro beträte? Ich würde mich ihm mit aller Kraft widersetzen.

Es war mir immer klar, warum die Leute negative Verkäufer als so abstoßend empfinden. Mit dieser Erkenntnis im Hinterkopf nehme ich mir ganz fest vor, mich selbst zu überzeugen, dass jeder ein phantastisch aussichtsreicher Käuferkandidat ist. Ich bin mir so sicher, dass ich meine Ware an den Mann bringe, dass ich bei jedem Interessenten, dem ich begegne, nur Begeisterung wecken kann. Glauben Sie mir, es wirkt ansteckend. Ist das nicht ein erfrischender Gegensatz zu jenen Verkäufern da draußen, die negative Gedanken verbreiten, wo immer sie auftauchen? Und sie können es sich nicht erklären, warum ihnen soviel Ablehnung entgegen schlägt!

NEINSAGEN FÄLLT SCHWER

Nach alldem, was ich Ihnen über die Abneigung gegenüber Verkäufern erzählt habe, wird es Sie vermutlich nicht schockieren, zu hören, dass sich viele Leute in Gegenwart derjenigen unter uns, die für ihren Lebensunterhalt verkaufen, besorgt, verstört und unwohl fühlen.

Doch man kann ihnen nicht dafür die Schuld geben, wenn »etwas verkauft zu bekommen« in ihrem Kopf mit »genötigt, belästigt und gegen seinen Willen zu einer Entscheidung gedrängt zu werden« vergleichbar ist. Verständlicherweise lässt sich niemand gern so behandeln.

Wir erinnern uns: Verkäufer sind motiviert, andere zu beeinflussen, dass sie Entscheidungen treffen, und für manche Menschen ist *jede* Entscheidungsfindung ein echtes Problem. Dieses Thema werde ich im Kapitel »Mit Einwänden umgehen« noch ausführlich besprechen. Doch neben all ihren Erwartungen bezüglich Misshandlung und Missbrauch existiert in den Köpfen der Leute noch eine andere, latente Angst, die sie selbst dann befällt, wenn sie einem Verkäufer begegnen, den sie sympathisch finden: *Die Leute sagen ungern »Nein«.* Denken Sie einen Moment lang über das soeben Gesagte nach. Fällt es nicht unendlich leichter, ja zu sagen statt nein? Alle Eltern wissen, wieviel leichter es ist, einem Kind nachzugeben. Und es ist keine leichte Aufgabe, zu einem überzeugenden Verkäufer, den man charmant und aufrichtig findet, nein zu sagen. Klar, wenn der Kerl ein richtiger Stinkstiefel ist, macht es einem nichts aus, seine Gefühle zu verletzen, indem man ihn ablehnt. Freilich sind Ihre Gefühle bei einem netten Verkäufer, der Sie überaus zuvorkommend behandelt hat, ganz anders gelagert.

Denken Sie daran, wenn Sie mal einem rücksichtsvollen Verkaufsprofi eine Stunde lang zugehört haben, wie er (oder sie) Ihnen erläutert, welche Vorzüge der Besitz seines bzw. ihres Produkts mit sich bringt. Sie bekamen einige kluge und einleuchtende Kaufargumente genannt, und Sie begriffen, wie gern der Verkäufer das Geschäft mit Ihnen machen wollte. Unter diesen Umständen empfinden die meisten anständigen Menschen ein Gefühl von Schuld, dass sie die Zeit des Vertreters nur beansprucht haben, um ihn (oder sie) wieder mit leeren Händen gehen zu lassen. Schließlich arbeitet der Vertreter auf Provisionsbasis und hat, wie jeder von uns, eine Familie zu ernähren. Verstehen Sie, was ich meine? Die Leute wissen, dass sie selbst bei einem zurückhaltenden, reizenden Verkäufer verlegen werden und sich zu einer Kaufentscheidung verpflichtet fühlen. Unterm Strich heißt das, dass stets ein gewisses Maß an Angst vorhanden ist.

Da den Leuten das Neinsagen schwerfällt, ist es vielleicht für Sie noch schwerer, Ihren Fuß über ihre Türschwelle zu bringen. Doch wenn Sie das geschafft haben, spricht das zu Ihren Gunsten. Das gilt insbesondere, wenn ein Bedarf nach Ihrem Produkt besteht und Sie es hervorragend präsentieren. Verbinden Sie dies mit Aufrichtigkeit und Überzeugungskraft – und aus den Neins werden Jas.

II

SICH SELBST VERKAUFEN

Wie ich Ihnen bereits sagte, bin ich der anerkannt beste Verkäufer der Welt. Da aber dieses Kapitel den Titel »Sich selbst verkaufen« trägt, sage ich's Ihnen noch einmal. Was ich zuvor nicht erwähnte, ist, dass ich auch das weltbeste Produkt verkaufe – MICH! *Ich verkaufe Joe Girard.*

Auf die Gefahr hin, selbstgefällig zu klingen: Es würde keinen Unterschied machen, was ich verkaufte – Autos, Computer, Immobilien... in jedem Fall würde ich das weltweit führende Produkt verkaufen. Dieses Gefühl hätte ich auch, wenn ich Wirtschaftsprüfer, Rechtsanwalt oder Arzt von Beruf wäre. Egal, womit ich meinen Lebensunterhalt verdiente, ich würde mir intensiv einreden, dass ich die Nummer eins wäre. Dächte ich nicht so, würde es auch sonst niemand tun.

Und Sie sollten ebenfalls glauben, dass Sie das führende Produkt der Welt verkaufen – nämlich *SIE!*

„Sagen Sie, Joe", wurde ich schon gefragt, „wie soll das gehen, dass wir beide das weltbeste Produkt verkaufen?"

Die Antwort ist, jeder von uns ist einzigartig. Niemand auf der Welt ist wie ich oder wie Sie.

Ich denke, es ist sehr wichtig für Sie, zu wissen, dass Sie einmalig sind. Haben Sie das erkannt, so werden Sie feststellen, wieviel anders Sie jetzt vorgehen, um zu bestimmen, ob der Interessent Ihr Produkt kauft. Es stimmt doch: Jeder von uns hat ein Monopol auf seine ureigene Kombination von Eigenschaften.

Egal, was Sie verkaufen – Sie machen den Unterschied aus. Es gibt nahezu 2.000 Lebensversicherungsgesellschaften, die alle das gleiche Produkt anbieten; alle Broker, die börsennotierte Anlagen verkaufen, haben die gleichen Aktien und Obligationen im Angebot; Immobilienmakler verkaufen Häuser, die vielfach auch bei Kollegen ausgeschrieben stehen. Dasselbe gilt auch für die Bürobedarfsbranche, den Bekleidungseinzelhandel, die Supermarktindustrie usw.

Aus alledem lässt sich das Fazit ziehen: Sie müssen sich selbst verkaufen. Der Kunde muss Sie mögen und an Sie glauben. Andernfalls gibt es keinen Grund, warum jemand von Ihnen kaufen sollte statt bei jemand anderem.

VERKAUFEN SIE IHRE FIRMA

Ich will damit nicht sagen, dass Sie sich so exklusiv verkaufen sollen, dass Sie darüber Ihre Firma ganz vergessen. Natürlich bin ich der Meinung, dass Sie von den beiden der Wichtigere sind; der Ruf Ihrer Firma ist ein starkes Verkaufsargument, das Ihnen den Geschäftsabschluss erleichtert.

Dieses Ansehen ist besonders hilfreich, wenn es beim ersten Telefonkontakt Glaubwürdigkeit zu vermitteln gilt. Während ein Kunde Sie möglicherweise nicht kennt, ist ihm der Name von bekannten Unternehmen wie Siemens, BMW, Bayer, VW usw. sicher geläufig. Das Wissen, dass Sie für eine namhafte Firma arbeiten, hilft Zweifel beseitigen, die der Kunde vielleicht sonst bezüglich einer Geschäftsbeziehung mit einem Fremden hätte. Indem Sie dieses Misstrauen ausschalten, haben Sie ein Hindernis aus dem Weg geräumt, das möglicherweise beim Abschluss des Geschäfts aufgetaucht wäre. Ein Kunde ist leichter zu gewinnen, wenn er weiß, dass Ihre Firma hinter ihrem Produkt steht. Auch weiß er dann, dass angesehene Unternehmen Spitzenleute beschäftigen; in gewisser Weise verkaufen Sie sich also mit, wenn Sie den guten Namen Ihrer Firma verkaufen.

Es ist ein Fehler, nicht die Stärken Ihrer Firma ins Spiel zu bringen. Manche Verkäufer zögern hierbei jedoch, weil sie unsicher sind. Sie meinen, dass die Kunden, sollten Sie jemals bei Ihrer Firma kündigen und nun einen Konkurrenten vertreten, auch weiterhin mit der ursprünglichen Firma Geschäfte tätigen werden. Die Wahrheit sieht anders aus: Wenn Sie Ihre Kunden richtig behandeln, werden sie Ihnen bis ans Ende der Welt folgen, um mit Ihnen Geschäfte zu machen. Halten Sie einen Moment inne, und denken Sie darüber nach. Ist es nicht so, dass Ihre Loyalität beim Kauf von Produkten wie Geldanlagen oder Lebensversicherungen mit dem Vertreter steht und fällt? Da sich unsere Gesellschaft immer mehr zu einer Dienstleistungsgesellschaft entwickelt, gewinnt die Rolle des Verkäufers noch mehr an Bedeutung.

Was aber, wenn Sie eine kleinere oder nicht so bekannte Firma vertreten? Dann müssen Sie Ihr ganzes Augenmerk darauf legen, sich selber einen exzellenten Ruf aufzubauen. Wenn Sie bereits mit einem Geschäftspartner Ihres Kunden eine Geschäftsbeziehung unterhalten, kann dieser vielleicht den Kunden anrufen und ihn vorab kurz informieren. Falls nicht, müssen Sie im Gespräch über die Eigenschaften Ihrer Firma auf Ihre eigenen Stärken vertrauen. Wer weiß? Vielleicht können Sie ja mit Ihrer Gewandtheit und Ihrem Knowhow Ihre Firma ins Rampenlicht rücken. In der Tat machte ich meinen Händler populär. Auf Händlertagungen drängten sich die Leute in Scharen um ihn und stellten Fragen nach meiner Person.

Unabhängig von der Größe der von Ihnen vertretenen Firma dürfte der Kunde nur über wenige oder gar keine Kontakte zu irgendjemand anderem in der Firma verfügen als zu Ihnen. Ein Broker, der Unternehmen wie Merrill Lynch, Shearson Lehman Hutton oder Dean Witter vertritt, weiß hinter sich eine riesige Organisation, aber seine Kunden haben keinerlei persönliche Kontakte zu irgendwelchen anderen Firmenangehörigen, außer vielleicht der Empfangsdame. Das Gleiche gilt auch, wenn jemand eine Versicherung von Metropolitan, John Hancock, Paul Revere oder irgendeinem anderen Versicherungsunternehmen kauft. Der Kontakt erfolgt ausschließlich über den Agenten. Der Vertreter *ist* gewissermaßen die Firma – der einzige menschliche Kontakt, den der Kunde je haben wird!

ÜBERZEUGT VON DEM, WAS SIE VERKAUFEN

Bevor Sie Ihr Produkt jemand anderem verkaufen können, müssen Sie selbst hundertprozentig davon überzeugt sein. Sonst können Sie nicht mit Überzeugung verkaufen, und so sehr Sie das auch zu vertuschen suchen, werden die Leute Sie durchschauen.

Martin Shafiroff, einer der anerkannt weltbesten Einzelhandelsbroker bei Shearson Lehman Hutton, glaubt fest an die eigene Überzeugung. Er sagt: „Alle erfolgreichen Geschäftsleute sind absolut überzeugt von dem, was sie tun. Im wesentlichen gilt: Wollen Sie Erfolg haben, dann sind Sie selbst die erste Person, an die Sie verkaufen müssen. Ich halte das für ganz wichtig. Wenn Sie an das, was Sie tun, glauben, dann wird Ihr Gegenüber, das Ihre Kommentare beurteilt, entsprechend reagieren. Aus diesem Grund glaube ich, der Einzelne muss das gesamte Investitionsspektrum durchforsten, d. h. es studieren, untersuchen und analysieren, bevor er mit einem Produkt und einer Strategie aufwarten kann, für die er starke Überzeugungen zu entwickeln vermag."[1]

Nach Shafiroffs Ansicht kann man seine Vorstellungen anderen nur dann vermitteln, wenn man diese starken Überzeugungen selber verkörpert. Die Überzeugungskraft eines Verkäufers ist in seinen Augen so mächtig, dass, wenn er Geldanlagen übers Telefon verkauft, die Gegenseite sie noch in Tausenden Kilometern Entfernung spüren kann! Der Beweis hierfür ist, dass Shafiroff mehr Kunden als jeder andere Broker hat, die in den

[1] Robert L. Shook, *Ten Greatest Salespersons* (New York: Harper & Row, Publishers, 1978), 140

Aufsichtsratsgremien der 500 finanzstärksten Unternehmen sitzen, obgleich er 75 Prozent von ihnen bisher nie persönlich begegnet ist.

Die Überzeugung stellt sich ein, wenn Verkäufer so stark an den Wert Ihres Produkts glauben, dass ihre einzige Motivation darin besteht, ihren Kunden einen reellen Gegenwert zu liefern. Den wirklich großen Verkäufern auf dieser Welt ist mehr daran gelegen, ihre Kunden zufriedenzustellen, als üppige Provisionen zu kassieren. Wenn das Geld die Haupttriebfeder ist, haben Verkäufer nur selten Erfolg. Die Kunden können die Dollarzeichen in den Augen eines Verkäufers sehen, und es steht ihnen ins Gesicht geschrieben. Sie müssen stets zum Wohle Ihrer Kunden denken. Eigene Interessen sollten zweitrangig sein. Vergessen Sie das Geld; die fetten Provisionsschecks kommen von allein, wenn Sie auf das Wohl Ihrer Kunden bedacht sind.

Ich verkaufte Chevrolets, und natürlich wusste ich, dass es bessere Autos gab. Ich war mir vollauf im klaren darüber, dass sich ein Chevy nicht so gut fuhr wie ein Mercedes oder ein BMW. Aber ich war fest davon überzeugt, dass er ein hervorragendes Preis-Leistungs-Verhältnis bot. Und ich wusste, dass jeder Kunde, der innerhalb einer bestimmten Verdienstspanne arbeitete, für sein Geld einen ausgezeichneten Gegenwert bekommen würde. Das musste ich glauben, oder ich wäre nicht imstande gewesen, Chevrolets zu verkaufen.

Sie müssen glauben, dass Ihr Produkt in seiner Klasse den besten Gegenwert darstellt. Eine ausgezeichnete Möglichkeit, dies zu demonstrieren, ist die, seinen Worten Taten folgen zu lassen. Ich fuhr immer einen Chevy, doch sah ich Chevrolet-Händler im Cadillac oder Mercedes bei ihrem Ausstellungsraum vorfahren. Immer, wenn ich das sah, verspürte ich ein leichtes Unbehagen im Bauch. Natürlich hätte ich mir jedes Auto leisten können, doch dann würden meine Kunden denken: „Girard hält sich für zu gut, um das zu fahren, was er verkauft." Nach meinem Dafürhalten vermittelt man damit eine dumme Botschaft.

Egal, was Sie verkaufen, Sie sollten es selbst besitzen. Als mir einmal ein Agent einer Lebensversicherung eine Police über 500.000 Dollar zu verkaufen versuchte, fragte ich ihn, wie hoch denn die Police auf sein Leben wäre. „Äh, ich bin für 25.000 Dollar versichert, Joe", sagte er mit leiser Stimme. Nach dieser Äußerung hatte ich kein Vertrauen mehr zu ihm, was immer er mir auch erzählte. Es spielte keine Rolle, dass er womöglich ein gutes Produkt hatte, das ich gebraucht hätte. Auf emotionaler Ebene fühlte ich mich bei ihm unwohl. Einige Wochen später stellte ich die gleiche Frage einem anderen Lebensversicherungsagenten, der ohne Umschweife erwiderte: „Ich besitze eine Police über eine Million Dollar." Das sagte er mit einer solchen Überzeugung, dass ich wusste, dass er an das glaubte, was er mir zu verkaufen versuchte, und ich schloss bei ihm eine Versicherung über eine hohe Summe ab.

Es wird eine eindeutige Botschaft vermittelt – und zwar eine negative –, wenn die Leute nicht ihre eigenen Produkte verwenden, die ihnen das Essen auf den Tisch stellen. Ich erinnere mich an einen freimütigen Artikel von Ross Perot in der Zeitschrift *Fortune* mit dem Titel „Wie ich GM umkrempeln würde".[2] Er wetterte dagegen, dass sich Topmanager zur Arbeit chauffieren ließen. Perot erklärte: „Jeder, der für den Weg zur Arbeit einen Chauffeur braucht, ist vermutlich zu alt für die Gehaltsliste", und „Jeder in einer Autofabrik sollte sein eigenes Auto fahren, weil man auf dem Rücksitz kein Gespür für das Handling des Wagens bekommt. Wir sollten keine handgefertigten Autos an Führungskräfte geben." Perots Standpunkt trifft die Sache genau. Wenn Sie das Produkt, das Sie verkaufen, nicht benutzen, signalisieren Sie damit: „Sie dürfen gerne das Produkt verwenden, das ich verkaufe, aber für mich ist es nicht gut genug." Was sollen die Kunden von so einer Botschaft halten?

Seinen Glauben an das, was man verkauft, zu demonstrieren, ist von grundlegender Bedeutung und auf jedes Produkt (nicht bloß Automobile) anwendbar. Stellen Sie sich vor, Sie gehen in ein feines Herrenbekleidungsgeschäft, und es bedient Sie ein Verkäufer in einem billigen Anzug. Oder hinter dem Kosmetiktresen steht eine Frau, die kein Make-up trägt. Oder ein etwas korpulenter Angestellter eines Fitnesscenters versucht Ihnen eine lebenslange Mitgliedschaft anzudienen.

POSITIVES DENKEN MUSS REALISTISCHES DENKEN SEIN

Ich möchte mich hier nicht lang und breit über die Macht des positiven Denkens auslassen, ein Thema, über das mein guter Freund Norman Vincent Peale mehrere Bücher geschrieben hat. Allerdings finde ich, dass ein Buch zum Thema Geschäftsabschlüsse nicht komplett wäre ohne ein paar Worte über die Bedeutung einer positiven geistigen Einstellung. Der Vollständigkeit halber sei gesagt, ich erinnere mich nicht, je einer erfolgreichen Person in irgendeiner Branche begegnet zu sein, die negativ dachte. Positives Denken ist der einzige gemeinsame Nenner aller erfolgreichen Leute.

[2] Ross Perot, "How I Would Turn Around GM," *Fortune* (February 15, 1988) 49.

Um ein erfolgreicher Verkäufer zu sein, müssen Sie glauben, dass Sie an jeden Kunden verkaufen werden. Damit will ich aber nicht andeuten, dass man bloß an Geschäftsabschlüsse zu denken braucht, und schon klappt die Sache von allein. Ein Verkäufer, der kein Produktwissen, keine Verkaufserfahrung oder -ausbildung besitzt, der aber meint, er könne an jeden Kunden verkaufen, offenbart Wunschdenken, kein positives Denken. Man kann nicht einfach morgens aufwachen, in den Spiegel schauen und erwarten, dass einem ein erfolgreicher Verkäufer entgegenblickt. Man muss sich das Recht auf ein starkes Selbstbewusstsein verdienen, sonst betrügt man sich nur selbst.

VISUALISIERUNG

Beim Biofeedback wird ein Patient an ein Gerät angeschlossen, das Informationen über seine physiologischen Vorgänge zurückleitet, die dann via Monitor überwacht werden. So kann beispielsweise jemand, der unter Tachykardie (Herzjagen) leidet, an ein Oszilloskop angeschlossen werden, um den Herzschlag konstant zu protokollieren. Dann erhält der Patient die Anweisung, sich zu entspannen und den Monitor zu betrachten. Als nächstes soll er sich im Geiste ein Bild des Friedens und der Ruhe vorstellen, etwa an einem Strand zu sitzen und den heranbrandenden Wellen zuzuschauen. „Fühlen Sie die warme Sonne, spüren Sie die Meeresbrise", lautet die Anweisung. Je tiefer sich der Patient entspannt, um so realer wird sein Vorstellungsbild. Als Folge dieser geistigen Übung erkennt man auf einer optischen Anzeige, dass sich der Puls des Patienten tatsächlich verlangsamt. Am interessantesten ist, dass das Biofeedback-Gerät nichts tat, als das aufzuzeichnen, was dem Patienten als Resultat seines Denkens widerfuhr!

Die weltweit angesehene Psychotherapeutin Stephanie Simonton hat sich auf die Arbeit mit Krebspatienten spezialisiert. Unter ihrer Anleitung erlernen die Patienten Visualisierungsübungen. So sollen sie sich vorstellen, dass ihre Krebszellen von gesunden weißen Blutkörperchen attackiert und zerstört werden. Unfassbar: Einige Patienten konnten durch diese geistige Übung eine Abnahme in der Zahl der Krebszellen bewirken. Dies kann in Verbindung mit einer ärztlichen Behandlung die Ausbreitung der Krankheit eindämmen und sie sogar heilen. Wenn die Visualisierung eine schreckliche Krankheit wie den Krebs besiegen helfen kann, stellen Sie sich doch einmal vor, wie sie Ihnen helfen kann, Ihre verkäuferischen Fertigkeiten zu entwickeln und zu verbessern.

Die Methode ist keineswegs neu. Einer der größten Schwergewichtsboxer, Gentleman Jim Corbett, wandte diese Technik bei der Vorbereitung auf seinen Titelkampf 1892 gegen den seit zehn Jahren amtierenden Weltmeister John L. Sullivan an. Corbett trainierte seinen linken Haken mit Schattenboxen, wobei er Zehntausende von Schlägen gegen sein eigenes Spiegelbild führte. Corbett, der den Ring als krasser Außenseiter betrat, schreibt es dieser Trainingsmethode zu, dass er in einem der größten Ereignisse in der Geschichte des Boxens den Meistertitel errang.

Muhammad Ali ist ein weiterer ehemaliger Weltmeister im Schwergewicht, der sich der Visualisierung bediente, obwohl die Öffentlichkeit zu Beginn seiner Karriere nichts damit anzufangen wusste. Im Umkleideraum, im Ring, vor laufenden Fernsehkameras und bei jedem Interview brüstete sich Ali damit, er sei *der Größte*! Anfangs lachte man noch, wenn er rezitierte, was viele als kindliche Poesie bezeichneten: „Ich werde wie ein Schmetterling schweben / Und stechen wie eine Biene / Ich werde ihn in fünf [Runden] ausknocken / Und er wird nie mehr leben.“ Nachdem Ali die Meisterschaft gewonnen hatte, lachten die Leute nicht mehr über ihn. Muhammad Ali wurde einer der besten Schwergewichtsboxer aller Zeiten.

Wenn die Visualisierung mächtig genug ist, um Krebszellen zu zerstören und Schwergewichtsmeister auf die Bretter zu schicken, muss ja tatsächlich etwas dran sein. So, wie ein Athlet geistige Bilder von einer großen Leistung (Schwingen eines Golfschlägers, Werfen eines Basketballs, Erzielen von Feldtoren usw.) formt, können Sie sich vorstellen, wie Sie Geschäftsabschlüsse tätigen. Lassen Sie auf der Fahrt zu Ihrem nächsten Kunden – oder wenn Sie im Innendienst arbeiten, auf dem Weg zur Arbeit – in Gedanken eine vollständige Verkaufspräsentation Revue passieren. Visualisieren Sie die Dankbarkeit Ihres Kunden für den guten Service, den Sie ihm geben werden, und achten Sie auch darauf, dass er ein Auftragsformular unterschreibt und Ihnen einen Scheck als Anzahlung überreicht.

Was Sie visualisieren, wird schließlich Realität. Wenn Sie glauben, dass Sie jedes Geschäft zum Abschluss bringen, so werden Sie feststellen, wie die Quote Ihrer erfolgreichen Abschlüsse dramatisch nach oben schnellt.

Ich bin vielen »zweifelnden Thomasen« begegnet, die mir nicht abnehmen, was ich ihnen über Visualisierung erzähle. „Das ist doch Tagträumerei, Joe. Ich hab was Besseres zu tun mit meiner Zeit“, sagen sie.

Das sind genau die Typen in den »Infozirkeln«, die jeden Kunden, der den Ausstellungsraum betritt, um ein Auto zu kaufen, geringschätzig mustern. Sie wollen nicht mal daran *denken*, jemandem etwas zu verkaufen.

EIN GEWINNENDES SELBSTBILD

Die ehemalige First Lady Eleanor Roosevelt sagte einmal: „Niemand kann einem Minderwertigkeitsgefühle aufdrängen ohne dessen Zustimmung." Dieser Meinung schließe ich mich vorbehaltlos an. Wer sich unterlegen fühlt, wirkt auch so auf andere. Ich denke, das gilt speziell für den Verkaufssektor.

Shafiroff, der als Broker fast ausschließlich am Telefon Geschäfte macht, glaubt, dass das eigene Selbstbild ein entscheidender Faktor ist, und zwar entgegen der landläufigen Meinung auch und *gerade* bei der Telefonakquisition. Er sagt, er habe miterlebt, wie Verkäufer auf identische Telefonpräsentationen hin geschult worden seien, und nach einiger Zeit hätten diejenigen mit einem gewinnenden Auftreten jene mit einem schwachen Selbstbild an Produktivität übertroffen. „Es zählt, wie sich der einzelne selbst sieht", erklärt Shafiroff. „Wenn Sie sich für eine sehr wichtige Person halten, wird auch Ihr Gegenüber Sie als VIP ansehen."[3]

Er weist darauf hin, dass viele Spitzenverkäufer mit einem Akzent sprechen, Worte falsch betonen, eine Reibeisenstimme haben usw. Trotzdem übertreffen diejenigen mit einem guten Selbstbild permanent jene mit geringer Selbstachtung. „Im großen und ganzen wird Ihr Gefühl für die eigene Wichtigkeit darüber bestimmen, ob Ihr Telefonkunde von Ihnen einen positiven Eindruck gewinnt", sagt Shafiroff. „In natura könnten Sie als VIP im teuren Anzug und mit markantem Profil daherkommen. Am Telefon hat ein Kunde jedoch keine Gelegenheit, Sie zu sehen. Er muss sich ein geistiges Bild von Ihnen machen, ausgehend davon, wie Sie bei ihm ankommen. *Er wird dazu neigen, Sie so zu sehen, wie Sie sich selbst sehen.* Und sehr oft wird das Bild, das er von Ihnen hat, gar keine Ähnlichkeit mit Ihnen haben! Wie oft z. B. sind Sie jemandem persönlich begegnet, nachdem Sie ihn nur vom Telefon her kannten? Wenn das passiert, ist man oft verblüfft. Der Mensch ist ganz anders, als man ihn sich vorgestellt hat. Möglicherweise ist er älter oder größer oder schwerer. Er könnte anders gekleidet sein, als man erwartet hat. In so einem Fall denkt man gern, dass das Telefonbild »falsch« war. Aber vielleicht ist das, was wir *sehen*, bloß eine Fassade, und das Telefonbild ist das echte – ein exakteres Abbild dessen, wie die Person wirklich ist. Der Schein kann trügen, wie wir wissen."

Starke Worte, die Shafiroff da anbringt. Dennoch glaube ich, dass sich das Selbstbild eines Verkäufers auch an seiner bzw. ihrer Körpersprache

[3] Martin Shafiroff and Robert L. Shook, Successful Telephone Selling in the '80s (New York: Harper & Row, Publishers, 1982), 114-15

und Mimik ablesen lässt, was bei einem Telefonat auf der Strecke bleibt. So kommt z. B. ein Mensch mit schwachem Selbstbild ins Büro eines Kunden geschlurft. Sie haben diesen Kerl schon mal gesehen: Es ist der Willy Loman-Verkäufertyp aus Arthur Millers Bühnenstück *Death of a Salesman* [Tod eines Handlungsreisenden – A. d. Ü.] Der Verkäufer voller Elan und Tatendrang hingegen betritt den Raum mit federndem Schritt – das ist der Professor Harold Hill-Typ aus dem Film *The Music Maker*. Das persönliche Selbstbild des einzelnen strahlt entweder eine positive oder negative Atmosphäre aus. Ihre eigene Selbsteinschätzung wird dadurch vermittelt, wie Sie sprechen, stehen und gehen. Und durch die Art und Weise, wie Sie lächeln und die Stirn runzeln. Glauben Sie mir, auch wenn Sie vielleicht meinen, dass Sie Ihren Kunden keine Signale senden – Sie tun es. Ihr Gesicht spricht eine deutliche Sprache.

Wenn die Geschäfte schleppend gehen und Sie sich down fühlen, empfehle ich Ihnen, einige Ihrer zufriedenen Kunden für ein kleines Schwätzchen anzurufen. Der Anruf sollte allerdings einem doppelten Zweck dienen. Vielleicht können Sie ein paar neue, nützliche Informationen weitergeben, oder Sie erkundigen sich einfach, wie man mit der gebotenen Servicequalität zufrieden ist. Dann lassen Sie sie reden – und hören zu. Ihre guten Meinungen über Ihr Produkt und Ihren Service zu hören, wird Ihren Glauben an das, was Sie verkaufen, stärken und positive Gedanken für Ihr Selbstbild hervorrufen. Und als Extranutzen ziehen Sie vielleicht noch einen Zusatzauftrag und einige Empfehlungen an Land. Wenn Sie sich in einem Tief befinden, gibt es zum Aufmuntern Ihres Selbstbilds nichts Besseres, als ein Geschäft abzuschließen.

ALLZEIT BEREIT!

Allzeit bereit« ist für die Pfadfinder mehr als nur ein Wahlspruch. Diese Worte sollte sich jeder Verkäufer auf die Brust tätowieren lassen, damit er sie nie mehr vergisst. Für Anfänger sei gesagt: Eine Verkaufsvorführung optimal vorbereitet zu beginnen, ist eine Aufbauspritze für Ihr Selbstbewusstsein. Das Wissen, dass Sie alles über Ihr Produkt, die Firma und die Konkurrenz in- und auswendig wissen, wirkt ungemein fördernd für Ihr Selbstbewusstsein. Auch dann müssen Sie aber Ihre Hausaufgaben machen, damit Sie über die Probleme Ihres Kunden genau im Bilde sind – und Lösungen anzubieten haben. Es ist ein tolles Gefühl, zu wissen, dass man mit keinem noch so schnellen Ballwurf von der Matte gefegt werden kann. Der einzige Weg, sich dieser Art von Komfort zu versichern, ist der, dass Sie Ihre Hausaufgaben im voraus erledigen. So können Sie hundertprozentig sicher sein, dass Sie jede denkbare Situation im Griff haben.

So wird etwa eine Immobilienmaklerin für Spitzenwohnobjekte einen Großteil ihres Arbeitstages mit der Suche nach Häusern verbringen. Sie wird stundenlang mehrfach aufgelistete Objekte besichtigen, um alles darüber zu erfahren, bevor sie sie einem Kunden zeigt. Anschließend kann die Maklerin ihrem Kunden über jedes Detail Auskunft geben wie z. B. wer der Erbauer des Hauses war, aus welchem Jahr es stammt, die Finanzierung, die Steuern usw.

Auch John W. Galbreath, einer der größten Bauunternehmer des Landes [Gemeint sind die USA – A. d. Ü.], hält Vorbereitung für das A und O. Sein Sohn Dan leitet mittlerweile die Firma John W. Galbreath & Co., und der Seniorchef erzählt mit großer Freude, wie Dan sich einst auf eine wichtige Verkaufspräsentation vorbereitete: „Nach seinem Einstieg ins Geschäft habe ich Dan immer wieder eingebleut, wie wichtig es ist, vorbereitet zu sein, und zum Glück hat er die Botschaft kapiert. Dan und ich verhandelten mit dem Direktor einer großen Firma über ein Geschäft, bei dem wir ein sechs Millionen Dollar teures Gebäude auf Pachtbasis hochziehen sollten. Bei einem solchen Geschäft muss man mit den Zinssätzen und den Mietpreisen, die im Gespräch sind, genau rechnen. Schon eine Zinsänderung um ein Zehntelprozent kann sich in zehn oder zwanzig Jahren zu gewaltigen Beträgen summieren. Vor dem Treffen mit der Firma machte ich deshalb Dan den Vorschlag, er solle sich die Hypothekentabellen für die Zinsspanne zwischen 3,5 und 5,5 Prozent einprägen.

Und denken Sie mal, als wir in die Schlussphase unserer Verhandlungen traten, bat uns der Firmenchef, verschiedene Hypotheken auf der Basis unterschiedlicher Zinssätze zu kalkulieren. Er muss erwartet haben, dass wir uns jetzt seinen Taschenrechner ausleihen, doch statt dessen fing Dan an, die jeweiligen Hypothekbeträge in Abhängigkeit von verschiedenen Zinssätzen herunterzurattern. Natürlich erkannte der Firmenchef, dass Dan seine Hausaufgaben vor der Zusammenkunft gemacht hatte. Ihm war klar, dass niemand Hypotheken so rasch im Kopf ausrechnen konnte. Aber er war sichtlich beeindruckt, dass Dan gut vorbereitet zu dem Treffen erschienen war. Dan hatte seinen Respekt gewonnen, und er hatte Vertrauen in uns – genug, dass wir den Auftrag bekamen."[4]

[4] Robert L. Shook, The Entrepreneurs (New York: Harper & Row, Publishers, 1980), 16.

Galbreath besteht darauf: „Sie müssen gut vorbereitet sein. Das ist das A und O in allen Dingen. Sie müssen einfach mehr von Ihrem Geschäft verstehen, und es gibt nichts Respektloseres oder Anmaßenderes, als das Büro eines Kunden zu betreten und dann nicht in der Lage zu sein, seinen Zeitaufwand zu rechtfertigen. Wenn Sie nicht alle seine Fragen beantworten können, dann haben Sie seine Zeit vergeudet – und Ihre mit dazu. Sie sollten sich bei ihm entschuldigen."[5]

Es ist nicht nur unhöflich, unvorbereitet im Büro eines Kunden zu erscheinen, doch wenn Sie es tun, werden Sie sich vermutlich zerstreut, ängstlich und schuldbewusst fühlen. Folglich büßen Sie das Gefühl Ihrer Verantwortlichkeit ein, was aus verständlichen Gründen ein Eigentor ist.

Wie Sie sehen, glaube ich fest an das, was Sie tun müssen, um an sich selbst zu glauben. Gründlich vorbereitet zu sein, ist aber noch mehr. Es ist praktisch. Sie müssen das Wissen und die Fähigkeit besitzen, bestimmte Informationen an Ihren Kunden weiterzugeben, damit er oder sie eine kluge Kaufentscheidung treffen kann. Wenn ein Kunde keine spezifischen Gründe weiß, weshalb er Ihr Produkt kaufen sollte, wird er einfach nicht erkennen, warum es für ihn wertvoll ist. Beispielsweise erkennt er vielleicht nicht, - warum Ihr Produkt ein besseres Angebot ist als das Ihres Konkurrenten – es sei denn, Sie wissen, welche Firma XYZ dahinter steckt, so dass Sie die Unterschiede hervorheben können. Folglich müssen Sie nicht nur Ihre Hausaufgaben machen, um Ihr Produkt von Grund auf zu kennen, Sie müssen auch Vergleiche zu den Angeboten Ihrer Konkurrenten ziehen können. So könnte ein Kunde z. B. sagen: „Ein Vertreter von der Firma XYZ hat mir ein Angebot gemacht, und ich denke, die haben Sie geschlagen."

Aufgrund Ihres Wissens über die Stärken und Schwächen von XYZ's Produkt können Sie ein einmaliges Verkaufsargument in die Waagschale werfen, welches Sie exklusiv anbieten, und dieser Unterschied kann über das Geschäft entscheiden. Doch wenn Sie nicht wissen, worin der Unterschied liegt, überlassen Sie es dem Zufall, einen Bedarf zu präsentieren, der den Interessenten zum Kauf überzeugt.

Als Verkäufer sollten Sie bezüglich Ihrer Karriere die gleiche Einstellung entwickeln wie Profis aus anderen Berufsgruppen wie Buchhaltung, Rechtswesen oder Medizin. Der einzige Weg, wie diese Profis mit den enormen Veränderungen, die permanent in ihren Berufen stattfinden, Schritt halten können, ist der, dass sie wöchentlich mehrere Stunden Ver-

[5] Robert L. Shook, The Entrepreneurs (New York: Harper & Row, Publishers, 1980), 15.

öffentlichungen lesen, mit ihren Kollegen diskutieren und regelmäßig an Seminaren teilnehmen. Zwar befürworte ich nicht die Teilnahme an unproduktiven Diskussionsrunden, aber ich glaube fest an den Ideenausausch mit den führenden Profis aus Ihrer Branche. Ich empfehle Ihnen dringend, auf Ihrem Gebiet ein Experte zu werden – es gibt keine Entschuldigung, sich mit weniger zufriedenzugeben, selbst wenn das heißt, dass man mehrmals pro Woche ein bis zwei zusätzliche Stunden mit Lesen verbringt. Als Profiverkäufer müssen Sie Ihre Hausaufgaben machen.

DIE ÄUSSERLICHKEITEN DES ERFOLGS

Es heißt zwar ständig, man solle ein Buch nicht nach seinem Einband beurteilen, doch genau das tun wir. Wir alle sind davon beeinflusst, wie sich Dinge äußerlich präsentieren. Wenn dies nicht so wäre, würde die Verlagsindustrie nicht länger Millionen von Dollar jedes Jahr in das Design der vierfarbigen Buchdecken investieren. Aus demselben Grund würden auch die Verpacker von Lebensmittelerzeugnissen ihre Waren heute nicht in Designerschachteln und -flaschen verkaufen. Tatsächlich kostet die Verpackung oft mehr als der Inhalt. Sie alle wissen sicher, dass es beim Verkauf von Waren hilfreich ist, wenn man ihr Erscheinungsbild aufpeppt; ebenso macht Ihr Erscheinungsbild einen großen Unterschied, wenn Sie sich verkaufen.

Ich erinnere mich an Autoverkäufer in einem schreienden Outfit, die aussahen, als wären sie unterwegs zur Rennbahn nach der Arbeit. Sie trugen extravaganten Schmuck, wozu auch Goldketten und Ringe am kleinen Finger gehörten. Kurz, sie waren gekleidet wie der typische schwatzhafte Verkäufer und vermittelten den Eindruck, dass man ihnen nicht für fünf Pfennig trauen konnte. Hinzu kommt noch, dass sie Sonnenbrillen trugen, bei Tag und Nacht, zu allen Jahreszeiten. Verstehen Sie mich jetzt nicht falsch. Welche Kleidungsstücke jemand trägt, ist eigentlich kein Indiz für seine Ehrlichkeit. Aber wir reden hier darüber, wie man sich erfolgsorientiert kleidet, und wenn Sie nach Meinung der Leute den Look eines zwielichtigen Verkäufers präsentieren, können Sie sicher sein, dass manche das abstoßend finden werden.

Eine gute Faustregel zur Kleidung ist: Im Zweifel konservativ. Es sei denn natürlich, Sie verkaufen zufällig hochmodische Trendcouture – in diesem Fall sollten Sie tragen, was Sie verkaufen. Ich empfehle Ihnen, egal wie gern Sie persönlich ausgeflippte Klamotten tragen, sich diese für die

Freizeit aufzuheben. Es lohnt sich nicht, Geschäfte zu verlieren, weil man unprofessionell aussieht.

Kürzlich kam zu mir eine attraktive Verkäuferin, um mir einige Steuersparanlagen zu verkaufen. Sie war schön gekleidet – das heißt, wenn sie zu einer formellen Dinnerparty gegangen wäre. Sie trug ein Kleid mit tiefem Dekolleté, und offen gesagt, war ich irritiert durch ihre teilweise entblößte Brust; in ihrer Gegenwart fühlte ich mich unwohl. Nun bin ich keineswegs prüde. Es fiel mir nur einfach schwer, mich auf ihre Verkaufspräsentation zu konzentrieren, weil sie so unpassend gekleidet war. Es erinnerte mich an einen Ausspruch der berühmten Modedesignerin Coco Chanel: Wenn eine Frau schlecht gekleidet ist, dann achtet man auf ihr Kleid, und wenn sie tadellos gekleidet ist, auf die Frau. In diesem Fall allerdings bemerkte ich zugegebenermaßen mehr als nur ihr Kleid.

Auch dann, wenn der Käufer einen klaren Verstoß gegen die Kleiderordnung in Ihrer Branche registriert, wird er denken: „Wenn dieser Verkäufer kein Gefühl dafür hat, wie man sich korrekt kleidet, wie gut ist da sein Urteilsvermögen? Ich möchte von ihm keine Ratschläge, wie ich meine geschäftlichen Angelegenheiten regle."

Der äußere Rahmen des Erfolgs umfasst viel mehr als die Kleidung, die Sie tragen, das Make-up, das Sie verwenden und die Art, wie Sie sich frisieren. Ihr Image wird selbst durch das Auto, das Sie fahren, vermittelt, einschließlich Modell, Baujahr und Pflegezustand. So dient z. B. der Wagen eines Immobilienmaklers als sein bzw. ihr mobiles Büro. Darin werden Kunden zu Liegenschaften hin- und wieder zurückgefahren, und auf der Fahrt redet man übers Geschäft. Eine alte Rostlaube vermittelt die Botschaft, dass der Makler sich kein anständiges Auto leisten kann. Ebenso lässt ein ungepflegtes Auto voll mit Fastfood-Verpackungen, Arbeitspapieren und Zigarettenstummeln auf mangelndes Organisationstalent schließen. Das sind nicht die Signale, die Ihr Kunde von Ihnen bekommen soll.

Aus denselben einleuchtenden Gründen ist auch das Erscheinungsbild Ihres Büros entscheidend. Nehmen wir einmal an, Sie möchten eine Hausbesitzerversicherung abschließen, und Sie betreten zwei Büros desselben Versicherers. Die eine Agentur unterhält ein feudales Büro in einem noblen Bürokomplex in einer Vorortlage, ausgestattet mit allem Drum und Dran des Erfolgs. Das andere Büro liegt in einer heruntergekommenen Umgebung und sieht aus, als wäre ein Tornado hindurchgefegt. Bei welchem würden Sie höchstwahrscheinlich Ihre Versicherung abschließen wollen? Merken Sie sich, dass beide Agenturen identische Policen zu gleichen Preisen anbieten. Wie Sie sehen können, wird das Vertrauen der Menschen, ob zu Recht oder Unrecht, maßgeblich von Äußerlichkeiten beeinflusst. Ihr Gedankengang sieht so aus: „Wenn sich dieser Mensch kein vernünftiges Büro (Auto, Anzug usw.) leisten kann, dann kann er auch nicht erfolgreich sein.“ Es stimmt, dass in den Augen der meisten Leute äußere Anzeichen für Erfolg und Versagen die entscheidenden Kriterien für die Beurteilung sind, ob jemand einen guten Service zu leisten imstande ist.

DAS UNSICHTBARE SCHILD – „GEBEN SIE MIR DAS GEFÜHL, WICHTIG ZU SEIN!“

In ihrem Bestseller *Mary Kay on People Management* sagt Mary Kay Ash, die Gründerin von Mary Kay Cosmetics: „Jeder Mensch ist etwas Besonderes! Ich glaube das ehrlich. Jeder von uns möchte zufrieden sein, aber für mich ist es ebenso wichtig, dass man anderen das gleiche Gefühl verschafft. Wann immer mir jemand begegnet, stelle ich mir vor, wie er oder sie ein unsichtbares Schild vor sich herträgt, auf dem steht: GEBEN SIE MIR DAS GEFÜHL, WICHTIG ZU SEIN! Ich reagiere sofort auf dieses Schild, und es wirkt Wunder.“[6]

Kein Wunder ist es, dass Mary Kay Ash zu den erfolgreichsten Geschäftsfrauen in der Geschichte Amerikas gehört. Sie weiß sich zu verkaufen, indem sie anderen Menschen das Gefühl gibt, wichtig zu sein.

Ich denke, es geht darum, den Menschen zu zeigen, dass man ehrlich an ihnen interessiert ist. Wenn z. B. ein Kunde verschmutzt und mit einem Schutzhelm auf dem Kopf hereinkommt, sage ich: „Hm, Sie sind sicher im Baugewerbe tätig.“ Nun, jeder redet gern über sich selbst, und ich versuche zu erreichen, dass er sich öffnet.

„Stimmt“, erwidert er.

„In welcher Branche? Stahl? Beton?“, frage ich, um ein Gespräch in Gang zu bringen.

Ich erinnere mich, wie ich mal einen Mann nach seinem Beruf fragte, und er antwortete: „Ich arbeite in einer Schraubendreherei.“

„Nein, im Ernst. Was machen Sie den ganzen Tag lang?“

„Ich mache Schrauben.“

„Tatsächlich. Ich kann mir nicht denken, wie Schrauben gemacht werden. Wissen Sie, ich würde Sie gern mal am Arbeitsplatz besuchen kommen und Ihnen dabei zuschauen. Wäre das in Ordnung?“

[6] Mary Kay Ash, *Mary Kay on People Management* (New York: Warner Books, Inc., 1984), 15

Verstehen Sie, was ich gemacht habe? Ich zeigte ihm, dass er mir nicht gleichgültig war. Wahrscheinlich hat sich nie jemand bei ihm erkundigt, was er dort mit so viel Interesse macht. Ein typischer Autoverkäufer könnte statt dessen scherzen: "You make screws – you gotta be screwed up." (Sie machen Schrauben – da wollen wir Sie mal mit einem unserer Wagen verschrauben.) [Wortspiel nicht übersetzbar, ohne den Sinn zu entstellen – A. d. Ü.]

In meiner flauen Zeit nahm ich mir vor, ihn in seiner Werkstatt zu besuchen. Sie können sich nicht vorstellen, wie froh er war, mich zu sehen. Er stellte mich seinen Arbeitskollegen vor und sagte stolz: „Das ist der Typ, bei dem ich mein Auto gekauft hab." Ich gab jedem meine Visitenkarte und durfte auf diese Weise noch eine Menge Zusatzgeschäfte mitnehmen. Und obendrein erfuhr ich viele interessante Dinge, die mir halfen, eine Beziehung zu meinen Kunden zu bekommen.

Ab dem Moment, wo ein Kunde von mir den Laden betritt, ist es mir egal, wenn ich ihn fünf Jahre lang nicht gesehen habe; ich gebe ihm das Gefühl, als sei es erst gestern gewesen und als hätte ich ihn wirklich vermisst.

„Hey, Bill, wo haben Sie denn gesteckt?", frage ich mit einem freundlichen Lächeln.

„Äh, hm, ich hab bis jetzt kein Auto gebraucht", entschuldigt er sich.

„Müssen Sie erst ein Auto brauchen, bloß um mal kurz hereinzuschauen und Hallo zu sagen, wenn Sie gerade vorbeikommen? Ich dachte, wir wären Freunde."

„D-das sind wir doch, Joe."

„Sie kommen jeden Tag auf dem Weg zur Arbeit und auf dem Heimweg an unserem Ausstellungsraum vorbei, Bill. Von nun an möchte ich, dass Sie gelegentlich hereinschauen und Hallo sagen. Und jetzt kommen Sie in mein Büro und erzählen mir, was Sie so getrieben haben."

Wie oft sind Sie schon aus einem Restaurant gekommen und haben zu Ihrer Begleitung gesagt: „Erinner' mich, dass ich da nie wieder hingehe, ja?" Wissen Sie, was Restaurants an die Spitze bringt? Es ist die Mundpropaganda, denn die Leute erzählen es weiter, wie sehr sich die Geschäftsleitung um ihr Wohl bemüht hat. Die Spitzenrestaurants dieses Landes lassen ihre Küchen Liebe und Sorgfalt kredenzen. Sie haben Personal in der Küche stehen, das darauf bedacht ist, dass der Gast im Speisesaal einen fairen Deal bekommt – und ein gutes Essen.

Ich möchte, dass meine Kunden mit dem gleichen Gefühl weggehen, wie es die Leute beim Verlassen eines erstklassigen Restaurants haben. Sie wissen schon, jenes Gefühl einer warmen, tiefen Zufriedenheit.

Ich erinnere mich an eine Dame mittleren Alters, die einmal in den Ausstellungsraum kam mit den Worten, sie wolle sich etwas die Zeit vertreiben und ein paar Autos anschauen. Sie sagte, sie hätte sich eigentlich in einen Ford verguckt, doch der Verkäufer unten in der Straße habe ihr gesagt, sie solle in einer Stunde wiederkommen. Sie erzählte mir, sie sei entschlossen und wolle ein weißes Fordcoupé, genau wie das ihrer Schwägerin. Die Frau sagte: „Es ist ein Geschenk für mich selbst zu Ehren meines Geburtstags. Ich werde heute 55 Jahre."

„Alles Gute zum Geburtstag", sagte ich und entschuldigte mich mit den Worten, ich müsste nur schnell etwas erledigen. Als ich zurückkam, sagte ich: „Solange Sie noch etwas Zeit haben, lassen Sie mich Ihnen eines unserer Coupés zeigen – es ist auch in weiß lieferbar."

Etwa eine Viertelstunde später kam eines der Mädchen aus dem Büro herein und übergab mir ein Dutzend Rosen. „Die sind nicht für mich", sagte ich. „Ich habe nicht Geburtstag." Damit gab ich sie an die Frau weiter. „Und mögen Sie diesen Tag noch viele Male glücklich feiern", sagte ich.

Sie war so gerührt, dass ihr die Tränen kamen. „Mir hat seit Ewigkeiten niemand mehr Blumen geschenkt", sagte sie.

Im Verlauf unserer Unterhaltung erzählte sie mir von dem Ford, den sie wollte. „Aber der Verkäufer war nicht besonders nett. Ich nehme an, er hat mich in meinem alten Auto vorfahren gesehen und sich gedacht, ich könne es mir nicht leisten, einen neuen Wagen zu kaufen. Als er mir gerade einige Autos zeigte, rief einer der anderen Verkäufer herüber, dass er jetzt etwas essen gehe, und er fragte, ob er irgendetwas mitbringen solle. Daraufhin sagte der Verkäufer, der mich bediente: „Warte, ich komme mit." Deshalb habe ich etwas Zeit totzuschlagen."

Ich bin mir sicher, Sie haben's schon erraten, dass die Dame keinen Ford kaufte. Dafür kaufte sie von mir einen Chevy und stellte einen Scheck über den Gesamtbetrag aus. Nicht wahr, bei dieser Geschichte klingelt's bei Ihnen? Wenn Sie einem Kunden das Gefühl geben, wichtig zu sein, wird er oder sie sogar bereitwillig auf seine bzw. ihre zweite Wahl umsatteln.

AUF EIGENER SCHOLLE VERKAUFEN

Wenn sich Ihnen eine Chance auftut, dann denken Sie daran, dass beim Sport die Heimmannschaft einen enormen Vorteil hat. Das Gleiche gilt nämlich auch für den Verkauf. Zögern Sie also nicht, Ihre Kunden in Ihr Büro einzuladen, wenn diese Möglichkeit besteht. Sollte Ihr Büro allerdings so schäbig aussehen, dass es für Sie peinlich ist, sieht die Geschichte natürlich anders aus.

Erstens müssen Sie mehr Kontrolle in Ihrem Büro walten lassen – und sei es nur aus dem Grund, dass Sie bestimmen können, welche Unterbrechungen zulässig sind, falls überhaupt. Im Büro eines Kunden steht es Ihnen nicht zu, Sekretärinnen oder andere Angestellte davon abzuhalten, zu kommen und zu gehen, wie es ihnen oder dem Kunden beliebt. Und natürlich können Sie die Telefonzentrale nicht anweisen, keine Anrufe durchzustellen – auf Ihrem eigenen Grund und Boden schon.

Zweitens lassen wir Mark McCormack, den Gründer und Vorsitzenden der weltweiten Sportagentur IMG (International Management Group), zu Wort kommen: „Jede Besprechung im eigenen Büro bringt ein Gefühl des »Eindringens« durch die andere Partei mit sich. Es herrscht eine gewisse Spannung, so sublimiert (unbewusst) sie auch sein mag. Indem Sie einfach höflich sind und dafür sorgen, dass sich Ihr Gegenüber wohlfühlt, können Sie diese Spannung abbauen und noch vor dem Beginn der Besprechung ein gewisses Maß an Zuversicht und Vertrauen für sich verbuchen.“[7]

Drittens können Sie von einigen guten »Requisiten« profitieren, die sonst im Büro von jemand anderem nicht zur Verfügung stünden. So gebe ich beispielsweise Erklärungen gerne vor Bürowänden ab. Ich gebrauche die Wände meines Büros gerne als kostenlose Werbeflächen. Sie können Gutes über mich sagen, das egoistisch klänge, würde ich es von mir selbst behaupten. Es ist somit eine subtile Methode, die Botschaft meinen Kunden herüberzubringen. Beispielsweise hingen an meinen Wänden Auszeichnungen, die mir für meine Verkaufsrekorde verliehen worden waren, dazu gerahmte Zeitungsbilder und Zeitschriftenartikel, Fotos, auf denen ich mit einigen Prominenten zu sehen bin usw. Ich hatte sogar ein Foto des früheren Präsidenten Gerald Ford und mir an der Wand hängen. Diese Reklameflächen helfen, Joe Girard zu verkaufen.

Beachten Sie, dass ich nichts an meinen Wänden hängen habe, das meine Kunden verwirren könnte. Hier gibt es keine Fotos von Autos, denn ich möchte, dass ein Kunde kein anderes Modell im Kopf hat außer dem, das ich ihm gerade verkaufe. Auch auf meinem Schreibtisch liegt nichts, das ablenkend wirken könnte. Und natürlich hatte ich in meinen Büros nie etwas in Zusammenhang mit Politik oder Religion. Einer meiner Kollegen vom Verkauf hatte ein Bild des Papstes an seiner Wand hängen. Ich habe ihm tausendmal gesagt: „Nicht jeder ist katholisch, das Bild da bringt dir

[7] Mark H. McCormack, What They Don't Teach You at Harvard Business School (New York: Bantam Books, 1984) 35-36

bei Nicht-Katholiken keine Pluspunkte ein." Wissen Sie, was er daraufhin zu mir sagte? „Das ist deren Problem. Sollen sie doch ihre Geschäfte woanders machen, wenn sie irgendwas gegen Katholiken haben." Eines aber darf keinesfalls auf meinem Schreibtisch fehlen, und ich bestehe darauf, dass jeder Verkäufer es so halten sollte. Auf meinem Schreibtisch liegt immer ein Auftragsblock griffbereit. Ich denke nicht, dass der Hauptgrund, weshalb der Kunde in meinem Büro ist, irgendein großes Geheimnis bleiben sollte. Ich möchte, dass jeder weiß, dass ich in meinem Büro Aufträge annehme, und dieser Auftragsblock soll meine Kunden stets daran erinnern.

Ein Immobilienmakler sollte dasselbe tun. Für den Wohnungsmarkt gibt es in den meisten Gemeinden einen einheitlichen, vom örtlichen Maklerverband genehmigten Vordruck für Immobilienkaufverträge, der bei allen Besprechungen zwischen dem Käufer und dem Makler deutlich sichtbar sein sollte. So könnte etwa ein Kunde sagen: „Wenn der Verkäufer einen Vertrag über 400.000 Dollar akzeptieren würde mit der Maßgabe, dass ich das Objekt von einem Architekten begutachten lassen könnte, würde ich ein Angebot machen."

„Nun, er möchte 450.000 Dollar, doch wird man sich auch durchaus auf 400.000 Dollar einigen können", sagt der Makler, während er den Betrag von 400.000 Dollar in den Vertrag schreibt. „Ich werde auch darum bitten, dass Sie die Inspektion binnen zehn Tagen nach Annahme des Vertrags durchführen können."

Es ist genau wie bei einem Patienten, der gerade in den OP gerollt wird. Alle Instrumente des Chirurgen liegen fein säuberlich bereit. Es ist kein Geheimnis, weswegen der Patient hier ist. Ebenso trifft es meinen Kunden nicht wie ein Schock, sobald ich zum Auftragsblock greife, wenn es an der Zeit ist, das Geschäft zu machen.

Was ich bestimmt nicht auf meinem Schreibtisch brauchen kann, sind Notizzettel. Ich habe allerdings schon oft gesehen, dass viele Verkäufer sie routinemäßig benützen, um Notizen zu den Aussagen des Kunden darauf zu kritzeln. Autoverkäufer etwa notieren, welche Ausstattungsdetails ihre Kunden bei einem Auto als wünschenswert erwähnen. Doch wenn Sie Informationen auf einem Memozettel festhalten, wird es nachher schwierig, sie in Ihr Auftragsformular zu übertragen. Es verursacht eine Pause in Ihrer Präsentation, wenn es an der Zeit ist, das Geschäft abzuschließen – exakt an dem Punkt, wo Sie nicht den Kunden sagen hören wollen: „He, was machen Sie denn da? Ich hab nicht gesagt, Sie sollen das Auftragsblatt ausfüllen."

Der Trick besteht darin, die Notizen direkt ins Auftragsblatt zu schreiben, wobei Sie dem Kunden, falls er danach fragt, erklären, dass Sie bloß die gewünschten Ausstattungsdetails festhalten möchten. Wenn Sie dann bereit zum Abschluss sind, brauchen Sie nur noch eine Unterschrift, denn das Auftragsblatt ist schon ausgefüllt!

EINEN SINN FÜR HUMOR HABEN

Ich kann mir nur schwer jemanden vorstellen, der keinen Sinn für Humor hat. In der Annahme, dass Sie welchen haben, denke ich also, dass es eine Maßnahme im eigenen Interesse ist, nämlich um sich selbst zu verkaufen, wenn Sie Ihre Verkaufspräsentation mit etwas Witz und Heiterkeit würzen. Es ist auch ein netter Zug, der das Wesen Ihres Geschäfts dauerhaft interessanter macht. Wenn es auch zu nichts sonst dient, als die Kunden bei Laune zu halten – ich schlief tatsächlich mal eines Abends beim Vortrag eines langweiligen Versicherungsagenten ein, der versuchte, mir eine Hausbesitzerversicherung zu verkaufen! Überflüssig zu erwähnen, dass schlafende Kunden nichts kaufen!

Wenn ich Ihnen gegenüber andeute, dass Humor wichtig ist, so meine ich damit nicht, dass Sie einen Kunden mit einem Klaps auf den Rücken begrüßen und sagen: „Hey, alter Freund, kennen Sie schon den von der reisenden Vertreterin?" Wenn Sie wirklich mal einen Witz erzählen, sollte er nicht anstößig sein, und vermeiden Sie Witze über ethnische Minderheiten. Ich bin nicht gegen Witze, doch es gibt für alles den richtigen Ort und Zeitpunkt.

Ich persönlich finde, dass etwas Humor, zur richtigen Zeit eingestreut, ein ausgezeichnetes Mittel ist, damit die Leute locker werden. Es bewirkt, dass sie sich wohlfühlen und kann mitunter in einer angespannten Situation das Eis brechen. Wenn ich z. B. einen Kunden bitte, ein Auftragsformular zu unterschreiben, und er sitzt bloß da und kann sich nicht entscheiden, dann sage ich: „Was ist los, haben Sie Arthritis oder sowas?" Dies entlockt ihm meistens ein Kichern, und er beginnt zu lächeln. Ich lege ihm sogar einen Füllfederhalter in die Hand, führe sie zum Auftragsblatt und sage: „Na los, setzen Sie schon Ihren Friedrich Wilhelm drunter." Natürlich habe ich dann ein breites Grinsen aufgesetzt, gleichzeitig meine ich es jedoch ernst, und er weiß das. Doch es funktioniert, weil es die Leute zum Lachen bringt, und dann setzen sie ihren Namen auf die gepunktete Linie.

Kann sich der Kunde dann immer noch nicht entscheiden, sage ich: „Was muss ich tun, um Ihren Auftrag zu bekommen? Wollen Sie, dass ich auf die Knie falle und bettle?" Dann knie ich mich tatsächlich auf den Boden, sehe auf und sage: „Okay, ich flehe Sie an, mir den Auftrag zu geben. Wer kann schon nein sagen zu einem gestandenen Mann, der auf die Knie fällt? Na los, kommen Sie, unterschreiben Sie." Wenn ihn das nicht erweicht, sage ich: „Was soll ich jetzt tun? Wollen Sie, dass ich mich auf den Rücken lege? In Ordnung, ich lege mich auf den Rücken."

Mit dieser Nummer knacke ich die meisten Leute, und sie sagen: „Joe, bitte legen Sie sich nicht auf den Rücken. Wo soll ich unterschreiben?" Und dann lachen wir beide – und er unterschreibt.

Manchmal gehe ich noch einen Schritt weiter. „Wissen Sie was, Frank? Hoffentlich kriegen Sie eine Zitrone." Ich blicke ihn ernst an und schweige.

„Was meinen Sie mit 'Hoffentlich kriegen Sie 'ne Zitrone'?", fragt er.

„Ich meine das ganz ernst. Ich hoffe, Sie kriegen eine Zitrone, damit ich prahlen kann. Denn ich werde Ihnen einen solchen Service verpassen, dass Ihre Zitrone hinterher als ein Pfirsich dasteht, und dann stehen Sie lebenslang in meiner Schuld."

Natürlich lege ich mich beim Verkaufen mächtig ins Zeug, und ich sage Ihnen noch was – meine Kunden haben viel Spaß dabei, ein Auto von mir zu kaufen. Ich höre die Leute oft sagen, wie sehr sie es hassen, sich zum Kauf eines Autos außer Haus zu begeben. Nicht so meine Kunden. Es sind keine leeren Worte, wenn ich zu ihnen sage, sie sollen 'die Erfahrung, mit Joe Girard Geschäfte zu machen, genießen.'

Ein Wort zur Vorsicht: Bringen Sie bei älteren Personen nicht die Arthritisnummer. Wer Menschen beleidigt, verliert sie für immer. Seien Sie diskret. Wenn Sie Orthopädieartikel oder eine Prothese verkaufen, erzählen Sie dem Kunden nicht, dass Sie hoffen, dass er oder sie eine Zitrone bekommt. Und bitte verzichten Sie auf morbiden Humor, wenn Sie versuchen, eine Lebensversicherungspolice zu verkaufen.

Zeigen Sie etwas Feingefühl bei der Beurteilung Ihres Produkts und jedes einzelnen Kunden, bevor Sie zu einem Humor abheben, der möglicherweise jemanden beleidigen könnte. Bei manchen Menschen funktioniert das einfach nicht. Wenn Sie beispielsweise einen Bankangestellten vor sich sitzen haben, so wird er bzw. sie sehr wahrscheinlich bei der Sache bleiben wollen, weil der Handel ernst ist und auch dementsprechend behandelt werden sollte. Und wenn den Banker das Gefühl beschleicht, dass Sie ihn bzw. sie nicht ernst nehmen, wie können Sie dann das Geschäft ernsthaft betreiben? Bringen Sie also Humor ins Spiel, aber wenden Sie ihn klug, vorsichtig und geschmackvoll ein.

KUNDENPRÄSENTE

Es wurde mir zur festen Gewohnheit, jedem, der in mein Büro kam, einen runden Button mit einem Apfel drauf zu schenken, auf dem »I Like You« stand. Ich verteilte auch herzförmige Ballons mit der Aufschrift »You'll Love a Joe Girard Deal« an die Leute.

Die Leute mögen es, wenn andere Menschen zu ihren Kindern nett sind, deshalb pflegte ich auf allen vieren herumzuwatscheln und sagte dabei zu den Kids: „Hallo, wie heißt du denn? Hi, Johnny. Na, das ist aber mal ein netter Junge. Was für ein süßer kleiner Fratz." Dann robbte ich, immer noch auf allen vieren, mit Johnny zu meinem Schrank hinüber, während seine Eltern zusahen. „Guck mal, Johnny, hier hab ich was für dich." Und dann griff ich in meinen Schrank und holte eine Handvoll Lutscher heraus. Dann watschelte ich, immer noch auf allen vieren, zur Ehefrau des Kunden hinüber und sagte: „Also, Johnny, du nimmst den hier, und hier, Mami, Sie nehmen den Rest. Und hier sind ein paar Luftballons, Papi. Johnny, der Papi hebt sie für dich auf. Und jetzt sei ein braver Junge, während ich mich mit deiner Mami und deinem Papi unterhalte." Die ganze Zeit über war ich immer noch auf Händen und Knien. Das waren Geschäftspräsente und obendrein Elemente meiner Verkaufswerkzeuge. Nun, wie könnte irgendwer nein sagen zu jemandem, der mit seinem Kind auf allen vieren durch die Gegend wackelt?

Ein Kunde könnte in seine Tasche greifen, um nach Zigaretten zu suchen, und sagen: „Ich dachte, ich hätte da noch ein paar Zigaretten."

„Moment", würde ich sagen und dabei zehn verschiedene Marken aus meinem Schrank hervorholen. „Welche Marke rauchen Sie?"

„Marlboro."

„Bitte sehr", und ich würde die Packung für ihn öffnen. Dann würde ich für ihn ein Streichholz anzünden und das Päckchen in seine Tasche legen. Die Streichholzschachtel mit meinem Namensaufdruck lege ich ihm mit dazu.

„Vielen Dank, Joe. Wieviel schulde ich Ihnen?"

„Seien Sie nicht albern", würde ich erwidern.

Was tat ich da? Ich verpflichtete ihn für mich!

Meine Präsente waren unbedeutend im Vergleich zu dem, was manche Geschäftsleute da auffuhren. Zum Beispiel habe ich gesehen, wie einige Angestellte in leitender Position ein paar Riesen für Eintrittskarten für das Super Bowl-Match oder einen Meisterschaftskampf beim Boxen springen ließen! Die Kunst, dass sich ihre Kunden verpflichtet fühlen, beherrschen vielleicht am besten die Casinohotels in Las Vegas, wo man die Reichen mit Erste-Klasse-Flugtickets für Weltreisen, Luxus-Suiten, Gourmetmenüs usw. verwöhnt – was immer der Kunde wünscht, das bekommt er. Diese Leute machen daraus eine Wissenschaft, und sie sind Meister der Psychologie. Sie sorgen dafür, dass sich der Typ wie ein VIP fühlt, damit er sich verpflichtet fühlt, seiner Rolle als »Mr. Wichtig« gerecht zu werden. Seine Wichtigkeit demonstriert er, indem er um Stapel von 100-Dollar-Jetons würfelt, und die Spielsalons bekommen ihr Geld vielfach wieder zurück.

Im allgemeinen sollten geschäftliche Präsente verhältnismäßig preiswert sein, sonst kann der Schuss nach hinten losgehen, weil man sie als Bestechung auslegt. Am allerwenigsten wollen Sie Kunden beleidigen und sie glauben lassen, Sie wollten sich deren Aufträge erkaufen. Manche Firmen sind hierin so heikel, dass ihre Einkäufer nicht einmal eine Einladung von einem Verkäufer zum Mittagessen annehmen dürfen. Machen Sie also Ihre Hausaufgaben unbedingt im voraus, und entwickeln Sie ein sicheres Gespür dafür, was bei Ihren Kunden akzeptabel ist und was nicht. Auch im Falle von teuren Präsenten bitten Ihre Kunden Sie möglicherweise, ihnen statt des Geschenks einen Preisnachlass zu gewähren.

AUFRICHTIGKEIT

Es versteht sich von selbst, dass Sie aufrichtig sein müssen. Andernfalls gehen Sie schweren Zeiten entgegen.

Ich denke, aufrichtig zu sein, ist der leichteste Teil beim Verkaufen. Es geht einfach darum, dass Sie sich um Ihren Kunden bemühen und an das glauben, was Sie verkaufen. Wenn Sie dies nicht bejahen können, rate ich Ihnen, sich eine andere Arbeit zu suchen oder ein Produkt zu finden, an das Sie glauben können.

Es ist zwingend notwendig, dass Aufrichtigkeit ehrlich ist. Denken Sie nicht einmal daran, zu lügen, denn wer einmal gelogen hat, hat alle Glaubwürdigkeit verspielt. Und was mich betrifft, wären Sie bei mir unten durch. Aus, Ende. Wie sagte doch einst der griechische Fabeldichter Aesop: „Einem Lügner wird man nicht glauben, auch wenn er die Wahrheit spricht.“ [Deutsches Sprichwort: Wer einmal lügt, dem glaubt man nicht, und wenn er auch die Wahrheit spricht – A. d. Ü.]

Ein weiterer Punkt: Machen Sie keine Versprechungen, die Sie nicht halten können. Wenn es drei Monate dauert, bis Ihre Computersysteme fertig installiert sind, erzählen Sie der Firma nicht, dass Sie's in vier Wochen schaffen, nur um den Auftrag an Land zu ziehen. Nicht eingehaltene Zusagen werden Sie eines Tages wie ein Bumerang treffen. Seien Sie aufrichtig zu Ihren Kunden, sonst werden jene gebrochenen Versprechen Ihre Chancen auf künftige Aufträge und Empfehlungen zunichte machen.

Ich ging meist noch einen Schritt weiter und sagte meinen Kunden, die Lieferzeit für einen Wagen, der nicht am Lager war, könne unter Umständen länger dauern, als es tatsächlich der Fall sein würde. Das tat ich, weil ich wusste, dass die meisten Menschen wie Kinder sind – und versuchen Sie mal einem Kind zu erzählen, dass Weihnachten um ein paar Tage verschoben worden sei! Kam der Wagen hingegen einige Tage früher herein, war ich natürlich ein großer Held – und was das Wichtigste war: Der Kunde wusste, dass Joe Girard hält, was er verspricht!

Aufrichtig zu sein, ist mehr als bloß ehrlich zu sein. Selbst ehrliche Menschen können falsche Schmeichelei an den Tag legen. Und während Komplimente etwas Schönes sind, fällt ungebührliche Lobhudelei negativ auf Sie zurück, weil man Ihre Absichten nur zu klar erkennt. In diesem Fall wird Ihr Gegenüber nicht glauben, was Sie im Verlauf irgendeiner Ihrer Verkaufsvorführungen sagen. Schließlich haben Sie sich ja bereits als Blender entpuppt. Denken Sie keine Minute, dass die Leute jede Schmeichelei glauben, die Sie ihnen auftischen. Die Leute sind weitaus cleverer, als sich manche Verkäufer träumen lassen. Potenzielle Kunden lassen sich nicht durch künstliche oder trügerische Schmeicheleien beeinflussen. Und bedenken Sie: Die Kunden sind Ihnen gegenüber eventuell zuerst skeptisch; geben Sie ihnen also keinen Grund, der ihre Zweifel verstärken könnte. Vergessen Sie nicht, dass Ihre wichtigste Mission der Verkauf Ihres Produkts ist. Die Zeit Ihres Kunden ist wertvoll, und er ist an fadenscheinigen Komplimenten nicht interessiert. Er will zum Geschäftlichen kommen und sehen, was Sie für ihn tun können.

Obwohl ich schon betont habe, wie wichtig eine gute Vorbereitung ist, kann selbst der professionellste Verkäufer nicht immer alle Antworten parat haben. Wenn ein Kunde eine Frage stellt, die Sie nicht beantworten können, sagen Sie einfach: „Tut mir leid, aber das kann ich Ihnen nicht sagen. Ich werde das jedoch gleich nachsehen, sobald ich wieder im Büro bin, und dann rufe ich Sie sofort an." Sollte Ihnen diese Äußerung zu oft über die Lippen kommen, sind Sie vermutlich nicht richtig vorbereitet. Gelegentlich aber zeugt ein solches Statement von Ihrer Aufrichtigkeit. Und es ist viel besser, als zu bluffen, indem Sie dem Kunden falsche Informationen geben. Das kann Ihnen schwerwiegende Nachteile einbringen.

Wenn es natürlich möglich ist, die Antwort zum Zeitpunkt der Fragestellung herauszufinden, dann machen Sie's. Würde mich ein Kunde z. B. bitten, ihm die Getriebeübersetzungen des Autos zu erklären, würde ich sagen: „Kommen Sie, fragen wir einen Fachmann.“ Und ich würde mit ihm zu unserem Automechaniker gehen, um die Information aus erster Hand zu erhalten.

Hier sind zwei gute Tips, wie man Aufrichtigkeit optisch erzeugt. Erstens: Tragen Sie niemals eine Sonnenbrille. Offen gesagt, interessiert es mich nicht, ob Sie den Eskimos Kühlschränke verkaufen – Sie müssen Augenkontakt zu den Leuten herstellen, und Sonnenbrillen verhindern dies. Zweitens: Schauen Sie beim Sprechen den Leuten direkt in die Augen, und wenn Sie zuhören, schauen Sie auf ihre Lippen. Wenn jemand keinen Augenkontakt in dieser Weise hält, wird das oft als ein Zeichen von Unehrlichkeit ausgelegt. Ich persönlich kenne viele ehrliche Menschen, die einfach zu schüchtern waren, um mir in die Augen zu sehen. Kunden dagegen nehmen einem Verkäufer Schüchternheit nicht ab; ich lege Ihnen daher ans Herz, den Augenkontakt herzustellen, wie schwer das mitunter auch sein mag.

Außerdem glaube ich, dass Sie jedem Kunden Ihre ganze ungeteilte Aufmerksamkeit während einer Verkaufspräsentation widmen müssen. Ich denke, es gibt keine gröblichere Beleidigung, als in der Firma vor jemandem zu hocken, der im Zimmer spazierenguckt, wenn ich spreche. Sind Sie schon mal in einem Restaurant gewesen mit jemandem, der ständig im Raum spazierenguckt, während Sie reden? Ich habe erlebt, wie Verkäufer einer hübschen Kellnerin, einer gutaussehenden Sekretärin oder sogar der attraktiven Frau bzw. Tochter eines Kunden Blicke zuwarfen. Das ist nicht nur geschmacklos, es signalisiert dem potenziellen Kunden auch, dass Sie nicht ernstlich an ihm interessiert sind.

Wenn Sie mit einem Kunden sprechen, ihm aber nicht Ihre ungeteilte Aufmerksamkeit widmen, denkt er: 'Für wen hält sich der Kerl eigentlich? Wenn er mir nicht seine Aufmerksamkeit widmet, ist es mir egal, was er verkauft – ich will es nicht mal geschenkt.' Beachten Sie, dass Sie nicht nur verbal kommunizieren, sondern auch mittels Ihrer Augen, Gesichtsausdrücke und Körpersprache. Sie müssen ganz aufrichtig sein, und falls nicht, wird Ihr Kunde das an Ihrer non-verbalen Kommunikation erkennen. Sie können sich nicht verstellen. Wenn Sie nicht in seinem besten Interesse handeln, werden Sie als zwielichtig empfunden.

Wichtig ist auch die Erkenntnis, dass aufrichtige Menschen nicht gierig sind. Ziehen Sie nicht so viel Profit für sich selbst heraus, dass Ihr Kunde keine Geschäfte mehr mit Ihnen machen will. Als ich Autos verkaufte, habe ich stets darauf geachtet, nicht soviel Geld bei einem Verkauf einzuschieben, dass der Kunde später herausfinden könnte, dass er anderswo mehr gespart hätte. Das könnte meinen Ruf ruinieren, und mir würden definitiv die künftigen Aufträge des Kunden verloren gehen. Ich war nicht darauf aus, ihm ein Auto zu verkaufen – ich wollte eine langfristige Geschäftsbeziehung aufbauen. Ein geschäftlicher Handel ist nur dann gut, wenn beide Seiten sich darüber zufrieden äußern.

Um Ihre vielversprechende Reputation zu ruinieren, bedarf es bloß einer Person, die sich betrogen fühlt. Diese Person erzählt es jemand anderem weiter. Ein entgangenes Geschäft bedeutet nicht bloß einen verlorenen Kunden. Glauben Sie mir, Worte machen schnell die Runde. Der kleine Extraprofit, den Sie durch einen für Sie besseren Handel für sich herausholen, kann nie all das Geld aufwiegen, das Ihnen entgehen wird, indem Sie künftige potenzielle Kunden zur Konkurrenz schicken. Sie machen einer Person einen guten Deal, und die positiven Auswirkungen werden nicht lange auf sich warten lassen. Und Ihre Brieftasche und Ihr Ruf werden entsprechend mitwachsen.

III

DEN VERKAUF VORAUSSETZEN

Den Verkauf vorauszusetzen, ist so grundlegend, dass ich zunächst mal vermute, dass Sie die Idee dahinter schon verstehen. Wahrscheinlich aber wissen Sie nicht genug, um einen bedeutenden Unterschied zu machen. Daher möchte ich, dass Sie, egal wieviel Sie zu wissen *meinen*, dieses Kapitel gründlich durchlesen.

Wohin Sie sich auch wenden, überall ist man umgeben von anderen Leuten, die den Verkauf voraussetzen. Wenn der Tankwart „Volltanken?" fragt, geht er nicht nur davon aus, dass Sie sich zum Kauf von Sprit entschlossen haben, sondern auch, dass Sie soviel davon wollen, wie in Ihren Tank reinpasst. Vor einigen Jahren wurden die Servicekräfte der Gulf Oil-Tankstellenkette angewiesen, die Frage „Volltanken mit No-Nox?" zu stellen. [Noxious (giftig) bezieht sich vermutlich auf den Benzolgehalt, da bei der Verbrennung jeder Benzinqualität giftige Stickoxide entstehen. – A. d. Ü.] Man setzte nicht nur voraus, dass der Kunde einen vollen Tank wollte, sondern nahm auch an, dass der Kunde die teuerste und beste Spritqualität wünschte!

Sie mögen jetzt denken, dass, wenn ein Auto neben der Zapfsäule hält, jeder Idiot sich ausrechnen könnte, dass der Fahrer hier ist, um etwas Benzin zu kaufen. Und wenn ein Kunde ein Fastfood-Restaurant betritt, dann wissen Sie, dass er bzw. sie hungrig sein muss.

Es spielt keine Rolle, was Sie verkaufen, die Leute kommen durch Ihre Tür, weil sie an Ihrem Produkt interessiert sind. Andernfalls würden sie nicht hereinkommen. Ich gehe jetzt noch einen Schritt weiter: Dasselbe können sie von Personen annehmen, die Verkäufern zuhören, die sie daheim oder im Büro anrufen. Zuzuhören macht für sie keinen Sinn, wenn sie nicht Interesse haben. Und glauben Sie mir, nur wenige Menschen hören aus purer Höflichkeit zu. Wenn man Ihre Verkaufspräsentation nicht hören möchte, sagt man Ihnen das unverblümt ins Gesicht!

Die Leute fragen mich immer: „Wann fangen Sie an, den Verkauf vorauszusetzen, Joe?"

„Sobald ich vor einem lebendigen Menschen stehe, der gewillt ist, mich anzuhören", erwidere ich.

„Wenn das stimmt, Joe, dann gehen Sie davon aus, dass jeder Kunde auch ein Käufer ist..."

„Genau", sage ich ihnen dann.

Ich gehe sogar davon aus, dass die Leute, die mir anfänglich mit der größten Ablehnung begegnen, teilweise meine besten Kunden werden. Ich stelle mir vor, dass diese Leute *wissen*, dass sie keinerlei Abneigung gegenüber Verkäufern hegen, und sobald man ihnen eine Vorführung gibt, *wissen* sie, dass sie kaufen werden. Deshalb wehren sie sich mit Händen und Füßen gegen Verkäufer. Aus diesem Grund bin ich zuversichtlich, dass sie nicht Nein sagen können, wenn ich erst mit meiner Präsentation begonnen habe; der Verkauf ist dann eine Kleinigkeit.

Einmal verriet mir ein Spitzenvertreter von einer Lebensversicherung, dass er den Verkauf auch dann voraussetzt, wenn der Kunde einen Termin platzen lässt. „Ich rufe am folgenden Abend zurück und entschuldige mich, weil '*ich* es gestern abend nicht geschafft habe'. Natürlich war ich pünktlich bei ihm, doch weder er ging an die Tür noch sonst jemand, weshalb er das nicht wissen kann. Wenn er sich versteckte und nicht die Tür öffnen wollte, dann wird er mir das todsicher nicht auf die Nase binden wollen. Ich stelle mir vor, wenn ihm der Mut fehlt, mir zu sagen, dass er die Verabredung platzen ließ, so weiß ich, dass er keinerlei Abneigung gegenüber Verkäufern hegt – und ich habe ihn im Sack, sobald ich ihn zu fassen kriege."

IMMER VOM ERFOLGSFALL AUSGEHEN

Egal, wie abgedroschen das klingen mag: Bei jeder Präsentation setze ich die ganze Zeit über den Verkauf voraus. Und das sollten Sie auch tun. Dies sollte direkt in Ihre Präsentation integriert werden. Tun Sie's von der ersten Minute an, bis der Handel perfekt ist. Meiner Ansicht nach kann man den Verkauf gar nicht oft genug postulieren.

Entgegen der Meinung vieler Neulinge im Verkaufswesen setzt man den Verkauf nicht erst ab dem Punkt voraus, wo man um den Auftrag bittet. Alles, was Sie tun, geschieht mit dem einen Gedanken im Kopf, dass Ihr Kunde Ihr Produkt kaufen wird. Sie setzen den Verkauf permanent voraus – immer wieder –, und noch bevor Ihr Kunde es weiß, beginnt er ebenfalls seine Kaufabsicht vorauszusetzen.

Manche Menschen bezeichnen das als Gehirnwäsche. Das ist in Ordnung. Lassen wir sie. Offen gesprochen, ich finde nichts Verkehrtes an ein bisschen Gehirnwäsche, wenn man damit die Leute überzeugen kann, das zu kaufen, was gut für sie ist. Eine gute Analogie ist unterschwellige Werbung. Hierbei überträgt ein Werbespot im Fernsehen oder in einem Kino eine Botschaft, die nur von Ihrem Unterbewusstsein wahrgenommen wird. Die Botschaft wird nur auf einigen wenigen Frames [Einzelbilder in der Filmfachsprache – A. d. Ü.] plaziert, und es passiert so schnell, dass man es mit bloßem Auge nicht erkennt. Doch Ihr Unterbewusstsein nimmt sie auf und registriert den Gedanken! Vor einiger Zeit führte man in einem Kino ein Experiment mit unterschwelliger Werbung durch. Das Publikum bekam eine versteckte Botschaft mit dem Inhalt „Sie sind durstig, Sie sind durstig" gezeigt. Nach wenigen Minuten standen die Menschen in langen Reihen an den Verkaufstheken, um sich mit Erfrischungsgetränken einzudecken. Das Gleiche tun Sie, wenn Sie unablässig den Verkauf voraussetzen: Sie übertragen ein Signal ins Unterbewusstsein des Kunden, dass er oder sie Ihr Produkt kaufen wird. Sein bzw. ihr Unterbewusstsein empfängt die Botschaft „Kaufen, kaufen".

Ich bin mir sicher, wenn Sie so wie ich sind, dann gab es schon Gelegenheiten, wo Sie nur so zum Gucken in einen Laden gingen, also ohne die Absicht, irgendetwas zu kaufen. Oft habe ich etwa eine Stunde bis zu meinem Anschlussflug Zeit. Dann gehe ich in das Herrenmodengeschäft am Flughafen, um mir die Zeit zu vertreiben und die neuste Mode anzusehen. Ich kann Ihnen nicht sagen, wie oft ich schon Kleidung gekauft habe, wenn ich doch nur bummeln gehen wollte. Kopfschüttelnd verlasse ich das Geschäft und sage zu mir: „Was um alles in der Welt hat mich veranlasst, all das Zeug zu kaufen? Ich habe bereits einen Kleiderschrank, der ist groß genug, um eine kleine Armee einzukleiden!" In rund 5.000 Metern Höhe lehne ich mich dann zurück, und ein breites Grinsen erscheint auf meinem Gesicht. Der Typ neben mir denkt wohl, ich müsse verrückt geworden sein, wenn ich laut sage: „Dieses alte Schlitzohr! Hat er doch die ganze Zeit vorausgesetzt, dass ich etwas kaufe, und ich hab's tatsächlich getan!" Dann muss ich darüber kichern, weil ich Tausende von Autos mit derselben Masche verkauft habe.

SUBTILE AUSSAGEN ALS VERKAUFSANREIZ

Die Liste der subtilen Äusserungen, die Verkäufer von sich geben, während sie den Verkauf vorwegnehmen, ist kilometerlang. Nachfolgend eine kleine Anzahl, die Verkäufer aus einer repräsentativen Auswahl unterschiedlicher Berufssparten gebrauchen:

„Ich schicke Ihnen die Rechnung ins Büro direkt zu Ihren Händen."
„Das Auftragsformular gleich hier unterschreiben."
„Wenn Sie bitte beim Unterschreiben des Auftragsformulars fest aufdrücken wollen. Es sind drei Durchschläge."
„Sie sollten die Lieferung irgendwann nächste Woche erhalten."
„Sie können auch vierteljährliche Zahlungen leisten."
„Ich setze Sie auf den monatlichen Tilgungsplan."
„Ich denke, es ist klug von Ihnen, heute zu kaufen, bevor eine Preiserhöhung kommt."
„Man muss Ihnen zu Ihrer weitsichtigen Entscheidung gratulieren."
„Ich lasse es Ihnen als Geschenk einpacken."

Jeder der obigen Kommentare erfolgt, *bevor* der Kunde einwilligt, Ihr Produkt zu kaufen. Es läuft so glatt. Sie gehen einfach davon aus, dass der Kunde Ihr Produkt kaufen wird. Fragen wie: „Wohin wollen Sie die Rechnung geschickt haben?" oder „Möchten Sie heute eine Zahlung leisten?" sind nicht erforderlich. Sie setzen dies voraus und fahren mit Ihrer Verkaufsdemonstration fort.

Ich empfehle Ihnen, sich eine Liste mit zwanzig subtilen Formulierungen anzulegen und einzuprägen, die – abgestimmt auf Ihr spezielles Produkt – den Verkauf voraussetzen. So könnte beispielsweise ein Versicherungsmakler sagen: „Ich werde Ihnen einen automatischen Prämienrabatt einräumen"; ein Fernsehverkäufer könnte sagen: „Dieses Gerät empfängt vierzehn Sender bei Ihnen daheim, ohne dass Sie Kabelanschluss benötigen", und ein Großhändler für Hundefutter könnte sagen: „Warten Sie nur mal ab, unsere Erzeugnisse werden weggehen wie warme Semmeln." Aussagen wie diese sollten Sie stets parat haben, damit Sie ständig darauf zurückgreifen können.

Diese Äußerungen werden zuweilen als »Probeabschlüsse« bezeichnet. Ehrlich gesagt, mag ich diesen Begriff nicht, denn er suggeriert, dass Sie die Kaufbereitschaft des Kunden auf die Probe stellen wollen. Ich denke, Sie sollten auf Tests verzichten können – versuchen Sie einfach, das Geschäft zu machen, wenn Sie meinen, dass der Kunde bereit ist. Jeder Versuch ist real, kein Test. Wenn aber ein Versuch, das Geschäft abzuschließen in der Annahme, dass der Kunde zum Kauf bereit ist, misslingt, müssen Sie einfach umdisponieren und weitere Gründe anbieten, warum der Kunde sich auf der Stelle zum Kauf entscheiden sollte.

Ein Beispiel: Wenn der Kunde ausweicht, nachdem ich ihn gebeten habe, den Auftrag zu unterschreiben, so schenke ich dem beim ersten Mal keine große Beachtung. Statt dessen könnte ich etwas erklären – etwa, warum der Wagen zu diesem speziellen Zeitpunkt ein Schnäppchen ist. Ich kriege ihn soweit, dass er mir hierin beipflichtet, und bitte ihn erneut um seine Unterschrift. Unterschreibt er auch jetzt nicht, versuche ich den Abschluss weiter, immer wieder. Und jedes Mal, wenn ich es für angebracht halte, lasse ich eine vorwegnehmende Aussage vom Stapel wie: „Ich werde den Wagen bis Mittwoch für Sie bereit machen lassen. Wäre Ihnen 16 Uhr als Abholtermin genehm?“ oder „Möchten Sie den Unterbodenschutz?“ Sobald ich eine bejahende Antwort erhalte, schiebe ich ihm den Auftragsblock rüber und weise nochmals darauf hin, dass ich seine Unterschrift darauf sehen möchte. Manchmal sage ich auch nichts und zeige nur auf die gestrichelte Linie. Ohne dass ein Wort fällt, unterschreibt er.

Erhebt der Kunde jedoch einen Einwand, gehe ich natürlich direkt auf diesen spezifischen Grund ein, warum er keine Kaufentscheidung treffen möchte. Wenn ich das Gefühl habe, dass ich seinen Einwand zufriedenstellend beantwortet habe, postuliere ich erneut den Verkauf und versuche abermals, den Abschluss zu erzielen.

DAS LERNT JEDER JURASTUDENT

Eine der ersten Lektionen, die jeder Jurastudent lernen muss, lautet: „Stellen Sie nie eine Frage, wenn Sie jemanden im Zeugenstand ins Kreuzverhör nehmen, ohne die Antwort im voraus zu kennen.“ Die gleiche Lektion gilt für das Verkaufen.

Ein Prozessanwalt bringt sich in große Schwierigkeiten, wenn er oder sie eine Frage stellt, ohne die Antwort zu kennen – und Ihnen ergeht es nicht anders. Stellen Sie außerdem nie eine Frage, die mit Ja oder Nein beantwortet werden muss, wenn Sie sich nicht absolut sicher sind, dass die Antwort Ja lauten wird. Anstatt beispielsweise „Wollen Sie ein zweitüriges Modell?“ zu fragen, würde ich sagen: „Möchten Sie den Zwei- oder den Viertürer?“ Da die zweite Version in Form einer Entweder-Oder-Frage gestellt wurde, kann der Kunde nicht mit Nein antworten. Auf die erste Frage kann er dagegen leicht „Nein“ sagen.

Hier einige Beispiele für Entweder-Oder-Fragen:

„Möchten Sie die Lieferung lieber am 1. oder 8. März?“

„Soll die Rechnung an Sie persönlich oder zu Händen Ihrer Sekretärin geschickt werden?“

„Wollen Sie mit Kreditkarte oder Scheck bezahlen?“

„Möchten Sie lieber das rote oder das blaue Modell?“
„Soll der Versand per Spedition oder via Luftfracht erfolgen?“

Wie Sie sehen können, lässt jede der obigen Fragen dem Kunden die freie Wahl, mit welcher Entscheidung er das Geschäft besiegelt. Sehen Sie die Situation mal aus Sicht des Kunden. Nachdem Sie einem Verkäufer erzählt haben, dass Sie das blaue Modell wollen, mit Scheck bezahlen werden und die Lieferung ins Haus am 8. März per Spedition wünschen, können Sie jetzt schwerlich sagen: „Oh, ich hab nicht gesagt, dass ich es heute kaufen werde. Das will ich mir nochmal überlegen.“ Es ist deshalb verflixt schwierig, weil Sie durch die Antworten, die Sie auf obige Fragen gaben, eigentlich schon Ihren Kaufwillen bekundet haben.

Das ist wie bei dem Prozessanwalt, der fragt: „Schlagen Sie Ihre Frau inzwischen nicht mehr?“ Diese Frage enthält eine offensichtliche Unterstellung. (Man beachte, dass die Frage nicht „Schlagen Sie Ihre Frau?“ lautete.) Um die Frage zu beantworten, wie sie gestellt wurde, muss der Mann im Zeugenstand automatisch seine Schuld zugeben.

Eine gute Angewohnheit mit lohnenden Perspektiven besteht darin, häufig „Finden Sie nicht...“ zu fragen. Zum Beispiel, „Finden Sie nicht, Herr Kunde, dass dies ein schönes Auto ist?“ „Finden Sie nicht, Frau Kundin, dass dies eine traumhafte Küche ist?“ „Finden Sie nicht, Herr Kunde, dass man von diesem Anwesen aus einen schlicht atemberaubenden Blick auf das Meer hat?“ „Finden Sie nicht, Frau Kundin, dass dieser Nerzmantel, den Sie gerade anprobieren, herrlich wärmen wird?“ „Finden Sie nicht, mein Herr, dass dieser Preis einen exzellenten Wert darstellt?“ Und wieder bitten Sie den Kunden, er möge mit Ihnen in Fragen übereinstimmen, die als Antwort ein klares Ja nach sich ziehen.

Ich denke, beim Verkauf an zwei oder mehr Personen ist es besonders effektiv, Fragen zu stellen, die mit Ja beantwortet werden müssen. Wenn sich z. B. ein Ehemann in Begleitung von seiner Frau und einem halben Dutzend kleiner Kinder nach einem Auto umsieht, würde ich zu der Frau sagen: „Ist die fernbedienbare Türverriegelung nicht ganz toll für Ihre Familie?“ Sie würde stets mit Ja antworten. Dann würde ich nachhaken: „Ich wette, Ihnen gefällt auch der Viertürer“, weil mir klar ist, dass bei ihrer großen Familie ohnehin nur viertürige Modelle in Betracht kommen. „Oh ja, ich würde nur ein Auto mit vier Türen kaufen“, erwidert sie. Nach einigen derartigen Kommentaren glaubt der Mann nun, dass seine Frau kaufen möchte, weil sie mir immerzu beipflichtet. Auf diese Weise habe ich vorgesorgt, dass er sie nicht mehr nach ihrer Meinung zu fragen braucht, wenn es an der Zeit ist, das Geschäft zu machen. Als nächstes bearbeite ich ihn, damit er Ja sagt, und bald denkt jeder, der andere wolle kaufen. Somit brauchen sie keine Familienkonferenz abzuhalten, wenn ich um den Auftrag bitte.

Diese Methode funktioniert besonders gut, wenn man an zwei Partner oder eine Gruppe von Geschäftsleuten verkauft. Es ist ratsam, wenn man zunächst versucht, die dominante Person zu einem Ja zu bewegen, so dass die Zustimmung der übrigen von allein folgen wird. Natürlich empfehle ich Ihnen, dass Sie erst jeden taxieren, bevor Sie sich auf den Wortführer der Gruppe festlegen. Meistens ist dies die einzige Person, an die Sie verkaufen müssen.

DEN KUNDEN INS GESCHEHEN EINBEZIEHEN

Im Automobilhandel beziehe ich Kunden aktiv ins Geschehen mit ein, indem ich sie zu einer Probefahrt einlade. (Ich bin immer mit dabei, um Fragen zu beantworten usw.) Haben nämlich die Kunden erst hinterm Steuer Platz genommen, keimt in ihnen das Gefühl auf, als würde ihnen der Wagen tatsächlich gehören. Und genau das will ich bezwecken. Ich möchte, dass sie sich an den Besitz meines Produkts gewöhnen. Sobald die Leute so etwas wie Besitzerstolz verspüren, ist der Abschluss des Geschäfts nur noch eine Formalität.

So steckt beispielsweise ein guter Schmuckverkäufer einer Dame einen Brillantring an den Finger und beobachtet ihre Reaktion. Gefällt ihr der Ring, setzt der Verkäufer den Verkauf voraus, indem er sagt: „Er ist nur eine Nummer zu groß, aber ich werde ihn wunderbar für Sie passend machen lassen. Wie lauten Ihre Initialen, gnä' Frau? Ich werde sie auf der Ringinnenseite eingravieren lassen."

Ebenso wird ein aufmerksamer Verkäufer in einem Herrenmodengeschäft, der sieht, wie ein Kunde einen Anzug bewundert, diesen vom Ständer abhängen und sagen: „Unsere Umkleidekabinen befinden sich dort drüben. Gehen Sie nur hinein zur Anprobe." Sobald der Kunde herauskommt, führt ihn der Verkäufer zu einem Spiegel. „Diese Farbe steht Ihnen ganz toll."

Nachdem er sich den Kunden einen Moment lang im Spiegel bewundern ließ, sagt der Verkäufer: „Wir wollen mal den Schneider einen Blick darauf werfen lassen." Dann nickt er mit dem Kopf, und – bingo – wie aus dem Nichts holt der Schneider sein Maßband hervor und nimmt bei dem Kunden Maß.

„An den Schultern sitzt es richtig, aber am Rücken müssen wir's ein bisschen enger machen.“ Und er zeichnet auf dem Jackett mit Kreide an, wo etwas geändert werden muss.

„Die Ärmel sind eine Kleinigkeit zu lang“, sagt der Schneider, als spräche er mit sich selbst. „Lassen Sie die Manschetten von Ihrem Hemd rausschauen?“, fragt er in sachlichem Ton.

Der Kunde nickt zustimmend.

„Gut, dann werde ich etwa soviel wegnehmen“, und der Schneider zeichnet ein paar Kreidestriche auf die Manschette.

„Die Hose muss ebenfalls gekürzt werden“, sagt er und nimmt erneut die Kreide zur Hand.

Beachten Sie, dass der Verkäufer nicht abgewartet hat, bis der Kunde „Der Anzug gefällt mir, den nehme ich“ gesagt hat. Vielmehr setzte der Verkäufer voraus, der Kunde werde schon kaufen, wenn er schweigt und den Anzug mit Markierungen versehen lässt. *Sein Schweigen signalisierte sein Einverständnis.* Nachdem sich der Verkäufer und der Schneider soviel Mühe gegeben haben und der Anzug mit Änderungslinien markiert ist, kann man auch schwerlich sagen: „Oh, ich habe nicht gesagt, dass ich diesen Anzug kaufen würde. Ich will mich nur mal umsehen!“

Ich erinnere mich, wie ich einmal mit dem Gedanken spielte, Skifahren zu lernen und deswegen ein Skigeschäft betrat. Ehe ich mich's versah, ließ man mich bereits Stiefel anprobieren. Als nächstes führte man mich in eine andere Abteilung, um mir die passenden Skier zu verpassen, und dann wurde ich gemessen und gewogen, damit ich auch die richtigen Bindungen bekam und meine neuen Stiefel auch zu meinen soeben erworbenen Skiern passten. „Jetzt brauchen Sie noch ein paar Sachen zum Anziehen, und eine Skibrille und Skistöcke, und...“ Es war, als würden sie annehmen, dass ich mich für die Olympischen Spiele rüstete. Die Jungs waren echt gut!

Eines der besten Beispiele, die ich kenne, wie man Kunden ins Geschehen mit einbezieht, wird bei BabyLand General in Cleveland, Georgia, praktiziert, der Heimat des Cabbage Patch-Volkes. Bevor Firmengründer Xavier Roberts zur Massenfertigung seiner Artikel überging, verkaufte er seine Weichpuppen für 200 Dollar pro Stück und bot sie zur Adoption an. Ja wirklich, die Leute mussten ein Puppenbaby adoptieren! Als Produktionsstätte diente ein für 250 Dollar im Monat angemietetes Holzhaus, das so umgebaut worden war, dass es wie die Entbindungsstation einer Kleinstadt aussah. Alle Mitglieder von Roberts' Personal trugen weiße Kittel, wie sie richtige Ärzte und Krankenschwestern tragen. Kurz, er schuf eine

Atmosphäre, in der die Kunden das Gefühl hatten, dass sie kein Puppenbaby kauften, sondern ein echtes Baby adoptierten!

Wenn ein Kunde das Wort »Puppe« benützte, wurde er oder sie schnell korrigiert: „Sie mögen es nicht, wenn man sie als Puppen bezeichnet."[1] Außerdem konnte sie niemand kaufen. Sie waren »zur Adoption freigegeben«, komplett mit Geburtsurkunde. Natürlich musste man keinen Preis für die Puppen bezahlen, sondern Adoptionsgebühren entrichten.

Im Adoptionsraum konnte man Leute sehen, die ihre rechte Hand zum Adoptionsschwur erhoben hatten. Angehörige des Personals behaupteten, es sei nicht ungewöhnlich, »frischgebackene Eltern« mit Tränen in den Augen zu sehen. Oft sehe man stolze Väter grinsen, wenn man ihnen eine Zigarre reiche, auf der »Es ist ein Junge« oder »Es ist ein Mädchen« steht.[2]

„Manche Menschen kommen voller Zweifel herein, doch nach wenigen Minuten lassen sie sich mitreißen von dem, was hier los ist", erklärt ein Mitarbeiter „Manchmal spricht sie das Aussehen eines bestimmten Babys an. Vielleicht möchte jemand gerade ein Bübchen mit roten Löckchen und Sommersprossen, weil 'er genau wie mein Mann aussieht'. Nun zeigt sich auch der Ehemann, der bis dahin gleichgültig gewirkt hat, interessiert, und er beginnt nach einem Baby mit blauen Augen und Grübchen wie die seiner Frau zu suchen. Ehe sie es merken, verlassen die beiden uns als stolze zweifache Eltern!"

„Mich fasziniert, wie manche Leute ihr frisch adoptiertes Baby halten", sagt ein junger Aushilfsarzt. „In dem Augenblick, wo das Baby in ihren Armen liegt, verhalten sie sich so, als wäre es ihr erstes Kind. Man sieht einfach die Liebe in ihren Augen. Selbst einige Ehemänner, die größte Zweifel hatten, machten da keine Ausnahme."[3]

Durch Schaffung einer vermeintlichen *Fantasy-Island*-Atmosphäre, die auch konsequent bis ins Detail gespielt wird, konnte BabyLand General seine Kunden in das Geschehen mit einbeziehen – und nachdem dies erreicht war, gingen die Cabbage Patch-Babys weg wie warme Semmeln. Es ist kein Wunder, dass das Cabbage Patch-Produkt zu den erfolgreichsten Spleens zählte, die das Land je erlebt hat.

Während man sieht, wie leicht es ist, Kunden durch ihre aktive Teilnahme in das Geschehen einzubinden, erscheint dies manchen bei einem nicht greifbaren Produkt schwieriger. Stimmt nicht! Beispielsweise sagten schon Immobilienverkäufer zu mir: „Es ist nicht leicht, einen Kunden mit-

[1] Robert L. Shook, Why Didn't I Think of That! (New York: New American Library, Inc., 1982), 127
[2] Ibid., 140
[3] Ibid., 140-41

wirken zu lassen, wenn man eine Parzelle unbebautes Land verkauft." Da bin ich anderer Meinung. In der Tat: Wenn Sie an die Phantasie eines Menschen appellieren, gibt es keine Grenzen bezüglich dessen, was Sie tun können, um ihn mit einzubeziehen.

Beim Verkauf eines Baugrundstücks etwa sagt ein guter Immobilienmakler: „Ihr Wohnzimmer kommt genau hierher, wo wir jetzt stehen. Schauen Sie sich bloß mal diese herrliche Aussicht an, die Sie dann von Ihrem Sofa aus haben werden. Und Ihr Swimmingpool wird dort im Südteil des Grundstücks angelegt, wo Sie am meisten Sonne tanken können."

Ein Vertreter einer Lebensversicherung malt ein lebendiges Bild, wie seine bzw. ihre Kunden ein bequemes Leben führen werden, weil sie mit einer Rentenversicherung klug für die Zukunft vorgesorgt haben. Der Vertreter verkauft ihm das schöne Leben, indem er darlegt, wie eine Rentenversicherung seine Zukunft absichert. Er lässt den Kunden die Vorstellung visualisieren, wie er seiner Frau einen Abschiedskuss gibt und von seinem Appartment in Florida zum Golfplatz fährt, wo er sich mit seinen Kumpels zu einer Partie Golf trifft. Möglicherweise entwirft der Vertreter aber auch das Bild einer düsteren, von Not und Armut bestimmten Zukunft. Indem er dem Kunden aufzeigt, was passieren kann, wenn er nicht kauft, bringt er ihn ebenfalls in das Geschehen. „Bei den hohen Lebensmittelpreisen", fährt er fort, „gibt es Hunderttausende Senioren in Amerika, die Hundefutter essen, um zu überleben. Und es gibt einige Spekulationen, dass die Sozialversicherung pleite ist, noch bevor Sie ins Rentenalter kommen."

In den obigen Beispielen wird der Kunde durch seine bzw. ihre Vorstellungskraft aktiv mit einbezogen. Entwerfen Sie das richtige geistige Bild, und Ihre Kunden werden sich genauso aktiv einbringen, als säßen sie bei einer Probefahrt hinterm Lenkrad.

NICHTSTUN KANN AUCH 'JA' BEDEUTEN

Ich denke, die wahren Meister im Vorwegnehmen des Verkaufs sind jene Firmen, die *Sie etwas tun lassen, bevor Sie den Kauf ihrer Produkte ablehnen können*. Wenn Sie beispielsweise ein Auto mieten, sollen Sie Ihre Initialen auf den Vordruck schreiben, sofern Sie die Versicherung nicht wünschen. Man will, dass Sie denken: „Das unterschreibe ich nicht. Es ist eben mein Schicksal, dass ich, nachdem ich unterschrieben habe, einen Unfall haben werde!" Falls Sie je Mitglied in einem Buch-des-Monats- oder Schallplatte-des-Monats-Club waren, wissen Sie ja, dass Sie nur dann eine Benachrichtigung schicken sollen, wenn Sie in einem Monat mal *nichts* kaufen möchten.

Oder was ist mit den Zeitschriftenverlagen, die verlangen, dass Sie ihnen schriftlich mitteilen, wenn Sie Ihr Abonnement kündigen möchten? Diese Firmen machen es einem schwer, den Verkauf zu stoppen, und wenn man die Wahl hat, nehmen die meisten Leute den einfachen Weg. Die Kunden, die nichts tun, werden automatisch zum Kauf des Produkts gezwungen! Versicherungsgesellschaften setzen das Geschäft mit Ihnen voraus, wenn sie Ihnen eine Beitragsanpassung ins Haus schicken. Ist Ihnen schon mal aufgefallen, dass man Sie nicht fragt, ob Sie die Versicherung um ein weiteres Jahr verlängern wollen? Hat man erst eine Kundennummer, gehen sie davon aus, dass man lebenslang ihr Kunde bleibt und schicken einem Prämienrechnungen bis an sein Lebensende! Die Versicherungsgesellschaften tun es, und ihre Kunden merken nie, was hier passiert.

Firmen, die Ihnen einen kostenlosen 10-Tage-Test mit Rückgaberecht einräumen, verwenden dieselbe Taktik. Sie schicken Ihnen ihr Produkt in der Annahme, dass Sie wahrscheinlich zu bequem sind, um es an sie zurückzusenden (in diesem Fall müssen natürlich Sie die Frachtkosten tragen). Manche sorgen dadurch für eine zusätzliche Erschwernis, dass man ihre Ware nicht aus dem Karton kriegt, ohne diesen dabei in Fetzen zu reißen. Folglich müssen Sie selber einen Ersatzkarton auftreiben, der dann in der Regel zu groß ist, was wiederum die Rücksendung erschwert. Auch hier macht man Ihnen den leichten Weg schmackhaft: Sie sollen gar nichts tun – und so sind Sie stolze/r Besitzer/in eines/einer brandneuen ....! Herzlichen Glückwunsch.

DIE RICHTIGEN WORTE VERWENDEN

Es gibt gewisse Worte, die den Verkauf voraussetzen, und solche, auf die das nicht zutrifft. Anfängern rate ich, sich daran zu gewöhnen, »wenn« statt »falls« zu sagen. Beispiel: „*Wenn* Sie erst dieses Auto besitzen, kann ich Ihnen versprechen, dass Sie es lieben werden“ statt „*Falls* Sie dieses Auto besitzen.“ Sehen Sie, wie das eine Wort den Verkauf voraussetzt – und das andere nicht? Bei dem Wort *falls* stellt sich der Kunde die Frage: „Na ja, vielleicht werde ich es besitzen, vielleicht auch nicht.“

[Der Unterschied zwischen *if* und *when* im Englischen ist allerdings viel bedeutsamer als zwischen *wenn* und *falls* im Deutschen. Hier könnte man im Deutschen den Konjunktiv ganz weglassen und z. B. durch einen Imperativ ersetzen: Besitzen Sie dieses Auto und ich verspreche Ihnen, Sie werden es lieben – A. d. Ü.]

Ich empfehle auch die Verwendung der 1. Person Plural »wir« und »Lassen Sie uns«. Beispiel: „Wir sollten zu diesem Preis vierzehn Gros kaufen", und „Lassen Sie uns eine Kauforder über fünftausend Aktien zu zwanzig das Stück plazieren." Indem wir es so formulieren, hat der Kunde nicht das Gefühl, dass er bzw. sie in die Position gerät, eine wichtige Entscheidung ganz allein treffen zu müssen. Sie tun dies gemeinsam und mindern dadurch die Last der Entscheidungsfindung für den Käufer. Psychologisch gesprochen, fühlen sich die Menschen wohler, wenn sie Entscheidungen zusammen mit einer anderen Person treffen, weil sie nicht die alleinige Verantwortung auf sich nehmen müssen, wenn sich die Entscheidung im nachhinein als falsch herausstellt.

DEN VERKAUF BEI NACHBESTELLUNGEN VORAUSSETZEN

Es ist immer eine Freude, mit zufriedenen Kunden Geschäfte zu machen, weil der nächste Verkaufsabschluss viel leichter ist. Halten Sie aber nichts für selbstverständlich. Sie müssen wissen, wie man auch diese Anrufe zum guten Ende führt.

Wenn Sie Kunden beliefern, die schon von Ihrem Produkt und Ihrem Service profitiert haben, gehen Sie davon aus, dass diese – weil sie ja den Wert Ihres Produkts erkannt haben – weitere Käufe tätigen werden, wenn es Zeit zum Nachbestellen ist. Das ist eine logische und vernünftige Annahme.

Ich rate Ihnen, wenn Sie einen zufriedenen Kunden anrufen, den Stier gleich bei den Hörnern zu packen. So wird etwa der Vertreter eines Hemdenfabrikanten für ein Herrenmodengeschäft eine Inventarliste erstellen und zu dem Käufer sagen: „Sie brauchen noch ein Dutzend weiße Hemden in Größe L, ein halbes Dutzend in Größe M und vier in Größe S. Bei den blauen..." Beachten Sie, dass er nicht gefragt hat: „Wollen Sie für diejenigen Hemden, die Sie verkauft haben, weitere nachbestellen?"

Desgleichen sagt eine Börsenmaklerin: „Wir haben einen beachtlichen Gewinn erzielt. Daher ist es jetzt an der Zeit, zweitausend Aktien der Firma XYZ zu vierzig das Stück abzustoßen, und mit dem Erlös könnten wir ein Kontingent von achttausend Aktien der Firma ABC kaufen, deren Preis momentan bei zehn pro Stück liegt." Auch hier setzte die Brokerin wieder den Verkauf voraus. Sie fragte nicht: „Wollen Sie Ihre XYZ-Aktien verkaufen?" oder „Möchten Sie achttausend Aktien der Firma ABC kaufen?"

Ich möchte zwar, dass Sie jeden Verkauf als Tatsache voraussetzen, doch damit meine ich keinesfalls, dass Sie Ihre bestehenden Kunden für selbstverständlich halten, nur weil sie in den Büchern stehen. Sie sind nicht Ihre Leibeigenen, und es gibt immer jemand anderen, der ihnen das Gleiche anbieten kann wie Sie. Sobald Sie einen zufriedenen Kunden haben, verwöhnen Sie ihn weiter mit ausgezeichnetem Service. Ja, Sie sollten sich hierbei richtig anstrengen, denn nur glückliche Kunden kommen immer wieder.

IV

KAUFSIGNALE RICHTIG LESEN

Ich sage gleich vorweg, dass meine Ansichten zum Thema Kaufsignale lesen wohl nicht dem entsprechen, was Sie erwarten würden. Viele Leute möchten annehmen, ich hätte einen Sack Zaubertricks auf Lager, um Verkäufe zu garantieren. Aber das habe ich nicht. Vor allem jedoch denke ich, dass Sie sich auf dünnes Eis begeben, sobald Sie den Amateurpsychologen spielen.

Damit meine ich nicht, dass es keine Kaufsignale gibt. Natürlich gibt es die. Wer könnte etwa bestreiten, dass ein Kunde, wenn Sie Lebensmittel verkaufen, und er gierig auf die Ware blickt, Ihnen ein Signal sendet, dass er an Ihrem Produkt interessiert ist. Solch eindeutigen Fällen zum Trotz, sind Kaufsignale bestenfalls subtiler Natur und schwer zu interpretieren.

Deshalb ranken sich zahlreiche Mythen um Kaufsignale, die leicht missgedeutet werden können. Falls Sie darauf beharren, den Psychologen zu spielen, werden Sie letztlich mehr Menschen falsch beurteilen als richtig - und dabei den Kürzeren ziehen. Schließlich haben wir es hier nicht mit einer exakten Wissenschaft zu tun.

Viele fehlgeleitete Verkäufer glauben, dass das Lesen von Kaufsignalen eine Naturbegabung ist, die einem nicht beigebracht werden kann. Sie behaupten, dass man mit ihr geboren wird – oder eben nicht. Offen gesagt, haut es mich um, dass manche meinen, Menschen zu lesen, stecke in den Genen. Während manche Menschen die natürliche Begabung zum Malen, Komponieren oder Baseballspielen haben, wird niemand geboren, um Signale zu lesen, genausowenig wie Menschen zur Welt kommen, um Zahnarzt, Jurist oder Politiker zu werden. Meiner Ansicht nach ist das Lesen von Kaufsignalen eine erworbene Fähigkeit. So einfach ist das!

NICHT ZWISCHEN DEN ZEILEN LESEN

Ich möchte Ihnen eine Geschichte erzählen. Sie spielt in einem Zug, der von Paris nach Madrid unterwegs ist. In einem Abteil sitzen vier Personen: Ein junges, hübsches Mädchen mit seiner Großmutter und ein alter, stattlicher General in Begleitung eines jungen, gutaussehenden Leutnants.

Schweigend sitzt das Quartett beieinander, als der Zug in einen Tunnel in den Pyrenäen einfährt, der Gebirgskette an der Grenze zwischen Frankreich und Spanien.

Es ist pechschwarz im Tunnel, als plötzlich das Geräusch eines lauten Kusses zu vernehmen ist, gefolgt vom Klatschen einer noch lauteren Backpfeife. Als der Zug den Tunnel verlässt, bleiben die vier Personen schweigend sitzen und nehmen den Vorfall nicht weiter zur Kenntnis.

Das junge Mädchen denkt bei sich: 'Wow, der kann vielleicht toll küssen, dieser gutaussehende Leutnant. Aber meine Oma hat ihn geohrfeigt, deswegen nehme ich nicht an, dass er sich im nächsten Tunnel noch was trauen wird. Mist, wieso musste sie das auch tun?'

Die Großmutter denkt bei sich: 'Na, dieser dreiste Schnösel! Einfach meine Enkelin zu küssen. Aber ich habe sie sittsam erzogen, und sie hat ihm als Antwort feste eine geschmiert. Ich bin stolz auf sie, und ich weiß, er wird im nächsten Tunnel bestimmt die Finger von ihr lassen.'

Der General denkt bei sich: 'Ich kann es nicht verwinden. Mein Adjutant ging auf die besten Militärakademien, und ich habe ihn mir persönlich herausgepickt. In Anbetracht seiner Ausbildung hätte er es besser wissen müssen und dieses junge Mädchen nicht küssen dürfen. Aber im Dunkeln dachte das Mädchen wohl, dass ich derjenige sei, der sie küsste, und ich bekam die Ohrfeige. Bei unserer Rückkehr zur Kaserne werde ich ihm gehörig die Meinung sagen.'

Der junge Leutnant denkt bei sich: 'Mann, das war spitze. Wie oft kann man schon ein schönes Mädchen küssen und dabei seinem Chef noch eine reinhauen?'

Wie diese Geschichte zeigt, können Menschen, ausgehend von der gleichen Faktenlage, zu unterschiedlichen Schlussfolgerungen gelangen. So bat mich einmal ein neuer Verkäufer, ich möge ihm doch bei seiner Präsentation zusehen und ihm ein paar Tips geben, was er besser machen könne. Er hatte damals eine Krise, weswegen ich ihm meine Hilfe anbot. Ich willigte ein zuzuschauen, doch wir hatten vereinbart, dass ich kein Wort sagen würde – ich würde während der gesamten Vorführung ein stummer Beobachter sein. Als der Verkäufer schließlich den Preis für das Auto nannte, zückte der Kunde einen Taschenrechner und begann Zahlen auf einen Notizblock zu schreiben. Dadurch wurde der Verkäufer nervös und unsicher. Er wurde so unaufrichtig, dass er das Geschäft vermasselte. Nachdem der Kunde den Ausstellungsraum verlassen hatte, sagte der Verkäufer zu mir: „Haben Sie das gesehen?"

„Was gesehen?", fragte ich.

„Was der mit seinem Taschenrechner gemacht hat. Der Kerl hatte keine Absicht, ein Auto zu kaufen. Er wollte sich bloß umsehen, und ich wette, er wird bei allen Händlern in der Stadt aufkreuzen, bevor er sich entscheidet. Ich habe nie Glück bei solchen Kunden."

„Kein Wunder", sagte ich.

Ich erklärte ihm, man könne die Beobachtung, dass ein Kunde einen Taschenrechner benützt, vermutlich auf dutzenderlei Arten interpretieren. Nun, meine eigene Sicht war die, dass der Kunde offensichtlich interessiert war, sonst hätte er sich nicht die Mühe gemacht, Ziffern aufs Papier zu kritzeln. Meine Schlussfolgerung war, dass es ein positives Zeichen gewesen sei und kein negatives. Ich rate Ihnen daher, vom Lesen zwischen den Zeilen Abstand zu nehmen. Es besteht nämlich die große Gefahr, dass Sie auf das falsch reagieren, was Sie für ein Kaufsignal bzw. Nichtkaufsignal *halten*.

Über Körpersprache und verwandte Sachgebiete sind schon ein Haufen Bücher geschrieben worden, und zweifellos verstehen es manche Leute, gewisse Signale korrekt zu interpretieren. Solche Typen wissen, was es bedeutet, wenn eine Frau ihre Arme in einer bestimmten Weise verschränkt, wenn ein Mann die Beine übereinander schlägt oder ein anderer mit seinem Bart spielt. Doch ich bin, offen gestanden, nicht so clever. Ich denke, dass die meisten Körperbewegungen und Gesichtsausdrücke in keinem Zusammenhang mit der Verkaufspräsentation stehen, und sobald Sie zwischen den Zeilen zu lesen beginnen, werden Sie viele falsche Schlüsse ziehen. Wie jeder andere Mensch kratzen sich auch Kunden die Nase, weil sie juckt, und sie schlagen die Beine übereinander, um bequemer zu sitzen.

Ich kenne mich aus mit den sogenannten Experten, die behaupten, dass die Leute einen zwar mit Worten hereinlegen, jedoch nicht die durch Körpersprache und Gesichtszuckungen geäußerten Gefühle verbergen können. Sie mögen in der Tat Signale aussenden, aber ich bin nicht sicher, ob eine untrainierte Person eindeutig bestimmen kann, was wirklich gespielt wird.

Beispielsweise höre ich ständig Redner zu ihrem Publikum sagen, man solle auf Anzeichen achten wie trockener Mund, Schweißperlen auf den Brauen, schwitzende Hände, nervöses Scharren mit den Füßen, Augenzwinkern, Stottern oder Nuscheln, geschürzte Lippen, wechselnder Tonfall beim Sprechen, Heben und Senken der Stimme, Fingertippen, Hochziehen der Augenbrauen, Zupfen am Ohr, Zurücklehnen mit verschränkten Händen zur Stütze des Kopfs, an die Stirn gelehnter Zeigefinger, Absetzen der Brille, Bleistiftkauen, Auf- und Abgehen, mit Münzen in der Tasche spielen, Fingernägelkauen, verengte oder geweitete Pupillen oder ein nervöser

Hustenanfall. Sie verstehen schon, was ich meine. Wie ich sagte, bin ich nicht clever genug, um Ihnen zu erzählen, dass es sich hierbei um eindeutige Signale handelt, anhand derer Sie Ihren Verkaufsabschluss planen sollten. Da zudem manche Bewegungen durch verschiedene Umstände hervorgerufen werden können, treten sie bei Ihrer Verkaufspräsentation vielleicht bloß zufällig in Erscheinung.

Ich meine damit nicht, dass Sie die Körpersprache komplett ignorieren sollen. Manchmal ist sie so eindeutig, dass es nicht zu übersehen ist. Wenn z. B. jemand im Raum spazierenguckt, statt Ihren Ausführungen zu lauschen, verlieren Sie sein Interesse. Und wenn der Kunde herzhaft zu gähnen beginnt, dann langweilen Sie ihn offensichtlich. Man braucht keinen Doktortitel in Psychologie, um zu wissen, dass Sie das Geschäft nicht machen werden, wenn Sie ihn nicht wieder für sich einnehmen können.

Wie ich in Kapitel II erwähnte, ist es wichtig, dass Sie mit dem Kunden Augenkontakt halten, weil das die Leute als ein Zeichen von Ehrlichkeit auffassen. Ein Verkäufer, der den Leuten nicht in die Augen sehen kann, gilt als verschlagen und unehrlich. Beachten Sie: Ich habe nicht gesagt, dass dies meine Meinung ist. Da jedoch die meisten Menschen so denken, empfehle ich nachdrücklich, dass jeder Verkäufer es so halten möge. Es gibt freilich Gründe, warum manche ehrlichen Menschen keinen Augenkontakt halten. Manche vertrauenswürdigen Personen sind einfach zu schüchtern, um irgendjemandem in die Augen zu sehen. Und in einigen fremden Kulturen gilt es als respektlos, einem Vorgesetzten in die Augen zu sehen. Wenn also ein Kunde keinen richtigen Augenkontakt mit Ihnen herstellt, nehmen Sie nicht automatisch an, dass Ihre Präsentation schlecht läuft. Noch einmal: Nicht zwischen den Zeilen lesen.

KLISCHEES VERMEIDEN

So, wie manche Leute Kaufsignale fehldeuten, stecken andere bestimmte Gruppen von Menschen irrtümlich in irgendwelche Schubladen. Es gibt viele falsche Darstellungen bezüglich ethnischer Volksgruppen – zuviele, als dass ich darauf eingehen könnte –, und alle sind beleidigend. Meine Ansicht hierzu ist die, dass man die Tatsache akzeptieren muss, dass Menschen nun mal Menschen sind und dass Sie ethnische Gruppen nicht in Klischees einordnen dürfen. Denn damit bringen Sie sich nämlich nur selbst in Schwierigkeiten. Wenn ein Kunde sowohl Ihr Produkt benötigt als auch über das erforderliche Kleingeld verfügt, um es zu erwerben, dann spielt es keine Rolle, woher seine Vorfahren stammen, welche Hautfarbe er hat oder was seine religiösen Vorstellungen sind. Und sobald Sie meinen, dass derlei Dinge ausschlaggebend sind, werden Ihnen eine Menge Verkäufe durch die Lappen gehen.

Das Schubladendenken hört hier nicht auf. Manche Verkäufer gehen sogar soweit, dass sie Kunden nach ihrem Beruf einstufen. Hier ein paar Beispiele dessen, was man mir über die folgenden Berufsgruppen so erzählte:

Buchhalter	Skeptisch und konservativ; nur an den finanziellen Aspekten des Produkts interessiert.
Zahnärzte	Sind Denker und keine Spontankäufer; an sie kann man nur mit Fakten verkaufen.
Ingenieure	Treffen Entscheidungen methodisch und logisch; sind an Zahlen interessiert; schwer motivierbar.
Landwirte	Konservative Individualisten; der Verkäufer muss an ihren autonomen Geist appellieren; sympathisch und verständnisvoll.
Unternehmer	Aufgeschlossene und aggressive Denker; zu schnellen Kaufentscheidungen fähig; der Verkäufer muss enthusiastische Präsentationen einsetzen und ihr Ego streicheln.
Leitende Angestellte	Selbstmotivierend, brauchen jedoch Führung, da es ihnen oft an Führungsqualitäten mangelt; der Verkäufer muss sich ihr Ego zunutze machen.
Rechtsanwälte	Sind oft Experten in allen Bereichen; handeln bedächtig; ausgeprägtes Ego; üben gern Kontrolle aus.
Ärzte	Verhalten sich oft wie Primadonnen, die man auf einen Sockel heben soll; Denker; treffen außerhalb ihres Fachgebiets ungern Entscheidungen.
Verkäufer	Positive Denker; begeisterungsfähig; kaufen, wenn man sie mit einem starken Abschluss unter Druck setzt.
Techniker	Benötigen eine Marschroute; reagieren wohlwollend, wenn der Verkäufer die Verkaufspräsentation kontrolliert.

Die obigen Klischees stammen von Verkäufern, aus mehreren Büchern, die ich mir in der Bücherei besorgte, sowie aus Vorträgen von Kollegen. Kurz gesagt, meine erste und einzige Regel zu diesem Thema lautet:

Niemals in Klischees zwängen. Von jenen Verkäufern, die es dennoch tun, wüsste ich gern ihre Meinung als Profis darüber, wie man mit der farbigen Zahnärztin umgehen soll, die Jüdin ist und obendrein italienischer Abstammung. Ach ja, und Zigarren raucht sie auch.

AUF GREIFBARE FAKTEN ACHTEN

Während ich nicht die Bedeutung jeder Gesichtsregung und jeder Bewegung zu deuten versuche, achte ich jedoch auf handfeste, greifbare Indizien. Ich denke, man bekommt manch wertvollen Einblick in die Kaufgewohnheiten der Leute, wenn man mal hinschaut, was sie zuvor eingekauft haben.

Wenn etwa ein gut gekleideter Kunde, der teuren Schmuck trägt, meinen Ausstellungsraum betreten würde, dann wüsste ich, dass er oder sie vermutlich mit einem der aufregenderen Modelle liebäugeln würde statt mit einem konservativen Auto ohne Extras. Oder wenn ich im Büro des Kunden oder bei ihm daheim wäre und dort eine Menge technischen Krimskrams bemerkte, so wüsste ich, dass die Person ein aussichtsreicher Kandidat für einen mit allem Schnickschnack ausgerüsteten Wagen wäre. Aus allem – von den Bildern an seinen Wänden bis zu den Fotos auf seinem Schreibtisch – erfahre ich etwas über den Mann. Originalkunstwerke etwa sagen mir, dass der Kunde sich nicht scheute, eine beträchtliche Summe für etwas auszugeben, das seiner Ansicht nach eine gute Investition darstellte. Fotos von seiner Frau und den Kindern verraten mir, dass er ein Familienmensch ist, was einen direkten Bezug dazu haben könnte, welches Auto er fährt. Der schlicht Gekleidete oder die Person, die in ihrem Büro keine Dekoration hat, würden wohl auf ein abgespecktes Modell reflektieren. Das sind natürlich nur Gefühle, und im Verlauf der Verkaufspräsentation blieb ich stets flexibel und leitete erst zum Abschluss über, nachdem ich mehr über den Kunden erfahren hatte.

Manche Menschen reisen gern First Class, anderen genügt dagegen Economy. Manchmal hängt es davon ab, wie dick ihre Brieftasche ist, oft aber ist es eine Frage des bevorzugten Lebensstils. Sie müssen ein gutes Urteilsvermögen anwenden oder Sie sind hinterher der Dumme. Viele Leute sind schon in meinen Ausstellungsraum gekommen, die so aussahen, als hätten sie keinen Cent in der Tasche, und dann blätterten sie für das teuerste Modell, das ich hatte, bare Scheine auf den Tisch. Ich warne Sie nochmals, nicht in Klischees zu verfallen.

Je nachdem, was Sie verkaufen, kann es möglicherweise extrem vorteilhaft sein, beim Kunden daheim zu verkaufen, denn dies gibt Ihnen die Gelegenheit, viel mehr über ihn zu erfahren. Seine Umgebung bietet viele Einblicke in sein Leben, an die Sie sonst nicht herankämen.

Da ich in der Autobranche tätig war, achtete ich logischerweise besonders auf das Auto des Kunden. Ich wiederhole aber meine Warnung an Sie: Manche Leute kutschieren mit einer alten Blechbüchse durch die Gegend, während sie zu Hause in ihrer Garage ein edleres Modell stehen haben. Was mich mehr interessiert als das Baujahr und Modell eines Kundenwagens ist der Zustand, in dem er sich befindet. So sagt mir z. B. ein Auto mit abgefahrenen Reifen, gesplitterten Fenstern und anderen verkehrsunsicheren Merkmalen, dass der Kunde vermutlich gerade eine schwere Zeit durchmacht. Das gilt vor allem, wenn er Familie hat, denn die meisten Menschen setzen ihre Lieben nicht unnötigen Gefahren aus. Natürlich muss man nicht in der Autobranche sein, um beim Wagen eines Kunden die gleichen Feststellungen zu machen. Das können Sie immer tun, egal, was Sie verkaufen.

Wenn Sie Waren an Einzelhändler verkaufen, empfehle ich Ihnen, dass Sie sich vor einer Verkaufspräsentation erstmal in deren Läden umsehen. So sollte z. B. ein Vertreter für eine Herrenkonfektion die im Laden ausgestellten Anzüge und Sportbekleidungen in Augenschein nehmen. Dadurch kann man seinen Kundenkreis sowie die Preislage und den Stil des Hauses beurteilen. Beispielsweise kann sich eine traditionelle Kollektion von Anzügen beim einen Einzelhändler ganz toll verkaufen, während sie in einem Nobelgeschäft zum Reinfall wird. Beachten Sie unbedingt, dass ein guter Einzelhandelsbetrieb eine Linie hat, und Ihre Waren müssen mit seinem restlichen Sortiment vereinbar sein.

Eine weitere wichtige Informationsquelle, die aber oft übersehen wird, ist eine Auflistung der bereits getätigten Einkäufe vor Ihrem Anruf. Richtig, das heißt wieder mal Hausaufgaben machen. Wer darüber informiert ist, was ein Kunde in der Vergangenheit gekauft hat, kann sich besser darauf einstellen, ihm bzw. ihr zusätzliche Waren zu verkaufen. Indem Sie zuvor die Bücher durchsehen, wissen Sie wahrscheinlich besser Bescheid als Ihr Kunde selbst, wie Ihre Waren gehen.

DEN KUNDEN MITEINBEZIEHEN... UND DANN BEOBACHTEN

Wie ich in Kapitel III erläuterte: Je mehr Sie Ihren Kunden aktiv ins Spiel bringen, desto besser. Wenn ich den Kunden hinters Lenkrad setzte, sagte ich kein Wort und beobachtete ganz genau seine Reaktionen. Hier konnte ich alle möglichen Kaufsignale aufschnappen. Anhand der Art und Weise, wie einem Kunden die Probefahrt offensichtliches Vergnügen bereitete, konnte ich ablesen, dass er den Wagen besitzen wollte. Er brauchte nicht zu sagen: „Joe, ich will dieses Auto kaufen", um zu wissen, was in seinem Kopf vorging. Vielleicht reagierte ein anderer Kunde nicht in derselben Weise, dann schlug ich ihm eine Probefahrt mit einem anderen Modell vor.

Manchmal wusste ich, dass ein Kunde kaufen wollte, wenn ich nach der Probefahrt aus dem Wagen stieg – und er saß einfach da und träumte. Es war, als ob er *sein* Auto nicht verlassen wollte. Da sage noch einer was über angenommene Besitzerfreude!

In der gleichen Weise kann der Verkäufer eines Pelzhauses klare Kaufsignale erkennen, wenn sich eine Frau ausgiebig mit dem Mantel, den sie trägt, im Spiegel bewundert. „Bei mir waren schon einige Damen im Laden, die trugen an einem heißen Sommertag fünfzehn Minuten lang einen Pelz", erzählte mir ein Verkäufer. „Sie stolzieren vor dem Spiegel auf und ab, als wären sie bei einer Modenschau. Sie befühlen immer wieder den Pelz, und ihnen kommen beinahe die Tränen, wenn sie ihn wieder ausziehen müssen." Das bezeichne ich als starke Kaufsignale.

Wer aufmerksam ist, kann mühelos Kaufsignale auffangen, wenn der Kunde vom bloßen Zuschauer zum Mitspieler wird. Wenn Kunden mit Knöpfen spielen, das Material berühren oder immer wieder zurückgelaufen kommen, um das von Ihnen vorgeführte Produkt nochmal zu inspizieren, dann sagen Sie Ihnen damit definitiv etwas. Bei diesen Cabbage Patch-Puppen, von denen ich Ihnen erzählte, wird recht klar, dass es Zeit zum Verkaufsabschluss ist, wenn eine Kundin ihr »Baby« hochhebt, es in ihren Armen wiegt und dann sagt: „Komm, Barbie Sue, mach ein feines, dickes Bäuerchen für Mammi."

Bei immateriellen Produkten wie Versicherungen treibt manchmal eine gefühlsstarke, rührselige Geschichte in der dritten Person einem Kunden die Tränen in die Augen. Wenn dies geschieht, dann haben Sie Ihr Kaufsignal – eine klare Botschaft, das Geschäft abzuschließen.

SEIEN SIE EIN GUTER ZUHÖRER

Die meisten Menschen stellen sich unter einer Verkaufspräsentation die Situation vor, dass der Verkäufer das Gespräch allein führt und der Kunde nur zuhört. Wirklich hervorragende Verkäufer sind jedoch auch exzellente Zuhörer. Effektives Verkaufen beruht nämlich auf Zweiweg-Kommunikation. Auf der einen Seite müssen Sie Ihr Produkt oder Ihre Dienstleistung überzeugend präsentieren, doch ebensowichtig beim Verkaufen ist auch die Fähigkeit des Zuhörens. Ein Profiverkäufer muss verstehen, wie der Kunde denkt und empfindet. Wie jemand es einst formulierte: „Gott gab uns zwei Ohren und nur einen Mund. Damit meinte ER, man solle doppelt soviel zuhören wie reden."

Aus irgendeinem Grund tun die meisten Verkäufer gutes Verkaufen mit der Fähigkeit gleichsetzen, Kunden mit einem permanenten Redeschwall weichzukochen. Dieselben Personen halten jede Pause in der Unterhaltung für einen Makel in ihrer Verkaufspräsentation. Das ist absurd. Eine absichtlich eingestreute Pause zur rechten Zeit oder ein Moment des Schweigens ist nämlich eine bombige Verkaufsmethode.

Es gibt keinen Grund, sich bei Schweigen unwohl zu fühlen. Es stimmt nicht, dass Sprechen ohne Punkt und Komma ein notwendiges Element einer gelungenen Verkaufspräsentation ist. Ich finde, Sie sollten dem Kunden eine Möglichkeit zum Nachdenken zubilligen und ihn seine Ansichten darlegen lassen. Wenn Sie das unterlassen, nimmt Ihnen das nicht nur die Chance, seine Gedanken kennenzulernen – es gilt obendrein oft als rüde, weil Sie an seiner Meinung nicht interessiert sind.

Am meisten zählt indes die Tatsache, dass man nur beim Zuhören entscheiden kann, was der Kunde wünscht und braucht. So kann etwa ein Immobilienmakler alle möglichen Kaufsignale auffangen, indem er die Leute reden lässt. Erwähnt eine Kundin, dass ihre Kinder auf Privatschulen gehen, ist das ein Hinweis an den Makler, dass die Qualität des Schulbezirks nicht von übergeordneter Bedeutung ist. Desgleichen sollte der Makler bei dem Satz des Ehemanns „Wir sind keine ausgesprochenen Frischluftfans" darauf eingehen und Häuser mit kleiner Grundstücksgröße zeigen.

Börsenmakler müssen besonders gute Zuhörer sein, da sich ihre Verkaufsgeschäfte hauptsächlich am Telefon abspielen. Erkundigt sich beispielsweise ein Kunde nach den Dividendenausschüttungen der einzelnen empfohlenen Firmen in den letzten Jahren, so erkennt ein aufmerksamer Broker, dass er bzw. sie den Schwerpunkt auf Kapitalerträge statt Wachstumsaktien legen sollte.

Offensichtlich signalisieren bestimmte Äußerungen ein definitives Interesse. Die folgenden Kommentare deuten an, dass Sie kurz vor dem Verkaufsabschluss stehen:

„Wie schnell kann es geliefert werden?"
„Er (ein Computer oder ein anderes Produkt, das zu Einsparungen verhilft) sollte sich in wenigen Monaten bezahlt machen."
„Wie hoch sind die monatlichen Raten?"
„In welchen Farben ist es erhältlich?"
„Das wird meinem Mann/meiner Frau gefallen."
„Was passiert, wenn ich diesen Knopf drücke?"
„Wie funktioniert das?"
„Wenn ich es kaufen würde, wieviel müsste ich jetzt dafür bezahlen?"
„Welches empfehlen Sie?"
„Worin besteht der Unterschied zwischen diesem und dem teureren Modell?"
„Das ist ein gutes Argument. Ich verstehe, was Sie meinen."
„Kann ich es zum Ausprobieren mit nach Hause nehmen?"
„Nehmen Sie auch etwas in Zahlung?"
„Oh, das finde ich jetzt aber ein tolles Detail."

Es ist beschämend, aber viele Verkäufer sind so mit Quatschen beschäftigt, dass sie diese Kaufsignale einfach nicht mitbekommen. Für mein Geld muss ein Spitzenverkäufer beim Zuhören ebenso geschickt sein wie beim Reden. Doch dies ist einer der meistübersehenen Aspekte im Verkaufswesen.

Jammerschade, dass man uns in der Schule nicht mehr über das Zuhören beibringt. Mir ist nicht eine einzige Schule bekannt, die einen Kurs in Zuhören anbietet. Man lehrt uns andere Formen der Kommunikation wie Schreiben, Lesen und Sprechen, aber nicht Zuhören. Dennoch könnte jeder Verkäufer davon profitieren, dass er diese Fähigkeit trainiert.

DEN PROFIKÄUFER LESEN

Manche Menschen machen das Kaufen zu ihrem Beruf. Es ist ein ganz besonderes Völkchen, dem Personen wie Einkaufsleiter und Wareneinkäufer angehören. Diese verdienen ihren Lebensunterhalt damit, dass sie täglich acht Stunden lang solche Dinge wie Teile, Vorräte oder Waren für ihre

Arbeitgeber einkaufen, weshalb die von ihnen ausgesandten Kaufsignale ganz anderer Natur sind als jene der meisten Käufer.

Den Anfängern sei gesagt, dass diese Personen wahrscheinlich ebensoviel über Ihr Produkt wissen wie Sie. Zudem wissen sie, wie man Verkäufer liest, und *sie wissen, dass Sie wissen, wie man sie liest.* Mit dieser Erkenntnis gewappnet, werden sie sich nach Kräften bemühen, das zu verbergen, was ihrer Meinung nach als Kaufsignale aufgefasst werden könnte. Schließlich sollen Sie ja nicht wissen, was in ihren Köpfen vorgeht, weil das eine Rolle spielen könnte, wenn es an der Zeit ist, um über Preise oder Sonderkonditionen zu verhandeln. Diese Käufer können ihre Emotionen echt gut verbergen, und die Regel besagt: Je cooler sie sich geben, um so stärker sind sie an einem Geschäft mit Ihnen interessiert. Doch wie bei allen anderen Kaufsignalen sind manche Menschen einfach in allen Dingen cool, so dass Sie auch hier vielleicht die falschen Signale aufschnappen.

Um den Unterschied zwischen einem Profi und einem Nichtprofi zu veranschaulichen, gibt Martin Seldman, ein internationaler Berater, der sich auf Verkaufs- und Managementtraining spezialisiert hat, einige fachmännische Ratschläge zur non-verbalen Kommunikation. Nachdem er seine Beratertätigkeit auch auf Spielcasinos ausgedehnt hatte, behauptet er nun, dass zwischen professionellem Glücksspiel und professionellem Kaufen mehrere offenkundige Übereinstimmungen existieren. „Beim Beobachten von Spielern", sagt Seldman, „achten Profis auf Indizien, was für den Verkäufer die Kaufsignale sind. Nun ist sich der nicht-professionelle Spieler – ebenso wie Otto Normalverbraucher als Kunde des Verkäufers – nicht bewusst, dass er Signale sendet. Ein professioneller Spieler wird indes rasch die Anzeichen registrieren, z. B. Erröten im Gesicht, Glanz in den Augen oder einfach ein plötzliches Interesse am eigentlichen Spielverlauf. Bei einem schlechten Blatt wird der nicht-professionelle Spieler gelangweilt und unruhig; blickt er statt dessen auf ein offensichtlich gutes Blatt, ist er wie umgewandelt. Dann stellt er vielleicht Fragen wie: 'Um wieviel kann ich maximal erhöhen?' oder 'Wieviele Erhöhungen bleiben mir noch?' Um den Bezug zum Verkaufen herzustellen: Es ist dasselbe wie bei dem Kunden, der Fragen stellt wie: 'Nehmen Sie auch persönliche Schecks?' oder 'Wie hoch sind die Lieferkosten?'

Der Profispieler wird sich dagegen hüten, sein Blatt zu verraten, und er wird manchmal das Gegenteil dessen tun, was die übrigen Mitspieler am Tisch erwarten würden. Mit anderen Worten, er wird bei einem guten Blatt unruhig und gelangweilt agieren. Wenden wir uns jetzt wieder dem Verkaufen zu. Ich glaube, dass Profikäufer ihr Metier so gut beherrschen wie

Profispieler ihres. Denken Sie also daran, wenn Sie es auf irgendeinem Gebiet mit Profis zu tun haben: Sie müssen erkennen, dass sie anders sind als andere Kunden. Demgemäß müssen Sie Ihre Präsentation hierauf abstimmen, um diesen Unterschieden Rechnung zu tragen. Sonst werden Sie Menschen falsch lesen und am Ende noch Ihr letztes Hemd verlieren!"

KUNDEN IM SOZIALEN UMFELD BEOBACHTEN

Eine der besten Gelegenheiten, Menschen zu lesen, ist, wenn sie an gesellschaftlichen Aktivitäten teilnehmen. Natürlich haben Sie vielleicht nie die Chance, eine solche Enthüllung zu bekommen, wenn Ihr Geschäft es nicht rechtfertigt. Doch wenn Sie sich mit Ihren Kunden auf dem Golfplatz, Tennisplatz oder bei einem gesellschaftlichen Anlass treffen, bietet sich Ihnen hier eine Gelegenheit, wertvolle Anhaltspunkte aufzuschnappen, die Ihnen bei Ihren Verkaufsbemühungen dienlich sein können.

So erzählte mir einmal ein Immobilienmakler, er habe beim Tennis während eines gemischten Doppels bemerkt, wie sein Kunde für jeden verlorenen Punkt seiner Frau die Schuld gab. „Hieraus schloss ich, dass er sehr konkurrenzbetont dachte und es nicht ertragen konnte, zu verlieren", sagte der Makler. „Als ich ihm später ein Einkaufszentrum verkaufte, war ich somit darauf vorbereitet, dass er ein zäher Verhandlungspartner sein würde. Ich wusste auch, dass er nicht kaufen würde, wenn er sich nicht sicher war, dass er es halb geschenkt bekam. Mit diesem Wissen konnte ich das Geschäft zum Abschluss führen."

Eine Menge kann man auch über Menschen erfahren, wenn man sie beim gemeinsamen Frühstück, Mittag- oder Abendessen beobachtet. So berichtete mir einst ein Anwalt, wie er einige wertvolle Einblicke über den Umgang mit dem hochrangigen Manager eines Großkonzerns durch das gewann, was während des Mittagessens vor den eigentlichen Verhandlungen geschah, die später am selben Nachmittag stattfanden.

„Dieser Manager war stark übergewichtig", erläuterte der Anwalt, „und erklärte, er sei auf strenger Diät und würde nur einen Salat ohne Dressing und ein Glas Wasser nehmen. Er erzählte mir sogar fünf Minuten lang, wie sein Arzt ihn gewarnt habe, ja bei der Stange zu bleiben. Nachdem der Ober meine Bestellung aufgenommen hatte, ließ ich gegenüber meinem Gast die einfache Bemerkung fallen: 'Bei dem Rostbraten, den sie hier haben, läuft mir schon das Wasser im Mund zusammen. Er ist der beste in der Stadt.'

Daraufhin schaute er nochmal in die Speisekarte und sagte: 'Wenn er so gut ist, dann nehme ich auch einen.' Und dann aß er mit mir ein paar Stück Erdbeerkuchen zum Nachtisch.

Ich stellte mir vor, wie fest seine endgültige Position bei unseren Verhandlungen sein würde, wenn er sich so leicht umstimmen ließ. Jedenfalls blieb er seiner Überzeugung betreffs der Diät nicht lang treu; dies könnte also vielleicht ein Indiz dafür sein, wie er auch seine Geschäftsangelegenheiten regelte. Wie sich zeigte, konnten wir dreimal einen niedrigeren Preis aushandeln, nachdem er sein letztes Angebot genannt hatte."

EGOSTUDIUM

Das Schöne an Egos ist, dass jeder eins hat. Und je größer sie sind, um so leichter sind sie zu lesen. Verwechseln Sie jedoch Ego nicht mit Egoismus. Ein Mensch mit einem großen Ego hat eine hohe Meinung von sich, wohingegen ein Egoist oft eingebildet reagiert, um einen Minderwertigkeitskomplex zu überdecken. Ich will hier nicht den Psychologen spielen; es hilft aber, einen Kunden mit einem großen Ego zu erkennen.

Diese Individuen glauben an sich und sind bereit, Risiken einzugehen. Ich mache gern Geschäfte mit diesem Menschenschlag, weil sie das Selbstvertrauen haben, Kaufentscheidungen zu treffen. Demgegenüber scheuen Menschen mit schwachem Ego das Risiko, und sie zögern bei teuren Anschaffungen, weil sie Angst haben, einen Fehler zu machen. Bei diesen Kunden ist es notwendig, den Verkauf zu steuern, ein Thema, das ich in Kapitel VII eingehend erörtern werde.

In der Automobilbranche glauben einige, dass der Wagentyp, den jemand fährt, eine Fortsetzung seines bzw. ihres Egos ist. Zum Beispiel, je größer das Ego, desto größer das Auto. Offen gesagt, erscheint mir diese Verallgemeinerung zu breit. Ich habe zu viele Menschen mit starkem Ego kleine Autos kaufen sehen, und umgekehrt. Gewisse Menschen allerdings blühen auf in der Rolle des Willi Wichtig, und solche Leute sieht man selten im VW Käfer fahren. Das sind auch jene Kunden, die von Juwelieren, Herrenausstattern, Immobilienmaklern und den Betreibern von Spielcasinos verständlicherweise mit offenen Armen begrüßt werden.

Ein guter Freund von mir (ich darf seinen richtigen Namen nicht erwähnen, deshalb nenne ich ihn John) hat als Ghostwriter mehrere Bücher für bekannte Persönlichkeiten aus dem Wirtschaftsleben und berühmte Leute geschrieben. Abgesehen von seinen schriftstellerischen Fähigkeiten ist John auch ein hervorragender Verkäufer. „Meine Auftraggeber haben ein enormes Ego, und manche wollten, dass ich für ein geringeres Honorar schreibe, als meine Vorlaufkosten betragen hätten", sagt er, „deshalb muss ich beim ersten Treffen mit diesen Leuten eine gute Verkaufsargumentation bringen, um sie zu überzeugen, dass sie mir das bezahlen, was in meinen Augen eine faire Beteiligung an den Tantiemen ist.

Ich mache meine Hausaufgaben im voraus, indem ich alles lese, was ich über sie in die Finger kriege. Die Leute fühlen sich ziemlich geschmeichelt, wenn sie entdecken, dass ich soviel über ihr Leben weiß – und ich brauche nicht zu erwähnen, dass mir das einige Pluspunkte einbringt.

Die vielleicht beste Art, mich zu verkaufen, besteht darin, dass ich sie die meiste Zeit reden lasse. Sehen Sie, Leute mit starkem Ego haben gern ein gutes Publikum; also lehne ich mich zurück und höre ausgiebig zu. Aber ich gehe noch einen Schritt weiter: Ich bin nicht nur ein guter Zuhörer, sondern zücke auch Bleistift und Notizblock und schreibe auf, was sie mir erzählen – und das lieben sie. Ich tue das nicht so sehr der Informationen halber, sondern wegen der enormen Wirkung, die das Notieren ihrer »Perlen der Weisheit« auf ihr Ego hat. Die fahren absolut darauf ab – und ich bekomme die erbetenen Prozente."

Sich Notizen zu machen, ist eine ausgezeichnete Möglichkeit, das Ego eines Menschen zu berühren, und man braucht kein Schriftsteller zu sein, um diese Technik bei praktisch jeder Verkaufspräsentation anzuwenden. Sie demonstriert Ihr Interesse an dem, was ein Kunde sagt. Ich ermahne Sie daher nochmals, ein guter Zuhörer – und jetzt auch gelegentlich ein Schriftsteller – zu sein. Merken Sie sich jedoch, dass diese Methode nur während einer Erkundungssitzung angewandt werden sollte, bei der man informelle Informationen zusammenträgt. Das bedeutet nicht, dass Sie Angaben in einem Notizbuch festhalten, die in einen Auftragsblock gehören. Ich weise Sie auf diese Dinge hin, weil es wichtig ist, dass Sie den Unterschied zwischen den beiden erkennen.

V

MIT EINWÄNDEN UMGEHEN

Beim Verkaufen läuft längst nicht immer alles glatt, und wer genügend Kunden sieht, bekommt unweigerlich auch seinen Teil Einwände zu hören. Ohne die Einwände wären jedoch Verkäufer lediglich glorifizierte Auftragsannehmer – wie ich zuvor schon sagte, doch man darf es ruhig nochmal wiederholen –, die Provisionen betrügen nur noch einen Bruchteil dessen, was jetzt gezahlt wird, und das Verkaufen wäre nicht länger eine vielversprechende Karriere. Seien Sie also dankbar für die Einwände. Schließlich wird niemand dadurch reich, dass er in der winzigen Kabine vor dem Filmtheater Kinokarten verkauft.

Bitte glauben Sie nun aber nicht, dass ich es genieße, mit Einwänden bombardiert zu werden. Ich freue mich darüber genausowenig wie Sie. Doch erkannte ich schon vor Jahren, dass ich mit Einwänden umgehen können musste, um im Verkauf Erfolg zu haben, und seitdem trat ich ihnen energisch entgegen. Ich akzeptiere sie als Teil des Geschäfts. Tatsächlich würde ich schätzen, dass 80 Prozent meiner Verkäufe während meiner gesamten Karriere abgeschlossen wurden, *nachdem* ich wenigstens einem Einwand begegnet bin. Sie sehen: Hätte ich jedes Mal meine Verkaufsbemühungen eingestellt, wenn einer mir nichts abkaufen wollte, dann wäre ich schon vor Jahren aus dem Geschäft geschmissen worden.

Die Zahl der Einwände, denen Sie begegnen, lässt sich unter anderem durch eine gründliche Verkaufspräsentation reduzieren. Je umfassender sie ist, desto klarer wird der Käufer Ihr Angebot verstehen, was ihm seinerseits mehr Gründe für eine positive Kaufentscheidung liefert. Es gab Zeiten, da versuchte ich es mit einer verwässerten Präsentation, weil ich noch kurz vor meinem nächsten Termin einen Verkauf auf die Schnelle durchziehen wollte oder weil ich einfach müde war infolge von Überarbeitung. Wann und aus welchem Grund auch immer ich dies tat, musste ich zu guter Letzt einen Schwall von Einwänden beantworten, so dass ich im Endeffekt mehr Zeit brauchte, als wenn ich gleich eine richtige Vorführung abgehalten hätte.

Eine weitere Möglichkeit, wie sich Einwände verringern lassen, liegt in der Erkenntnis, dass manche Einwände mit hinlänglicher Regelmäßigkeit erhoben werden, um vorhersagbar zu werden. Nach einer Weile können Sie sich im voraus darauf einstellen, indem Sie die Antworten in Ihre Verkaufspräsentation einbauen; so können Sie auf Einwände eingehen, noch bevor diese geäußert werden. Sie können aber auch effektive Antworten in Reserve behalten, um dann darauf zurückzugreifen, wenn selten gehörte Einwände doch mal zufällig auftauchen sollten.

Sie müssen einsehen, dass nicht jeder Einwand hundertprozentig zufriedenstellend beantwortet zu werden braucht. Ist es nicht erleichternd zu wissen, dass man nicht unbedingt für jeden Kunden das perfekte Produkt haben muss? Stellen Sie sich doch nur mal vor, Sie hätten bei der Wahl Ihres Ehepartners auf Vollkommenheit bestanden – oder umgekehrt. Sie mussten sich beide mit ein paar Fehlern arrangieren, weil die anderen Qualitäten besonders ansprechend waren. Diese Denkweise lässt sich auf jeden Aspekt Ihres Lebens übertragen. So etwas wie eine perfekte Karriere, eine perfekte Geldanlage oder ein perfektes Heim gibt es nicht – nichts ist vollkommen. Das Leben ist voller Kompromisse. Würden die Menschen Entscheidungen allein auf der Grundlage von Perfektion treffen, so würde nie etwas beschlossen.

Mit dieser Erkenntnis gewappnet, brauchen Sie nicht anzunehmen, dass Sie den Verkauf verloren haben, falls Ihrem Kunden nicht jedes Detail an Ihrem Produkt gefallen sollte. Schließlich wird auch Ihre Konkurrenz nicht mit einem perfekten Produkt dienen können. Als ich Autos verkaufte, hatte ich nicht immer einen Wagen, der in allen Punkten besser war als die anderen. Alles, was ich brauchte, waren genügend Pluspunkte, um die Leute zu überzeugen, das zu kaufen, was ich zu verkaufen hatte.

EINWÄNDE ZEUGEN VON INTERESSE

Wenn ich Verkäufern erzähle, dass Kunden durch ihre Einwände ihr Interesse bekunden, ernte ich manchmal ungläubige Blicke. „Es muss ja wohl einen besseren Weg für die Kunden geben, sich auszudrücken“, heißt es dann.

Es wäre wunderbar, würden alle Kunden zum richtigen Zeitpunkt in Ihrer Verkaufspräsentation ihren Namen auf die gepunktete Linie setzen und ihr Scheckbuch zücken. Doch wie Sie und ich wissen, ist es so einfach nicht. Vielmehr teilen Ihnen die Leute ihr Interesse auf zuweilen sehr subtile Art mit. Und manchmal werden diese Feinheiten einfach übergangen. Die Menschen erheben oft Einwände, um mehr Kaufargumente zu sammeln. Doch anstatt hier einzuhaken, geben viele Verkäufer auf und fahren mit dem nächsten Anruf fort.

Ich war immer der Überzeugung, wenn mir jemand erzählt, warum er mein Produkt nicht kaufen will, dann äußert er damit seine Bereitschaft, sich von mir Gründe nennen zu lassen, weshalb er doch kaufen sollte. Tatsächlich begrüße ich Einwände in diesem Zusammenhang, denn ich mag es, wenn sich die Leute ernsthaft auf eine Sache einlassen. Weit größere Probleme bereitet den Verkäufern jener Typ Mensch, der bei einer Präsentation bloß zuhört und den Mund hält. Er schüttelt nur den Kopf und macht negative Bemerkungen wie „Interessiert mich nicht", „Gefällt mir nicht" oder „Will ich nicht kaufen". Das sind die schwierigsten Verkäufe, weil hier keine Einwände gegen etwas Bestimmtes laut werden. Es ist, als hätte die Verkaufspräsentation hier keine wie auch immer geartete Wirkung – er will gar nicht den Wert des Produkts ergründen, Ihre Aussagen bezüglich seiner Qualität anzweifeln oder Sie um einen Beweis bitten, dass es sein Problem lösen wird.

Menschen, die sich für Ihr Produkt interessieren, aber zum Kauf noch nicht entschlossen genug sind, werden ihre Einwänden frei äußern. Ich werte diese Einwände als positive Signale, dass ich den Verkauf machen werde, wenn ich mit ihren Fragen nur korrekt umgehe. Ein Kunde hat z. B. einen Computer, und diesen durch Ihr Modell zu ersetzen, würde ihn mehr Geld kosten. Wenn er sagt, er sollte vielleicht doch lieber mit seinem jetzigen System weiterarbeiten, um Geld zu sparen, so sollen Sie ihm versichern, dass er vom Erwerb Ihres Modells profitieren würde. Wenn er aber nur „Ich bleibe bei meinem jetzigen Modell" sagt, dann werden Sie wohl kaum zum Erfolg kommen. Sofern Sie nicht seine tatsächlichen Einwände etwas sondieren, sind Ihre Chancen, einen Verkauf zu machen, gleich null.

Hier nun einige Beispiele für Einwände mit versteckten Bitten um weitere Informationen:

Einwand: „Ich denke nicht, dass dies hier das beste Preis-Leistungs-Verhältnis bietet."

Versteckte Bitte: „Ich fordere Sie heraus, mir zu beweisen, dass Ihr Produkt einen exzellenten Gegenwert für mein Geld darstellt."

Einwand: „Diese Größe ist wohl nicht die richtige für mich."

Versteckte Bitte: „Beweisen Sie mir, dass es doch die richtige Größe für mich ist."

Einwand: „Ich habe noch nie von Ihrer Firma gehört."
Versteckte Bitte: „Ich möchte schon von Ihnen kaufen, aber ich muss wissen, dass Ihre Firma vertrauenswürdig und zuverlässig ist."

Einwand: „Ich versuche meine Kosten zu senken, deshalb ist ein Neukauf für mich uninteressant."
Versteckte Bitte: „Wenn Sie mich nicht überzeugen können, dass ich Ihr Produkt wirklich brauche, werde ich es nicht kaufen."

Einwand: „Ich werde mal schauen, was es sonst noch so gibt."
Versteckte Bitte: „Ich bin nicht überzeugt. Entweder Sie fahren mit Ihren Bemühungen fort, so dass ich jetzt vom Kauf überzeugt werde, oder ich gehe spazieren."

Im Idealfall wird der Kunde erklären, warum er sein derzeitiges System Ihrem vorzieht. Er könnte beispielsweise sagen: „Mein jetziges Modell kann meine offenen Rechnungen täglich verarbeiten – Ihres nicht." Oder er könnte Ihnen erzählen: „XYZ-Geräte bieten einen tollen Wartungsvertrag, und wenn's mal irgendein Problem gibt, bekommt man innerhalb 24 Stunden Nachricht." Mit diesen Informationen können Sie sich auf den Einwand des Kunden konzentrieren. Nun geht es darum, den Kunden von dem zu überzeugen, was *Sie* anzubieten haben: Ihr Computer hat mehr Arbeitsspeicher als sein jetziger und wird ihm daher Zeit sparen, mehr Informationen liefern, seine Kunden besser bedienen und die Ausfallzeit verringern, weil der Kundendienst Ihrer Firma durchschnittlich 3 1/2 Stunden nach Eingang Ihres Anrufs aktiv wird.

Wenn ein Kunde schon von einer bestehenden Quelle einen hervorragenden Service genießt, ist es natürlich schwieriger, ihn für sich zu gewinnen. Aus verständlichen Gründen stehen die Leute loyal zu jenen wenigen Verkäufern und Firmen, die sich wirklich um ihre Kundschaft bemühen. So sagt etwa ein Kunde zu einem Börsenmakler: „Ich bin mit meinem jetzigen Broker absolut zufrieden. Mit ihrer Hilfe habe ich Geld verdient, und sie bietet mir einen exzellenten Service. Außerdem ist sie eine gute Freundin."

Selbst diese Aussage bedeutet nicht, dass es keine Chance gibt, diesen Kunden umzustimmen. Eine gute Antwort wäre beispielsweise: „Ich bin glücklich, Sie in so guten Händen zu wissen. Gutes hört man immer gern. Sie werden mir jedoch gewiss beipflichten, kein Börsenmakler besitzt ein

Monopol auf gute Ideen. Mit Ihrer Erlaubnis würde ich daher gern mit Ihnen in Verbindung bleiben. Wenn sich künftig irgendwann eine in meinen Augen ungewöhnliche Gelegenheit bietet, bei einer bestimmten Firma einzusteigen, werde ich Sie anrufen. Sie haben doch bestimmt nichts dagegen einzuwenden, oder?"

VON ECHTEN UND KONSTRUIERTEN EINWÄNDEN

Aus verschiedenen Gründen schieben die Leute konstruierte Einwände vor, statt Ihnen wirklich zu sagen, warum sie nicht kaufen wollen. Sofern Sie nicht den wahren Einwand kennen, werden Sie wohl nicht das ausräumen können, was Ihren Kunden ehrlich stört. Ihn mit Fakten zu überhäufen, die nichts mit dem richtigen Einwand zu tun haben, wird ihn nicht umstimmen. Ein Beispiel:

Alan, ein Börsenmakler, versucht sich eine Order für 5.000 Aktien der ATR Corporation zu sichern. Sein Kunde, Sam, der zufällig sein Nachbar und ein guter Freund von ihm ist, entgegnet, dass er nur in Wachstumsunternehmen investiert.

„ATR hatte für das laufende Jahr einen Verlust von fünf Cents pro Aktie", so Sams Einwand.

„Ja, aber die Firma hatte eine einmalige Abschreibung, und nach Schätzungen unserer Analysten steht nächstes Jahr ein Kursgewinn von 80 Cents zu erwarten."

„Das glaube ich erst, wenn ich's sehe. Die Firma hat seit neun Quartalen kein Geld verdient", sagt Sam.

In Wirklichkeit ist Sams wahrer Einwand der, dass sein Neffe jetzt mit Effekten handelt, und er plant, ihn als seinen Berater einzusetzen (er hat dazu strikte Anweisung seiner Frau). Andererseits möchte er Alans Gefühle nicht verletzen, da dieser seit zwanzig Jahren sein Broker ist. Sam weiß einfach nicht, wie er es seinem alten Freund taktvoll erklären soll, dass er künftig keine Geschäfte mehr mit ihm tätigen wird. So sehr Alan sich auch bemüht, Sam auf der Basis von ATRs geschätzten Jahreseinnahmen zu überzeugen, es wird ihm nicht gelingen, ihn zu der Investition zu überreden, weil diese Fakten nichts mit dem wahren Einwand zu tun haben. Wenn Alan nicht erkennt, dass der Neffe der echte Grund für die Kaufablehnung ist – und dies auch direkt anspricht –, wird Sam nicht den Auftrag zu einer Transaktion in seinem Namen geben.

Es gibt Dutzende von Gründen, weshalb Kunden konstruierte Einwände äußern, und wenn Sie die echten Einwände nicht aussieben können, werden Ihnen eine Menge Geschäfte durch die Lappen gehen. Zum Beispiel könnte es sein, dass ein Kunde vielleicht nicht genug über Ihre Firma weiß, aber Sie nicht durch die Andeutung beleidigen will, es könne sich um eine unzuverlässige oder unehrliche Firma handeln. Statt dessen sagt er: „Ich möchte es einmal überschlafen." In dieser Situation könnten Sie ihm mehrere ausgezeichnete Gründe nennen, warum hier rasches Handeln geboten ist: Etwa ein knapper Warenbestand, eine bevorstehende Preiserhöhung oder ein beachtlicher Verlust, den er durch Ablehnung der Kaufofferte erleiden wird. Keiner dieser Fakten wird ihn freilich davon überzeugen, dass Sie eine rechtmäßige, vertrauenswürdige Firma vertreten.

Einer der üblichen Einwände, den die Leute nur ungern aussprechen, ist der, dass sie sich Ihr Produkt nicht leisten können. Es ist ihnen peinlich, zuzugeben, dass sie nicht genug Geld haben. Sie fühlen sich in ihrem Stolz verletzt. Statt nun die Wahrheit zu sagen, wurden mir von den Leuten falsche Entschuldigungen aufgetischt, die von „Ich habe einen Schwager in der Branche" bis „Ich möchte abwarten, bis die neuen Modelle erhältlich sind" reichten. Sie werden es schon ahnen: Ich hätte ich mir den Mund fusselig reden können und hätte doch nicht ihre wahren Beweggründe überwunden, wenn ich nicht zu einer korrekten Einschätzung dieser Kunden in der Lage war. Als mir dies klar wurde, konnte ich über Inzahlungnahme-Rabatte, monatliche Raten und eine Reihe anderer Lösungen sprechen, um sie zu überzeugen, dass sie sich letztlich den Kauf eines Autos leisten konnten.

Falsche Einwände entlarvt man vielleicht am besten dadurch, indem man die Reaktionen der Leute beobachtet, nachdem man ihnen solide Antworten gegeben hat. Für gewöhnlich ist ihre Sprachlosigkeit bei klugen Antworten ein guter Hinweis, dass man Ihnen den wahren Einwand nicht nennen mag. Nehmen wir mal den Fall von Sam, der seinem Broker Alan erzählte, er habe kein Interesse an ATR Corporation, weil er für Geldanlagen Wachstumsfirmen bevorzuge. Nachdem er mehrere Minuten lang solide Fakten präsentiert hatte, die seine Aussage stützten, dass ATR tatsächlich ein aufstrebendes Unternehmen war, müsste Alan den Schluss ziehen, dass der wirkliche Einwand seines Kunden ganz woanders lag. Schließlich kannte er Sam ansonsten als vernünftigen und scharfsinnigen Investor, der nur diesmal die starken Verkaufsargumente ignorierte, welche normalerweise seine Kaufentscheidung beeinflusst hätten.

Ein weiterer Hinweis: Wenn einem die Leute eine Reihe von zusammenhanglosen Einwänden an den Kopf werfen, so ist dies ein Signal, dass sie das verbergen, was sie wirklich beunruhigt. Irgendwann müssen Sie insgeheim denken: „Niemand kann so viele echte Einwände gegen einen Kauf haben!“ Sobald Sie dies wissen, können Sie Fragen zu stellen beginnen, die den wahren Einwand aufdecken werden.

Sollten Sie ihn noch immer nicht enthüllt haben, könnten Sie vielleicht unverblümt danach fragen: „Herr Kunde, ich möchte Sie um einen Gefallen bitten.“ Die meisten Leute sind hiervon verblüfft und werden zumeist erwidern: „Natürlich, worum geht's?“

„Ich weiß, dass dieser Wagen für Sie optimal ist, und er stellt einen exzellenten Gegenwert dar, aber ich werde den Eindruck nicht los, dass es da etwas gibt, was Sie mir verschweigen. Ich wüsste gerne den wahren Grund, warum Sie zögern, sich heute zum Kauf zu entscheiden.“

„Oh, ich will es bloß nochmal überschlafen, Joe.“

„Kommen Sie, was ist es?“

„Es ist ehrlich nichts.“

„Schauen Sie, mir können Sie's doch sagen. Was steckt echt dahinter, dass Ihnen der Kauf eines Autos heute abend Unbehagen bereitet?“

„Nun, um die Wahrheit zu sagen, Joe...“ – und dann rücken sie damit heraus.

Dank dieser Informationen kann ich zurück überleiten mit Worten wie „So etwas Ähnliches dachte ich mir schon, und ich möchte, dass Sie wissen, wie sehr ich Ihre Aufrichtigkeit schätze...“ Nun ist aus einem verloren geglaubten Verkauf ein wahrscheinliches Geschäft geworden.

Wie Sie sehen, müssen Sie zuweilen etwas nachhelfen, bevor Ihnen ein Kunde erzählen wird, was *wirklich* in seinem Kopf vorgeht. Aber das müssen Sie herausfinden, und sofern Sie nicht ein paar ziemlich gute Ideen haben, empfehle ich Ihnen nicht, es mit Raten zu probieren, weil Sie lang und breit suchen können, bevor Sie über den wahren Einwand stolpern. Unterdessen werden Sie vermutlich ein paar Einwände äußern, an die er noch gar nicht gedacht hatte – und infolgedessen die Sache nur noch verzwickter machen.

Es gibt auch Leute, die schwören Stein und Bein, dass sie sich nicht zum Kauf von irgendetwas drängen lassen, was es auch sei! Und sie sind von vornherein wild entschlossen, unter keinen Umständen etwas zu kaufen. So könnte etwa ein Mann zu seinen Arbeitskollegen sagen: „Heute abend kommt ein Vertreter für Lebensversicherungen vorbei, aber er vergeudet nur seine Zeit. Ich werde mir keinesfalls etwas von ihm andrehen lassen.“ Ein Ehepaar könnte von einem Bauunternehmer, der eine Freizeitanlage plant, einen Gratisurlaub unter der Voraussetzung akzeptieren, dass sie beide an ihrem Wochenende an einer dreistündigen Verkaufspräsentation teilnehmen. Auch sie erzählen ihren Freunden: „Wir werden einfach nur zuhören, damit kommen wir übers Wochenende aus der Stadt raus. Wir sind absolut nicht daran interessiert, eine ihrer Wohneinheiten zu kaufen." Ebenso sagt ein anderer zu seinen Freunden, er werde auf dem Heimweg von der Arbeit hereinschauen, um sich die neuen Modelle anzusehen – „aber ich denke nicht im Traum daran, ein Auto zu kaufen."

Oft stellen sich diese Leute selbst ein Bein, weil sie schließlich doch kaufen wollen, aber den Spott und die Kritik derjenigen als peinlich empfinden würden, denen sie gesagt hatten, sie würden nicht kaufen. Um den Verkauf abzuschließen, ist es daher wichtig, dieses Verhalten zu verstehen, und glücklicherweise gibt es einige Anhaltspunkte. Zum einen wäre hier eine ungewöhnliche Häufung zusammenhangloser Einwände zu nennen, dazu Kommentare wie: „Ich bin echt überrascht, dass es so gut ist" und „So-und-so hat mir gesagt, hier herrschten richtige Drückermanieren, aber Sie tun sowas nicht wirklich, gell?" Wenn Sie solche Bemerkungen hören, müssen Sie dem Kunden extra versichern, dass er eine kluge Entscheidung trifft.

NIE DEN KUNDEN IN EINE ECKE DRÄNGEN

Eine wichtige Regel, die Sie nicht vergessen dürfen, ist diese: Sie sind nicht in dem Geschäft, um die Schlacht zu gewinnen und den Krieg zu verlieren. Ich habe erlebt, wie Verkäufer sich mit Kunden herumstritten, doch egal, wer die Meinungsverschiedenheit gewinnt – der Verkauf ist geplatzt. Streiten Sie sich nie mit Kunden, weil Sie sie damit letztlich gegen Sie aufbringen.

Manche geäußerten Einwände sind es nicht wert, dass über sie gesprochen wird. Wenn beispielsweise ein Kunde mir während der Einleitung zu meiner Verkaufspräsentation erzählt: „Ich will mich bloß mal umsehen und habe nicht die Absicht, heute ein Auto zu kaufen", so würde ich die Bemerkung ignorieren. Ich nehme es ihm zwar ab, dass er ehrlich ist, aber ich weiß, dass er seine Meinung ändern wird, wenn er erst gesehen hat, was ich anzubieten habe. Die meisten Verkäufer neigen jedoch zur Widerrede: „Warum wollen Sie sich umschauen? Alles, was Sie sich überhaupt nur wünschen könnten, findet sich doch hier in meiner Bestandsliste."

Kommentare dieser Art treiben den Kunden in die Defensive. Er wird in eine Ecke gedrängt und meint, er müsse seine Bemerkung verteidigen. „Nun, ich kaufe *nie* ein Auto ohne vorherige Preisvergleiche", beharrt er zu seiner Selbstverteidigung. Während der gesamten Restdauer der Verkaufspräsentation hat dann der Kunde das Gefühl, er müsse das Gesicht wahren und dürfe seine Meinung nicht ändern. Jetzt wird es zu einer Frage der Ehre, denn Nachgeben wäre ein Zeichen von Schwäche.

Was ein flüchtiger Kommentar hätte sein können, wurde zu einer Grundsatzfrage aufgebauscht. Wenn Sie Ihre Kunden in diese Position bringen, handeln Sie sich Probleme ein.

Ein Agent einer Lebensversicherungsgesellschaft, der erst am Beginn seiner Karriere stand, erzählte mir kürzlich von einem möglicherweise schwierigen Kunden. Durch die Art und Weise, wie er mit der Situation umging, wusste ich, dass dieser junge Mann das Zeug zu einem Spitzenverkäufer hatte. Der Vertreter war durch ein Weizenfeld gelaufen, um einen Farmer aufzusuchen, der auf einem Traktor fuhr. Der Farmer stellte den Motor ab, damit er den Vertreter hören konnte, und wurde wütend, als er merkte, dass man ihn bei der Arbeit unterbrochen hatte. Der über 1,90 m messende Farmer schnauzte den 1,65 m kleinen Agenten an: „Ich hab' mir geschworen, dass ich den nächsten miesen, nichtsnutzigen Versicherungsfritzen, der bei mir aufkreuzt, achtkantig von meinem Grund und Boden werfen werde!"

Ohne Zögern blickte der junge Agent dem Farmer direkt in die Augen und sagte: „Mister, bevor Sie irgendwas in dieser Richtung versuchen, sollten Sie besser alle Versicherungen abschließen, die Sie kriegen können."

Es folgte ein kurzes Schweigen, dann musste der Farmer herzhaft schmunzeln. „Junger Mann", sagte er, „gehen wir rüber ins Haus. Ich will hören, was Sie zu verkaufen haben."

Beim Hereinkommen legte der Farmer seinen Arm dem Agenten auf die Schulter und sagte zu seiner Frau: „He, Schatz, dieses Jüngelchen hier meint, mich einwickeln zu können", und lachte lauthals. Der Agent erzählte mir, es sei der leichteste Verkauf gewesen, den er je abgeschlossen habe.

Dieser Vorfall erinnert mich daran, wie einmal ein Mann zu mir sagte: „Wenn Sie versuchen, mich zum Kauf eines Wagens zu drängen, werfe ich Sie durch das große Fenster von Ihrem Ausstellungsraum!"

Worauf ich erwiderte: „Es ist mir wirklich ein Vergnügen, Ihre Bekanntschaft zu machen, mein Herr. Wissen Sie was? Ich habe das Gefühl, dies ist der Beginn einer wundervollen Freundschaft." Und so war es. Im Lauf der Jahre verkaufte ich ihm neun Autos. Sehen Sie, wie ich eine potenziell schwierige Situation in den Griff bekam? Anstatt einen Streit mit dem Kunden vom Zaun zu brechen, habe ich ihn mit meinem Witz und meinem Charme herumgekriegt.

SO ENTKRÄFTEN SIE DIE SECHS HÄUFIGSTEN EINWÄNDE

Natürlich gibt es auch echte Einwände, die man nicht ignorieren darf. Mit diesen müssen Sie sich direkt befassen, um den Abschluss zu machen. In jeder Verkaufsbranche gibt es fünf grundlegende Einwände, die am häufigsten geäußert werden. (Beachten Sie bitte, dass die »Ich-will-es-mir-nochmal-überlegen«-Einwände ausgelassen wurden, weil sie im folgenden Kapitel, »ZÖGERLICHKEIT ÜBERWINDEN«, behandelt werden.)

* *„Ich kann es mir nicht leisten."* (Hierunter fallen alle Preiseinwände wie „Es kostet zuviel", „Ihr Preis ist zu hoch", „Das ist mehr, als ich ausgeben will" und „Ich bekomme es anderswo billiger.")

Übersehen Sie nicht die Möglichkeit, dass sich Ihr Kunde den Kauf Ihres Produkts vielleicht wirklich nicht leisten kann. Etwas Nachhelfen mag nötig sein, um hinter die Wahrheit zu kommen. Wenn er die Wahrheit sagt, können Sie eine preisgünstigere Alternative anbieten.

Oftmals, wenn Kunden einen auf arm machen, *denken* sie nur, dass es für sie unerschwinglich ist. Möglicherweise haben Sie aber auch nicht genug Gründe aufgezählt, warum Ihr Produkt einen hervorragenden Wert darstellt. Wenn ein Kunde ein Produkt nur stark genug begehrt und weiß, dass er einen reellen Gegenwert für sein Geld erhält und obendrein eine Finanzierung möglich ist, dann verschwindet der Preiseinwand.

Eine Möglichkeit, wie man Preiseinwänden begegnet, besteht darin, die Kosten auf eine Woche, einen Tag oder sogar eine Stunde umzurechnen. So kostet ein Auto im Wert von 15.000 Dollar monatlich 300 Dollar – oder täglich 10 Dollar! Wenn man nur von 10 Dollar pro Tag redet, klingt der Preis erschwinglicher.

Ein Verkäufer für Kopiergeräte verkauft z. B. ein 7.000 Dollar teures Modell, das 2.000 Dollar mehr kostet als das der Konkurrenz. Der Kunde hat sich zur Anschaffung eines neuen Kopierers entschlossen, weshalb der Verkäufer über die Differenz von 2.000 Dollar redet statt über den Preis in Höhe von 7.000 Dollar. Nun verteilt er den Preisunterschied auf 200 Dollar pro Jahr über die zehnjährige Lebensdauer des Geräts. Ausgehend von fünf Arbeitstagen pro Woche, reduziert sich diese Preisdifferenz auf weniger als 80 Cents am Tag! Als nächstes vergleicht er die pro Kopie eingesparten Sekunden und rechnet diese Zeitersparnis in eine jährliche Kosteneinsparung um. Dazu könnte er Fragen stellen wie „Was leistet Ihre durchschnittliche Bürokraft in einer Stunde?" oder „Was bringt Ihr Angestellter mit dem geringsten Verdienst in einer Stunde fertig?" Nachdem feststeht, dass diese Leute vier Dollar Stundenlohn erhalten, sagt der Verkäufer: „Unterm Strich reduziert es sich auf unter zwölf Minuten pro Tag für den geringstbezahlten Mitarbeiter auf Ihrer Lohnliste."

Andere Beispiele:

„Wenn Sie Ihre monatlichen Zahlungen auf 300 Dollar im Monat umlegen, Mr. Rogers, dann macht das keine zehn Dollar am Tag. Wissen Sie, dass die Mietwagenfirmen 39,95 Dollar pro Tag für dieses Modell bekommen? Denken Sie doch nur mal daran, wieviel Spaß es machen wird, diesen Wagens zu fahren. Und Sie haben's doch verdient, nicht wahr? Wenn Sie den Wagen fünf Jahre lang behalten, beträgt sein Restwert noch immer 65 % von dem, was Sie bezahlen. Wir sprechen also in Wirklichkeit über Kosten in Höhe von gerade mal 3,50 Dollar pro Tag!"

„Dieser Fernseher kostet weniger als ein Glas Bier pro Tag, und Ihre ganze Familie wird im Schnitt acht Stunden täglich damit ihren Spaß haben, und das über Jahre!"

Bei manchen geschäftlichen Anschaffungen müssen Sie darlegen, wie sehr der Käufer *profitieren* wird, wenn er einwilligt, von Ihnen zu kaufen. Hier ein paar Beispiele:

„Ja, Ann, ich weiß, dieser Vorschlag bedeutet eine erhebliche Steigerung Ihres Werbeetats, aber die Umsätze werden dadurch nach oben schnellen, was höhere Gewinne bedeutet. Kurz, es wird sich vielfach bezahlt machen."

„Dieses Computersystem stellt zwar eine große Ausgabe dar, Stanley, aber es wird Ihre Arbeitskosten senken und vier Ihrer Angestellten von eintöniger und langweiliger Arbeit befreien, die nun in produktivere Bereiche überwechseln können."

„Ich verkenne nicht, dass diese Alarmanlage teuer ist, aber sie wird Ihre Versicherungskosten um rund 80 Dollar im Monat reduzieren. Wenn Sie diese Ersparnis berücksichtigen, können Sie sich's wirklich leisten. Stimmt's nicht, Terry?"

„Ja, dieser Mantel für 500 Dollar ist doppelt so teuer wie der blaue, aber er gefällt Ihnen doch, oder? Einen solchen Mantel werden Sie für die nächsten zehn Jahre tragen, weil er im Stil von schlichter Eleganz ist. Dagegen werden Sie den blauen schon nach relativ kurzer Zeit leid. Wenn Sie den Preis auf einen Zeitraum von zehn Jahren umrechnen, ist das ein phantastisches Angebot."

„Diese Werkzeuge aus Gusseisen kosten 25 Prozent mehr als die anderen, aber schauen Sie auf die lebenslange Garantie! Die billigeren gehen nach ein paar Jahren kaputt und müssen ersetzt werden. Bei einer solchen Qualität bekommen Sie weit mehr, als Sie ausgeben, Roger."

Nachfolgend noch einige hervorragende Gründe, warum es den Kunden im Grunde Geld *kostet*, Ihr Produkt *nicht* zu kaufen:

Ein Agent einer Timesharing-Firma, der Apartments in einer Freizeitwohnanlage verkauft, sagt zu seinem Kunden: „Wenn wir die Kosten für Ihr Apartment auf die nächsten fünfzehn Jahre umrechnen, indem wir den Kaufpreis von 12.000 Dollar durch fünfzehn teilen, dann ergibt das gerade mal 800 Dollar pro Jahresurlaub. Berücksichtigt man noch die Inflation, so bekommen Sie über die Jahre gerechnet Ihre Ferien zum Spottpreis. Dabei habe ich noch nicht einmal die Wertentwicklung Ihrer Wohneinheit mitgerechnet. Ich schätze, dass sich der Wert dieses Apartments in den kommenden fünf bis sieben Jahren verdoppelt. So gesehen, werden Sie Ihre Ferien gar nichts kosten – es ist so, als würde man Sie bezahlen, damit Sie Urlaub nehmen."

Ebenso ließen sich ein Privatjet, ein gemeinschaftlich genutztes Apartment für Geschäftszwecke in Manhattan, ja selbst der Erwerb eines Bürohauses über die Erkenntnis verkaufen, dass der Besitzer nicht Geld ausgibt, weil er eine Kaufentscheidung trifft, sondern langfristig Einsparungen erzielen wird.

* ***„Ich will es erst mit meinem Mann/meiner Frau besprechen."*** (In diese Kategorie gehören „Ich will es mit meinem Partner/meiner Partnerin diskutieren", „Ich will es über meinen Buchhalter abwickeln", „Ich will es mit meinem Anwalt durchsehen" usw.)

Der womöglich beste Weg, diesem Einwand vorzugreifen, besteht darin, sicherzustellen, dass alle Entscheidungsträger bei der Verkaufspräsentation zugegen sind. Dies erreicht man etwa mit folgenden Worten: „Mr. Grant, ich werde am kommenden mittwoch Nachmittag um Punkt viertel nach drei in Ihrem Büro sein. Ich empfehle Ihnen dringend, dafür zu sorgen, dass alle für eine Entscheidungsfindung erforderlichen Personen anwesend sind." Falls er „Ich kann das allein entscheiden" entgegnet, ist es angebracht, zu sagen: „Es ist eine Freude, jemandem zu begegnen, der eine Entscheidung auf eigene Faust und ohne die Mithilfe eines Ausschusses zu treffen vermag." Damit ist der Boden bereitet, so dass der Kunde jetzt nicht umhin kann, zum Zeitpunkt der Verkaufspräsentation die Entscheidung allein zu treffen.

Nicht anders funktioniert diese Methode, wenn man an Ehepaare verkauft. „Muss Ihre Frau mit dabei sein, um eine Entscheidung zu treffen, Mr. Masters?" Wenn die Antwort „Ja" lautet, sollte die Dame besser mit von der Partie sein. Bei „Nein" hingegen sagen Sie: „Es ist mir ein Vergnügen, einen Mann kennenzulernen, der eine Entscheidung auch allein treffen kann." Sollte die Gattin abkömmlich sein, können Sie sagen: „Ist es erforderlich, dass Ihre Frau bei diesem Termin anwesend ist, damit eine Entscheidung getroffen werden kann? Falls ja, ist sie selbstverständlich willkommen." (Wenn nicht, lassen Sie sie natürlich draußen.)

Ein Vertreter einer Rasenpflegefirma berichtete mir von einer wirksamen Methode, wie er in den exklusiven Vororten von Detroit Geschäfte mit Hausfrauen macht. „Wenn eine Hausfrau mir erzählt, sie müsse es erst mit ihrem Mann besprechen, dann frage ich: 'Wieviel geben Sie wöchentlich für Lebensmittel aus, gnä' Frau?'

'Oh, ungefähr 250 Dollar pro Woche', antwortet sie.

'Besprechen Sie es auch jedes Mal mit Ihrem Mann, bevor Sie zum Supermarkt gehen?', frage ich.

'Natürlich nicht', sagt sie darauf.

'Doch Sie geben über 12.000 Dollar im Jahr für Lebensmittel aus. Das ist eine beträchtliche Summe – und eine, für die Sie, wie ich feststelle, seine Erlaubnis nicht benötigen. Nun, wir sprechen lediglich über eine Entscheidung, die Sie 200 Dollar im Monat kostet. Deshalb bin ich mir sicher, dass er nichts dagegen haben wird, wenn Sie unterschreiben, nicht wahr?' Nun setze ich den Verkauf voraus, indem ich noch ergänze: 'Sollen meine Mitarbeiter immer mittwochs morgens oder nachmittags zu Ihnen kommen?'"

Einem potenziellen Autokäufer, der mir am Ende einer Verkaufspräsentation erzählt, dass er sich erst noch mit seiner Frau (die aber nicht da ist) besprechen möchte, würde ich sagen: „Inzwischen wollen wir mal das Geschäft machen. Wenn Sie bitte hier unterschreiben möchten? Und dann bekomme ich von Ihnen 100 Dollar als Anzahlung." Wenn er das zum ersten Mal sagt, würde ich die Bemerkung übergehen, statt sie zu einem Diskussionspunkt zu machen. Bei einem Kunden mit Macho-Allüren würde ich hinzufügen: „Wissen Sie was, Harvey? Es macht richtig Spaß, mit Männern Ihres Schlags, die Entscheidungen noch allein treffen können, Geschäfte zu machen. Heutzutage tanzen zu viele Typen ständig nach der Pfeife ihrer Frau."

Wenn er dann immer noch sagt: „Nein, Joe, ich muss mit ihr darüber reden", würde ich ergänzen: „Bringen wir den Auftrag unter Dach und Fach, dann können Sie heimgehen und Ihrer Frau davon erzählen. Oder noch besser, bringen Sie sie mit hierher, und ich übernehme das. Wenn sie dagegen ist, können Sie Ihre Anzahlung zurückbekommen." In den allermeisten Fällen gingen diese Deals durch. Verließ der Kunde jedoch den Laden, ohne eine Anzahlung zu leisten, hatte ich den Verkauf mit großer Wahrscheinlichkeit verloren, weil er nicht zurückkommen würde. Klar, wenn eine Frau ohne ihren Ehemann hereinkommt, dann sage ich ihr natürlich, wie sehr ich die Frauen von heute bewundere, die auch ohne die Erlaubnis ihrer besseren Hälfte Kaufentscheidungen treffen.

* „***Ich habe einen guten Freund in der Branche.***" (Es könnte auch ein Schwager, die Schwiegermutter oder ein Nachbar von nebenan usw. sein, der bzw. die mit dem gleichen Produkt handelt wie Sie.)

Hier müssen Sie sich fragen: Ist der Kunde daran interessiert, seinem Freund einen Auftrag zu geben, oder will er für sich das Beste herausholen? Im allgemeinen möchten sich die meisten Leute verbessern, statt einen schwachen Kauf auf ihre eigenen Kosten zu tätigen.

Wenn ein Börsenmakler diesen Einwand hört, erwidert er: „Ich weiß, dass Sie sich gegenüber Ihrem Freund verpflichtet fühlen, Harry. Aber Sie würden mir doch bestimmt beipflichten, dass niemand ein Monopol auf Ideen hat." Der Broker legt eine Gedankenpause ein und fährt dann fort: „Woran ich primär interessiert bin, ist eine Zusammenarbeit mit Ihnen, wenn sich interessante Möglichkeiten auftun – Ideen, die wir verstehen und genau prüfen; Situationen, die Sie und Ihre anderen Quellen nicht immer erfassen. Schließlich verfolgen Ihr Freund und ich beide dasselbe Ziel – Ihnen bei Ihrem Vermögensaufbau zu helfen."

Hat ein Kunde zugegeben, dass die Police eines Lebensversicherungsagenten die Deckungssumme des Freundes überbietet, könnte die Antwort lauten: „Ihr Freund würde sicher auch wollen, dass Sie das tun, was für Sie am besten ist, Richard. Andernfalls ist er doch kein so guter Freund. Jetzt wollen wir zur Tat schreiten und das tun, von dem wir beide wissen, dass es im besten Interesse Ihrer Familie ist..."

* „***Ich will mich bloß mal umsehen.***"

Wenn ein Kunde das zu mir sagt, frage ich ihn, welche/s andere/n Auto/s er noch im Kopf hat. Ganz gleich, welche Marke er nennt – Ford, Chrysler, VW, Audi, was Sie wollen – ich habe Unterlagen darüber. Nehmen wir an, er denkt an einen Audi (es könnte auch jede andere Marke sein). Nun hebe ich schon seit Jahren alle Zeitungs- und Zeitschriftenartikel über jeden Autohersteller auf – d. h. alle Artikel, in denen irgendwas Negatives über sie drinsteht. So ziehe ich meinen Audi-Ordner hervor und sage:

„Hier, lesen Sie das, ich bin in ein paar Minuten zurück." Damit reiche ich ihm Dutzende von Artikeln, in denen von Bremsversagen, Getriebeausfällen usw. die Rede ist.

Der arme Tropf muss in meinem Büro sitzen und seitenweise Probleme von Audibesitzern lesen. Nun, ist an dem, was ich tue, etwas Unethisches? Wie ich es sehe, unterscheidet es sich nicht von einem Prozessanwalt, der sein Plädoyer hält. Als ich schließlich wieder den Raum betrete, sieht mein Kunde ziemlich blass um die Nase herum aus, und ich sage: „Was meinen Sie, Fred, möchten Sie noch drei weitere Ordner sehen, die ich über Audi habe?" Dann lege ich den Auftragsblock vor ihn hin und sage: „Hier, unterschreiben Sie das. Ich bin vermutlich Ihr Lebensretter!" Es ist erstaunlich, wie demütig der Kunde unterschreibt.

Selbstredend können alle Verkäufer diese Methode anwenden, was immer sie auch verkaufen. Natürlich müssen Sie Ihre Hausaufgaben machen und einen Ordner über Ihre Konkurrenz anlegen. Ein bequemer Weg, sich einige negative Informationen über einen Konkurrenten zu verschaffen, ist es, bei Ihrer örtlichen Verbraucherzentrale anzurufen und sich zu erkundigen, ob es eine Beschwerdeakte über die Firma XYZ gibt. Sagen Sie unbedingt, dass Sie erwägen, mit der Firma XYZ Geschäfte zu tätigen. Falls man Ihnen eine lange Liste mit Beschwerden schickt, können Sie die Ihren Kunden zeigen. Wer gräbt, stößt sicher bei jeder beliebigen Firma auf irgendwelche negativen Fakten. Gelingt Ihnen dies nicht, dann ist das die Firma, bei der Sie sich um einen Job bewerben sollten.

In der Verkaufsbranche ist es üblich, dass die Leute sich umsehen, bis sie den ihrer Ansicht nach besten Deal gefunden haben. Oft wird daher der Kunde, nachdem Sie ihm eine einstündige Verkaufspräsentation gegeben und einen Preis für Ihr Produkt oder Ihre Dienstleistung genannt haben, Ihnen ein „Da krieg ich aber was Besseres" an den Kopf werfen.

Viele Verkäufer liefern sich an diesem Punkt eine Redeschlacht mit einem Käufer. „Sind Sie verrückt? Dieses Angebot ist nicht zu schlagen!", schreien sie dann. Dadurch wird der Kunde nur verscheucht. Schlimmer noch: Der Kunde könnte sich herausgefordert fühlen, zu beweisen, dass er woanders tatsächlich etwas Besseres bekommt. Wenn Sie ihn gehen lassen, könnten Sie womöglich Ihren Standpunkt beweisen, doch Sie werden ihn nie wiedersehen. Es würde ihn zuviel Selbstüberwindung kosten, zurückzukommen und seinen Fehler einzugestehen.

Verkäufer aller Produktgattungen und Dienstleistungen sind schon mal einem üblen Verkäufer begegnet, einem schäbigen Täuschungskünstler, der Preise nennt, auf die sie unmöglich einsteigen konnten. HÜTEN SIE

SICH VOR SKRUPELLOSEN VERKÄUFERN! Denn sie kosten Sie Ihre Zeit, bescheren Ihnen geplatzte Verkäufe und Frustration. Diese miesen Gauner hoffen, dass der Kunde, nachdem er sich bei anderen Händlern umgesehen hat, zurückkommt, weil er ihren Preis nicht unterbieten kann, und dann machen sie einen Rückzieher. In ihrem Preis sind gewisse Posten natürlich noch nicht enthalten, und der Endpreis liegt immer höher.

Und jetzt zeige ich Ihnen, wie Joe Girard mit einer solchen Type umgehen würde. Ich würde mit ruhiger Stimme sagen: „Ich glaube, da hat jemand einen Fehler gemacht. Sagen Sie mir nicht den Namen des Verkäufers, aber für welchen Händler hat er gearbeitet?" Der Kunde: „Für Händler ABC." Hierauf entgegne ich: „Ich werde jetzt folgendes für Sie tun, mein Herr. Ich werde Ihnen beweisen, dass mein Angebot so phantastisch war, dass Sie es nicht glauben werden. Vor allem aber werde ich Ihnen eine Menge Zeit sparen, indem ich Ihren Einkauf für Sie erledige."

An diesem Punkt rufe ich Händler ABC an und gebe den Hörer an den Kunden weiter, denn er soll es klingeln hören. „Guten Tag, hier ABC", hört er am anderen Ende.

Ich übernehme wieder den Hörer und sage: „Das ist also der Händler, wo man Ihnen diesen Preis nannte, stimmt's?" Nachdem er mir bestätigt hat, dass ich mit dem richtigen Händler verbunden bin, bitte ich darum, mit einem Verkäufer sprechen zu dürfen.

„Mein Herr, ich habe vor drei Tagen bei einem Händler in der Stadt einen Wagen gekauft, und als ich ihn heute morgen abholen wollte, behauptet der Verkäufer, er habe sich um 450 Dollar geirrt. Ich werde Ihnen sagen, was ich will, und wenn Sie mir Ihr bestes Angebot machen, wenn es das schlägt, was ich habe, dann komme ich gleich vorbei und kaufe von Ihnen ein Auto. Aber wenn Ihr Preis auch nur um einen Penny über dem liegt, was Sie mir am Telefon erzählen, spaziere ich wieder raus. Ist das okay?"

Wenn mir der Verkäufer sagt, ich solle vorbeikommen oder er nach meiner Telefonnummer fragt, antworte ich: „Nein, ich möchte bloß, dass Sie mir einen Preis nennen, und wenn er besser ist als der, den ich habe, komme ich heute nachmittag mit meiner Frau vorbei."

Fast immer wird der Verkäufer es ablehnen, eine Zahl am Telefon zu nennen, doch mit Beharrlichkeit kommt man auch hier ans Ziel. In solchen Situationen nenne ich eine so niedrige Summe, dass keiner sie unterbieten wird. Schließlich sagt der Verkäufer: „12.700 Dollar." Mein Angebot beläuft sich auf 12.200 Dollar, und ich flüstere diese Zahl meinem Kunden zu, der von einem ABC-Verkäufer einen Dumpingpreis von 11.900 Dollar genannt bekommen hatte.

„Würden Sie diesen Betrag bitte für meine Frau wiederholen?", frage ich und reiche dem Kunden den Telefonhörer.

„12.700 Dollar", sagt er, und ich übernehme wieder den Hörer, um mit dem Verkäufer zu sprechen.

„Vielen Dank", sage ich und lege auf. Dann wende ich mich meinem Kunden zu: „Na, was habe ich Ihnen gesagt?" Ich lege meinen Füllfederhalter in seine Rechte und führe sie zum Auftragsblatt. „Unterschreiben Sie das für mich", sage ich in sachlichem Ton.

Gelegentlich zieht ein Kunde ein Schriftstück aus der Tasche, das mein Angebot vermeintlich schlägt. „He, werfen Sie mal einen Blick darauf, Joe. Hier steht", und er deutet auf eine Zahl, „dass ich es um hundert Dollar günstiger bekommen kann."

Er meint, dass er mich damit schockieren könne, aber ich erzähle ihm einfach, der Preis, den er sieht, sei nicht der Endpreis. Möglicherweise beinhaltet er nicht die gleichen Optionen oder Händlergebühren, sage ich zu ihm, oder es könnte sich um einen Lockvogel handeln. Bei dieser Methode ist der angegebene Preis sehr niedrig, doch wenn man nach genau dem Modell fragt, ist das letzte immer schon weg, und man versucht Ihnen ein teureres schmackhaft zu machen.

Doch nach all diesen Ausführungen erwarte ich nicht, dass der Kunde mir das einfach so abnimmt. Ich gehe wieder wie oben vor, rufe den Händler an und erkundige mich nach einem Preis. Natürlich binde ich ihm nicht auf die Nase, dass ich seinen ausgeschriebenen Preis kenne; ich sage ihm nur, dass ich seinen besten Preis für dieses spezielle Modell mit der und der Ausstattung wünsche, inklusive aller Nebenkosten.

Das klappt immer. Ich unterbiete ihren Preis immer. Dann wende ich mich dem Kunden zu.

„Unterschreiben Sie hier bitte", pflege ich ihm dann zu sagen.

* „***Geben Sie mir ein paar Prospekte mit, ich schaue dann wieder mal bei Ihnen vorbei.***"

Dieser Kunde lässt Sie offensichtlich wissen, dass Sie ihn nicht zum Kauf überzeugen konnten. Erwarten Sie jedoch nicht, dass Prospekte einen Verkauf besser zustande bekommen können als Sie, der Verkäufer. Wäre dies der Fall, würden die Firmen ihre Verkaufskräfte entlassen und durch Mailorder-Abteilungen ersetzen!

Meine Standardantwort auf diese Bemerkung ist: „Selbstverständlich gebe ich Ihnen gerne ein paar Broschüren über Ihr Auto mit. Die dürfen Sie Ihren Freunden zeigen, wenn sie wissen wollen, was für einen schönen, neuen Wagen Sie da fahren." Diese Aussage geht vom Verkauf aus und akzeptiert nicht die Vorstellung, dass der Kunde eine Kaufentscheidung beiseite schieben will. Dann nenne ich ihm weitere Gründe, warum er das Auto heute kaufen sollte. Bei einem Kunden betone ich vielleicht nochmal einige Ausstattungsdetails, die ihm besonders gefielen; bei einem anderen unterstreiche ich vielleicht den guten Preis, für den wir seinen jetzigen Wagen in Zahlung nehmen werden, und bei einem dritten werde ich spezielle Finanzierungsbedingungen hervorheben, die ich für ihn heute herausholen könnte. Beachten Sie, dass ich alle obigen Argumente in derselben Präsentation anbringen könnte – einschließlich mehrere Abschlussversuche.

Ein anderer Kunde lässt mir meine »Zeigen-Sie-die-Broschüren-Ihren-Freunden«-Masche vielleicht nicht durchgehen und setzt nach: „Schauen Sie, Joe, ich habe mich noch nicht festgelegt. Deshalb möchte ich etwas zum Lesen mit heimnehmen. So kann ich mich entscheiden, was ich tun will."

Bei diesem Kunden bin ich direkter. Ich sage: „Wenn Prospekte das tun könnten, wofür ich bezahlt werde, wäre ich meinen Job los. Wenn also irgendetwas unklar ist, dann bin ich dafür zuständig. Was genau verstehen Sie denn nicht?" Wenn er keinen definitiven Einwand vorbringt, fahre ich erneut damit fort, ihm weitere Kaufargumente zu nennen.

* *„Ich möchte Ihr Produkt nicht kaufen, weil..."*

Ich begrüße Einwände, mit denen der Kunde klipp und klar sagt, was ihm an meinem Produkt nicht gefällt. So kann ich mich darauf konzentrieren, herauszufinden, was für seine Kaufentscheidung nötig wäre.

Beispielsweise könnte mir ein Kunde erzählen, er möchte ein bestimmtes Modell in der viertürigen Version, nachdem ich ihm gesagt habe, dass bei uns nur die Zweitürer am Lager sind. Mit dieser Information kann ich seinen Einwand auf ein letzes Argument, was für ihn gegen einen Kauf spricht, reduzieren.

„Mensch, Eddie, wir haben nicht *einen* Viertürer mehr im Haus", sage ich mit besorgtem Gesichtsausdruck. „Und ich wette, Sie würden den Viertürer vom Fleck weg kaufen, wenn er erhältlich wäre, stimmt's?"

„Ja", erwidert er mit einem Grinsen.

„Ich weiß nicht, was heute mit mir los ist, Eddie!", sage ich und tippe mir mit der Hand gegen die Stirn. „Schauen Sie, wir haben mit vier anderen Händlern in der Stadt ein Abkommen, durch welches wir gegenseitig auf unsere Lagerbestände zurückgreifen können, wenn wir in der Klemme sitzen. Deshalb riefen wir diesen Händlerverbund ins Leben, um dem Kunden den bestmöglichen Service zu bieten. Wir bekommen Autos von denen, und die bekommen welche von uns. Das gleicht sich alles aus, und der Kunde ist der große Gewinner. Geben Sie mir fünf Minuten, und ich beschaffe Ihnen genau das, was Sie wollen. Sie wollen ihn in weiß, aber mit schwarz als zweiter Wahl wären Sie auch zufrieden, okay?" Ohne noch seine Antwort abzuwarten, würde ich ihm den Rücken kehren, zum Telefon rübergehen und den anderen Händler anrufen.

Praktisch jeder spezifische Einwand lässt sich auf diese Weise entkräften, solange man tatsächlich eine Lösung für das Problem des Kunden parat hat. Beachten Sie einmal, wie man bei den folgenden Produkten den Einwand auf ein einziges, letztes Problem reduzieren kann:

„Nun, verstehe ich Sie richtig, dass Sie diese Lebensversicherungspolice beantragen würden, wenn wir eine Klausel aufnehmen, dass Sie im Invaliditätsfall keine Beiträge mehr zu zahlen hätten?", fragt ein Vertreter einer Lebensversicherungsgesellschaft. Sobald der Kunde auf seinen letzten Einwand hin zustimmt, erklärt der Vertreter, wie Beitragsfreistellung das Problem lösen wird.

„Soll ich Sie so verstehen, dass Ihnen das Textverarbeitungssystem der Firma XYZ wegen des schnellen Druckers gefällt, und Sie würden unseres kaufen, wenn es schneller drucken würde?" Gibt der Kunde hierauf seine Zustimmung, erläutert der Verkäufer, wie sich ein kompatibler, schnellerer Drucker einer anderen Marke integrieren lässt.

„Nun, ich weiß nicht, ob ich das für Sie tun kann, aber wenn unsere Abteilung für Inzahlungnahmen Ihnen 7.000 Dollar für Ihren Wagen geben würde, dann ist es abgemacht, sagen Sie, dass Sie diesen Neuwagen heute kaufen?" Ich griff zu dieser Methode, da ich schon im voraus wusste, dass der Inzahlungnahmepreis 7.000 Dollar betragen würde. Dennoch tat ich so, als würde es äußerst schwierig werden, einen solchen Deal herauszuschlagen. „Also, ich bezweifle ernstlich, ob man Ihnen eine so hohe Summe geben wird, aber wenn Sie sie kriegen, dann machen Sie das Geschäft Ihres Lebens. Nun, fragen kostet ja nichts. Schauen wir mal, was ich für Sie herausholen kann..."

Ein Immobilienmakler sagt: „Der geforderte Preis beträgt 300.000 Dollar, aber verstehe ich Sie recht, dass Sie dieses Haus für 250.000 Dollar kaufen würden? Das liegt nicht an Ihnen, aber es sollte mich wundern, wenn sie es zu dem Preis verkaufen würden." Der Makler weiß jedoch schon im voraus, dass der Verkäufer mit 250.000 Dollar einverstanden wäre. „Nun, ich werde ein Angebot über 250.000 Dollar aufsetzen, und dann heißt's Daumen drücken." Er schreibt die Zahl in den Vertrag und sagt: „Jetzt unterschreiben Sie das für mich hier, und ich werde es für Sie abgeben."

„Nun, habe ich Sie richtig verstanden, dass Sie den Anzug allein aus dem Grund heute nicht kaufen, weil er sich um die Mittelpartie herum zu weit anfühlt? Mensch, Jim, Sie wissen doch, dass wir ihn nicht in der nächstkleineren Größe haben.“ Hat der Kunde erst dem Kauf zugestimmt, sofern der Anzug besser sitzen würde, holt der Verkäufer den Schneider, damit dieser mit einigen Änderungen für einen tadellosen Sitz sorgt. (Der Verkäufer wusste schon vorher, dass der Schneider die Änderungen vornehmen kann.)

„ICH HABE ZUR ZEIT DAS GELD NICHT“

Ab und zu geschieht es, dass sich ein Kunde nach einem Auto umsieht, und obwohl ich ihn unterschriftsreif habe, behauptet er, dass er weder einen Blankoscheck, Bargeld noch eine Kreditkarte bei sich habe, um eine Anzahlung zu leisten. Nachdem ich eine Stunde oder so mit meiner Verkaufspräsentation zugebracht habe, will ich ihn nicht davonspazieren lassen, weil mir klar ist, dass ich ihn dann wohl kaum je wiedersehen würde. Außerdem weiß ich, dass die Leute nur vorgeben, sie hätten kein Geld bei sich – in Wirklichkeit werden sie das Haus vermutlich nicht mit leeren Taschen verlassen.

Getreu dem Sprichwort, dass der Spatz in der Hand besser ist als die Taube auf dem Dach, sage ich dann: „Kein Problem, Fred. Ich kann Ihnen nicht sagen, wie oft mir das schon passiert ist, dass ich ohne einen Cent aus dem Haus gegangen bin.“ Dann mache ich eine Pause und beobachte aus dem Augenwinkel, wie der Kunde offensichtlich erleichtert ist, weil er meint, er sei mir vom Haken gesprungen. Dann fahre ich fort: „Sie brauchen nämlich gar kein Geld, denn Ihr Wort bedeutet mir mehr als alles Geld in der Welt.“

Worauf ich die Hand des Kunden ergreife und sage: „Hier einfach nur unterschreiben“, während ich sie über ein Auftragsformular bugsiere.

Hinterher wiederhole ich dann, über welch gute Menschenkenntnis ich verfüge und dass ich wusste, er würde mich nie im Stich lassen. Tatsächlich haben mich die Leute nur selten enttäuscht, wenn ich dies zu ihnen sagte. Meine Erfahrung ist die, dass, wenn man rechtschaffenen Menschen vertraut, sie einem beweisen wollen, dass das Vertrauen in sie gerechtfertigt war.

Sie müssen nicht Autos verkaufen, um sich dieses Ansatzes zu bedienen. Er ist ebenso wirkungsvoll, wenn jemand sagt, „Tut mir leid, aber ich bin gerade knapp bei Kasse. Wenn Sie am Wochenende zu mir kommen, habe ich das Geld."

DEN EINWAND BEANTWORTEN UND DEN VERKAUF ABSCHLIESSEN

Sobald Sie der Meinung sind, dass ein Einwand zufriedenstellend beantwortet wurde, fahren Sie rasch fort. Es ist nicht notwendig, hier mit Fragen zu verweilen wie „Nun, was halten Sie jetzt davon?" oder „Ist damit Ihr Problem aus der Welt geschafft?" Sie brauchen keine Bestätigung. Nehmen Sie's einfach an.

Es ist nicht Ihre Aufgabe, irgendwem zu demonstrieren, wie clever Sie sind – vor allem auf die Gefahr hin, dass sich Ihr Kunde unterlegen fühlt. Es hätte nur negative Gefühle zur Folge. Treten Sie also nicht mit stolzgeschwellter Brust auf, als wollten Sie sagen: „Na, war das nicht einfach großartig, wie ich Ihren Einwand beantwortet habe?" Denken Sie daran: Ihre Mission besteht nicht darin, Schlachten zu gewinnen und den Krieg zu verlieren.

Vermitteln Sie dem Kunden lieber das Gefühl, dass Sie ihm dienen, indem Sie ihm die notwendigen Informationen liefern, damit er eine kluge Entscheidung treffen kann. Auch sollten Sie ihn für seine Kommentare und Beobachtungen loben. Schließlich soll er nicht den Eindruck bekommen, als sei er überredet worden, etwas gegen seinen Willen zu kaufen. Geben Sie ihm daher ein gutes Gefühl, wenn er nach einem anfänglichen Einwand zustimmt. Erst, wenn alle Hindernisse beseitigt sind, können Sie zum Abschluss des Verkaufs überleiten.

VI

ZÖGERLICHKEIT ÜBERWINDEN

In meiner Diskussion im vorigen Kapitel habe ich absichtlich den meistgebrauchten Einwand ausgelassen, der mehr Verkäufer durcheinanderbringt als alle übrigen Einwände zusammen. Jeder, der schon einmal etwas verkauft hat, weiß genau, was ich meine – den „***Ich-will-es-mir-überlegen***"-Einwand!

Vielleicht wird es nicht genau in diese Worte verpackt, aber die Botschaft ist die gleiche, wenn Sie dies hören:

„Ich will eine Nacht drüber schlafen."
„Ich entscheide mich nie beim ersten Anruf."
„Ich will es mir durch den Kopf gehen lassen."
„Warum rufen Sie nicht morgen (am nächsten Ersten, nach dem Urlaub usw.) nochmal an, dann gebe ich Ihnen Bescheid."
„Geben Sie mir Ihre Karte, ich rufe Sie dann an, wenn ich mich entschieden habe."

Jetzt haben Sie eine Vorstellung. Der Kunde will einfach keine Kaufentscheidung treffen, und das liegt nicht unbedingt daran, dass er was gegen Sie, Ihre Firma oder Ihr Produkt hat. Hätte er sich Ihnen in irgendeinem dieser Punkte widersetzt, so ließe sich sein Widerstand relativ leicht überwinden. Eine andere Geschichte ist es freilich, wenn er eine Friedhofsposition einnimmt und sich empfiehlt, ohne Ihnen eine Entscheidung mitzuteilen.

WARUM MENSCHEN ETWAS VOR SICH HERSCHIEBEN

Auch wenn wir annehmen, dass Sie alle für eine Kaufentscheidung des Kunden nötigen Fakten dargelegt haben, kann es dennoch einen Grund für ein Hinauszögern geben. Der Kunde befürchtet, die falsche Entscheidung zu treffen. Er bzw. sie möchte lieber den einfachen Weg gehen, und der heißt: Nichts tun.

Ist Ihnen je aufgefallen, wie schnell hochtrainierte, geschickte Menschen reagieren, wenn sie sich in ihrem eigenen Fachgebiet bewegen? So treffen

Topchirurgen am Operationstisch Entscheidungen in Sekundenschnelle, denn das kleinste Zögern kann ein Abrutschen des Skalpells zur Folge haben – und den sicheren Tod bedeuten. Die besten Quarterbacks in der NFL [National Football League – A. d. Ü.] müssen bei einer Spielunterbrechung ebensoschnell reagieren, wenn 125 kg schwere Stürmer wie eine Büffelherde angewalzt kommen. Und Händler an der Aktienbörse treffen spontane Entscheidungen, bei denen es um Millionen von Dollars geht. Außerhalb ihrer vertrauten Umgebung, in der sie zu Höchstleistungen mit präzisem Timing getrimmt wurden, sehen sich dieselben Männer und Frauen indes außerstande, vergleichsweise läppische Entscheidungen zu treffen.

Verstehen Sie, worauf ich hinauswill? Aus gutem Grund habe ich daher den Schluss gezogen, dass das Hinauszögern vorrangig das Resultat von Unsicherheit ist. Die Leute wollen einfach nicht heute eine Entscheidung treffen und sich dem Risiko aussetzen, dass es womöglich nicht die richtige ist. Andererseits ist mir kein Fall bekannt, wo jemand einen Kauf auf die lange Bank geschoben hätte, wenn er bzw. sie *wusste*, dass dies die absolut richtige Entscheidung war. Wenn Sie sonst nichts über Verkaufsabschlüsse lernen, so möchte ich, dass Sie sich für den Rest Ihres Lebens einprägen, dass *die Menschen nur solche Entscheidungen auf morgen verschieben, bei denen ihnen das Vertrauen fehlt, um sie heute zu treffen.*

ENTSCHLOSSENHEIT WIRKT ANSTECKEND – UNENTSCHLOSSENHEIT AUCH

Angeblich soll ja nichts so ansteckend sein wie Begeisterung. Dieser Meinung kann ich mich nicht anschließen, weil Zögern (was das Gegenteil von Begeisterung ist), nicht minder ansteckend ist.

Das alte Sprichwort vom Affen, der alles »nachäfft«, was er sieht, passt auch prima bei Verkaufsabschlüssen. So, wie Kunden Ihre Begeisterung nachahmen, überträgt sich auch Ihr Zögern auf sie. Ich habe mehr Verkäufer gesehen, als dass ich sie noch zählen könnte, die Verkäufe in den Sand gesetzt haben, weil es ihnen im Moment des Verkaufsabschlusses an Selbstvertrauen fehlte. Und was passiert? Sie beginnen herumzudrucksen. Ich vermute, es liegt daran, dass sie eine Ablehnung nicht ertragen können, deshalb geben sie sich plötzlich schüchtern. Sind sie einmal von Furcht gepackt, kann man es am ganzen Leib ablesen - in ihren Augen, ihrem Gesichtsausdruck und an ihrer Körpersprache. Manchmal ist es nicht so offensichtlich, und die Kunden sind sich nicht ganz im klaren, was vor sich geht. Unbewusst nehmen sie jedoch diese Schwingungen auf und beginnen ebenfalls zu zögern. Sie drucksen herum und werden von Zweifeln befallen. Dann dauert es nicht mehr lange, bis jene schrecklichen Worte herausgeschleudert werden: „Ich will es mir überlegen, und dann komme ich wieder her."

Ich bin mir sicher, Sie haben als Käufer schon die Situation erlebt, wie den Verkäufer das große Zittern überkam, als er um den Auftrag bat. „B-bitte hier u-unterschreiben", sagt er zögerlich, und seine Hand zittert, als er Ihnen seinen Füller reicht.

Obwohl er die richtigen Worte sagte, war es die Art, wie er sie sagte, die bei Ihnen Zweifel an Ihrer Kaufentscheidung aufkommen ließen. Bis zu jenem Moment waren Sie drauf und dran, sein Produkt zu kaufen. Aber dann beschlich Sie eine gewisse Unsicherheit. Dann hörten Sie sich „Ich denke, ich möchte es nochmal überschlafen" murmeln. Diese Worte kamen aus Ihrem Mund, noch bevor Sie Zeit hatten, sie sich zu überlegen, und ab diesem Punkt waren Sie entschlossen, die Sache nochmal zu überdenken und den Verkäufer in ein bis zwei Tagen wieder aufzusuchen. Was war geschehen? So, wie der Verkäufer unentschlossen um den Auftrag bat, waren Sie unentschlossen in Ihrer Reaktion.

Andererseits strahlen manche Verkäufer Selbstbewusstsein aus. Sie verströmen es. Was also passiert hier? Sie schaffen Entschlossenheit. Wenn sie Kunden anrufen, wissen sie, dass sie Geschäfte machen werden, und ihre Kunden wissen es auch. Aus diesem Grund sieht man oft in Gegenwart eines Verkäufers einen zweiten Verkäufer, um den sich Menschentrauben scharen, obwohl beide Wort für Wort die gleiche vorgefertigte Präsentation abhalten.

So, wie der eine Verkäufer Ihnen ein Gefühl von Unsicherheit vermittelt, erfüllt ein anderer Sie mit Zuversicht. Auch hier ist er voller Selbstbewusstsein, und das überträgt sich auf Sie. Beispielsweise erinnere ich mich an eine Begebenheit zu Anfang meiner Karriere, als ich ein Reisebüro betrat, um mich lediglich nach dem Preis für ein verlängertes Wochenende in Las Vegas zu erkundigen. Zufällig nahm ich eine Broschüre über Hawaii in die Hand, und eine Verkäuferin trat auf mich zu.

„Sind Sie schon mal auf Hawaii gewesen?", fragte sie mich.

„Nur im Traum", antwortete ich.

„Oh, Hawaii wird Ihnen gefallen", sagte sie. Als mir die Angestellte einige Prospekte zeigte, war ich beeindruckt von ihrem Bestreben, mich zu bedienen. In lebhaften Farben schilderte sie, wie meine Frau und ich die herrlichen Strände genießen würden. „Dort werden Sie die schönste Zeit Ihres Lebens verbringen", sagte sie voller Überzeugung.

Als die Verkäuferin bemerkte, wie ich bei dem von ihr genannten Preis für einen zehntägigen Urlaub zusammenzuckte, fragte sie ruhig: „Wann sind Sie das letzte Mal in Urlaub gefahren, Mr. Girard?"

„Ich kann mich ehrlich nicht erinnern", entgegnete ich, denn ich wollte nicht zugeben, dass es schon viele Jahre her war.

„Sie sind es sich und Ihrer Frau schuldig", sagte sie mit einem Lächeln. „Das Leben ist zu kurz, um so hart zu arbeiten wie Sie und sich dann keine Belohnung zu gönnen. Außerdem werden Sie sich nach Ihrer Rückkehr so prächtig fühlen, dass Sie die Ausgabe im Nu wieder hereinholen werden, indem Sie mehr Autos verkaufen. Ich weiß, Sie werden langfristig weit voraus sein. Die dringend benötigte Pause wird sich für Sie wunderbar auswirken."

Sie sprach mit solcher Zuversicht, dass ich keine Mühe hatte, mich auf der Stelle zu entschließen und den Urlaub zu buchen. Dabei war ich ohne einen Gedanken an eine Reise nach Hawaii hereingekommen.

ZU IHREN AUFGABEN GEHÖRT ES AUCH, KUNDEN ZU HELFEN

Manche Verkäufer verlieren die Tatsache aus dem Blickfeld, dass es Teil ihrer Mission ist, Kunden zu helfen. Ja, Sie haben richtig gehört. Zu Ihren Aufgaben gehört es auch, Kunden zu helfen. Als erstes müssen Sie Kunden darüber informieren, wie sie von Ihrem Produkt profitieren können und wie es einen guten Gegenwert für ihr Geld darstellt. Zweitens müssen Sie ihnen helfen, die richtige Kaufentscheidung zu treffen. Und drittens müssen Sie sie bedienen. (Diesen dritten Teil Ihres Aufgabengebiets werde ich in Kapitel XIII eingehend besprechen.)

Kurz gesagt, Sie erweisen Ihren Kunden einen sehr schlechten Dienst, wenn Sie sie auf dem Zaun hängen lassen, unfähig, zu einer Entscheidung zu gelangen. Erinnern Sie sich doch mal daran, wie es war, wenn Sie den Ausstellungsraum eines Händlers betraten – beispielsweise, um ein Auto zu kaufen. Etwa eine Stunde später gingen Sie verwirrt wieder hinaus. Vielleicht war es Ihnen gar nicht bewusst, was Sie störte, hingegen sehr wohl, dass Sie sich enttäuscht und unerfüllt fühlten. Sie hatten Ihre kostbare Zeit vergeudet und fühlten sich keinen Deut besser als beim Betreten des Autohauses. Ich persönlich glaube, dass jeder, der einen Laden betritt und mit leeren Händen wieder rauskommt, wohl eine gewisse Enttäuschung verspürt. Das Gleiche gilt, wenn ein Verkäufer einen Kunden anruft, der seine wertvolle Zeit opfert in Erwartung, ein Problem gelöst zu bekommen. Wenn der Verkauf nicht zustande kommt, ist das Problem nach wie vor ungelöst. Nehmen wir mal an, ein Apotheker interessiert sich für den Kauf eines Computersystems zur Erfassung seiner ausstehenden Rechnungen und seiner Kundenrezepte. Er weiß, wie andere Apotheker von der Zeitersparnis profitiert haben, die ein Computersystem mit sich bringt. Außerdem hat der Apotheker erkannt, dass er die Entscheidung zur Umstellung auf EDV nicht länger hinausschieben kann; sein veraltetes manuelles System reicht einfach nicht mehr aus. Er ist bereit zum Kauf und nimmt sich erwartungsvoll für ein paar Stunden frei, in denen ein Vertreter einer Computerfirma ihm eine zweistündige Vorführung geben wird. Der Vertreter unternimmt jedoch einen so schwachen Versuch, den Verkauf zum Abschluss zu führen, dass der Apotheker ganz verwirrt ist. Dies löst bei ihm Unentschlossenheit aus, und der Verkauf kommt nicht zustande. Stellen Sie sich seinen Frust und seine Enttäuschung angesichts dieses Szenarios vor.

Und noch ein Grund, warum Sie Ihren Kunden ein Hinauszögern nicht gestatten sollten, ist der, dass eine aufgeschobene Entscheidung oft kostspielig ist. Im Fall des oben erwähnten Apothekers ist das langwierige, zeitraubende Handsystem nicht nur ineffizient, sondern erfordert auch deutlich mehr Arbeitszeit.

Während ich davon rede, Kunden zu helfen, fehlt es manchen Zauderern am nötigen Selbstvertrauen, eine Entscheidung zu treffen, ohne die Sache vorher mit einer dritten Person – z. B. einem Geschäftspartner oder der Ehefrau – zu besprechen. Dieser Typ wird Ihnen erklären: „Das muss ich erst mit meiner Frau (meiner Partnerin) diskutieren. Ich werde Ihren Vorschlag mit ihr durchgehen und komme morgen wieder bei Ihnen vorbei. Ehrlich, ich will es ja kaufen, aber Sie wissen ja, wie sie ist. Sie würde mir die Hölle heißmachen, wenn ich es nicht mit ihr besprechen würde."

Natürlich wäre es besser gewesen, wenn die Frau gleich mit dabei gewesen wäre. Aber das weiß man nicht immer im voraus, und auch Sie sind bei manchem Kunden erst hinterher schlauer. Sollten Sie aber tatsächlich den Eindruck haben, dass er unfähig ist, eine Kaufentscheidung allein zu treffen, dann rate ich Ihnen, folgendes zu sagen: „Ich verstehe genau, wovon Sie sprechen. Aber da gibt es etwas, das ich unbedingt für Sie tun muss..."

„Was?", fragt er.

„Ich will heute abend bei Ihnen vorbeikommen, und ich möchte, dass Sie *mich* es ihr erklären lassen. Das ist mein Beruf, und falls sie Ihnen irgendwelche Fragen stellt, wenn ich nicht da bin, können Sie diese vielleicht nicht beantworten. Und es wäre keinem von Ihnen gegenüber fair, ihr die Entscheidung zu überlassen, ohne dass sie alle Fakten kennt." In solchen Fällen wollen Sie keinesfalls, dass ein wohlmeinender Kunde Ihren Verkaufsjob für

Sie zu erledigen versucht. Stellen Sie sich vor, wie wenig überzeugend ein unerfahrener Verkäufer in Ihrem Job wäre, und ebenso ineffektiv würde ein Kunde Ihr Produkt einer dritten Person verkaufen. Und noch etwas: Wenn Sie tatsächlich Ihre Präsentation für die dritte Person abhalten, ziehen Sie es komplett von Anfang bis Ende durch; geben Sie keine abgespeckte Kurzversion.

VORBEUGENDE MASSNAHMEN GEGEN ZÖGERLICHKEIT

Ich sprach diese Methode in Kapitel V an, als ich Ihnen sagte, Sie sollten verlangen, dass alle Entscheidungsträger bei der Verkaufspräsentation anwesend zu sein hätten. Ähnlich, wie Sie es in die Wege leiten, dass Ihre Frau oder Ihr Partner zugegen ist, sollten Sie vorgehen, wenn Sie mit Ihrer Präsentation beginnen. Seien Sie offen und ehrlich zu Ihren Kunden, und sagen Sie, dass Sie von ihnen nach Darlegung aller Fakten erwarten, eine Entscheidung treffen zu können.

Beispielsweise würde ich nach einer belanglosen Plauderei mit einem Kunden vor meiner Verkaufspräsentation zu einem leitenden Angestellten oder Unternehmer sagen: „Es macht wirklich Spaß, sich mit jemandem wie Ihnen zu unterhalten. Ich freue mich, dass hier ein Mann vor mir steht, für den Entschlussfähigkeit kein Fremdwort ist. Sie glauben ja gar nicht, wieviele Typen hier hereinkommen, die zu schüchtern sind, um sich zum Kauf eines Wagens zu entschließen.“

Verstehen Sie, was ich gemacht habe? Ich lasse den Kunden wissen, dass ich von ihm eine Entscheidung erwarte. Sobald ein Kunde mir darin beipflichtet, dass die meisten Leute für Entscheidungen zu verzagt sind, versetze ich ihn in die Rolle eines Entscheidungsträgers. Wichtiger ist jedoch, dass es für jeden schrecklich peinlich wäre, wenn er mir am Schluss meiner Verkaufspräsentation sagen müsste, dass er auch zu jenen entschlussscheuen Waschlappen gehört.

Eine weitere Möglichkeit, Zögerlichkeit beim Verkaufsabschluss vorzubeugen, ist die, dass man betont, wie wertvoll Zeit ist - die des Kunden als auch Ihre eigene. So könnte etwa ein Versicherungsagent, der eine Geschäftsfrau anruft, zu Beginn seines Verkaufsgesprächs sagen: „Es ist eine Freude, einer Frau wie Ihnen zu begegnen, Rita. Ich weiß, dass Sie als Besitzerin mehrerer Fastfood-Restaurants ein vielbeschäftigter Mensch sind – und weil ich verstehe, wie kostbar Ihre Zeit ist, will ich auch gleich zum Geschäftlichen kommen. Sicher erkennen Sie, dass auch meine Zeit kostbar ist. Daran wollen wir uns halten, wenn ich Ihnen jetzt alle Fakten dieses Programms detailliert erläutere, und sollten irgendwelche Fragen auftauchen, werde ich die Ihnen gerne beantworten. Wenn Sie dann der Meinung sind, dieses Versicherungsprogramm entspräche Ihren Bedürfnissen und Ihrem Budget, dann erwarte ich, dass Sie mir dies sagen. Sollten Sie dagegen einen anderen Eindruck haben, so sagen Sie es mir bitte auch, und dann werde ich mich verabschieden. Jedoch erwarte ich heute eine Entscheidung von Ihnen. Ist das fair, Rita?"

In einem anderen Fallbeispiel könnte ein Verkäufer zu einem leitenden Angestellten sagen: „Nun, bevor ich anfange – *Sie* sind derjenige, mit dem ich reden sollte, richtig?" Dann fügt er noch hinzu: „Wenn ich Sie recht verstehe, haben Sie die Befugnis, heute eine Ja-oder-Nein-Entscheidung zu treffen?" Falls der Kunde verneint, dann weiß der Verkäufer natürlich, dass die Präsentation zwecklos ist.

Selbst ein Haustürverkäufer für Staubsauger kann diese Methode wirksam anwenden, indem er beispielsweise sagt: „Wir wollen eine Vereinbarung treffen, Susan, die Ihnen, so denke ich, zusagen wird. Ich bin nicht einer von diesen aufdringlichen Verkäufern. Sie brauchen also keine Sorge haben, dass ich Ihnen irgendetwas andrehen möchte, das Sie nicht wollen. Alles, was ich heute will, ist, meinen Staubsauger vorzuführen und Ihnen zu zeigen, wie zahlreiche Nachbarn und Freunde von Ihnen davon profitiert haben. Wenn Sie dann meinen, das ist etwas, das Ihr Leben bedeutend leichter macht, und wenn Sie das Gefühl haben, es sich leisten zu können, dann möchte ich, dass Sie es kaufen und zu unseren Kunden gehören. Sollten Sie jedoch anderer Meinung sein, möchte ich, dass Sie es nicht kaufen. Nun, ist das ein faires Angebot?"

Selten wird jemand widersprechen, wenn man ihn als entschlussfreudig einschätzt und vor der Verkaufspräsentation bittet, eine Kaufentscheidung zu treffen. Und indem man dies gleich zu Gesprächsbeginn erledigt, haben Zögern und Zaudern wenig Chancen, wenn es Zeit zum Verkaufsabschluss ist.

AUF DAS EGO DES KUNDEN ANSPIELEN

In Kapitel IV riet ich Ihnen, Egos zu studieren, denn beim Überwinden von Zögerlichkeit ist es ganz nützlich, das eigene Selbstbild seines Kunden zu kennen, um das Geschäft mit ihm zu machen. In derselben Weise, wie Sie den Kunden im Vorfeld der Präsentation vorbereitet haben, eine Ja-oder-

Nein-Entscheidung zu treffen, müssen Sie ihn aufwerten: Er soll sich so wichtig vorkommen, dass es ihm peinlich wäre, als schwach zu erscheinen, wenn es an der Zeit ist, sich zu entscheiden. Dies erreicht man, indem man dem Kunden – bildlich gesprochen – Honig ums Maul schmiert und auf seine Eitelkeit spekuliert.

Männer sind besonders anfällig für Vertreterinnen, die sich dieser Methode bedienen. So sagt etwa eine Frau, die Diktiergeräte an einen Mann verkauft, zu ihm: „Ich besuche die führenden Geschäftsleute in der Stadt. Daher weiß ich, wie ein Angestellter in höchster Position wie Sie seine Zeit schätzt, Mr. Mitchell. Ich bin mir sicher, Sie werden mir darin beipflichten."

„Das stimmt, junge Frau. Zeit ist Geld", erwidert Mitchell gespreizt.

„Ich weiß es zu würdigen, wie kostbar Ihre Zeit ist, mein Herr, und weil dem so ist, will ich Ihnen so wenig wie möglich davon rauben. Aus diesem Grund möchte ich diesen Auftrag heute vorlegen, damit Ihre Maschine schon diesen Freitag geliefert werden kann."

„Das ist schön, aber mein Flugzeug geht heute nachmittag um halb fünf, und ich bin die nächsten drei Tage unterwegs, deshalb will ich wirklich heute nichts tun. Ich habe eine wichtige Besprechung an der Küste, bei der es um einen wichtigen Vertrag für meine Firma geht. Wenn Sie mir also einen Prospekt dalassen wollen, ich werde ihn im Flugzeug lesen, Carol..."

„Oh, ich weiß, wie viele Dinge Ihnen durch den Kopf gehen müssen, Mr. Mitchell, und ich bin mir sicher, dass ein so relativ unbedeutender Punkt wie ein Diktiergerät nicht etwas ist, wofür Sie Zeit zum Nachdenken hätten. Sie sollten sich mit derlei Dingen gar nicht belasten. Lassen Sie uns also diesen Auftrag ausführen, solange Sie verreist sind, und ich sorge dafür, dass Ihr Diktiergerät bei Ihrer Rückkehr bereitsteht, damit Sie es gleich am kommenden Wochenende benützen können."

„Das wäre schön."

„Bitte unterschreiben Sie in dieser Zeile, Mr. Mitchell, und gleich hier in dieser Zeile nochmal", sagt sie in Erwartung des Verkaufs.

Eine Immobilienmaklerin sagt zu einem leitenden Angestellten, der kurz vor dem Umzug in eine andere Stadt steht: „Wie oft sind Sie im Verlauf Ihrer Karriere schon an einen neuen Ort versetzt worden, Mr. Green?"

„Ob Sie's glauben oder nicht, dies ist unser elfter Umzug in den vergangenen achtzehn Jahren."

„Dann sind Sie ja darin ein alter Hase, nicht wahr?"

„Ein Kinderspiel", erwidert Mr. Green lächelnd.

„Gut, denn es arbeitet sich leichter mit einem Mann wie Ihnen, der weiß, wie man ein Haus kauft, als mit einem Manager, der nie in eine andere Stadt umgezogen ist und eine Heidenangst hat, ohne seine Frau eine Entscheidung zu treffen."

Ich habe oft eine ähnliche Wendung gebraucht, um das Ego einer Frau zu heben. Das hörte sich dann so an: „Ich bewundere die starken Frauen von heute, die Entscheidungen treffen können, die für Frauen noch eine Generation zuvor undenkbar waren."

„Das stimmt, Mr. Girard", pflichteten mir junge Frauen bei, die kaum aus dem Teenageralter heraus waren, „und wissen Sie noch was? Meine Mutter hat ihr Leben lang nie allein einen Fuß in ein Autohaus gesetzt!"

Dieselbe Masche funktioniert auch gut, wenn ein junger Verkäufer einen Kunden anruft, der um einige Jahre älter ist. Der Verkäufer kokettiert vorteilhaft mit seiner Jugend, indem er sagt: „Ich genieße es, mit erfahrenen Menschen wie Ihnen zu sprechen, die Entscheidungen treffen können. Wissen Sie, heutzutage können sich zuviele junge Leute einfach nicht entscheiden."

Diesen Satz können Sie praktisch bei jedermann benützen, um eine hohe Selbstachtung aufzubauen. Große Egos sind weder durch Alter oder Geschlecht beschränkt, noch finden sie sich nur bei Menschen in hohen Positionen.

„ICH WILL ES MIR ÜBERLEGEN"

Im Rest dieses Kapitels werde ich erörtern, was man zu dem Kunden sagt, der ganz am Schluss Ihrer Verkaufspräsentation erklärt: „***Ich will es mir überlegen.***" Da Zögerlichkeit ein Wesenszug ist, der den meisten Menschen zu eigen ist, werden auch Ihnen sicher genügend solcher Kunden über den Weg laufen. Und falls Sie nicht das Talent besitzen, einen akzeptablen Prozentsatz von ihnen erfolgreich abzuschließen, sind Ihre Erfolgsaussichten im Verkauf begrenzt.

Eine meiner beliebtesten Antworten an einen Ehemann in Begleitung seiner Frau, die mir erklärten, sie wollten es sich überlegen, war diese: „Wissen Sie was? Sie beide sind genau wie meine Frau und ich."

„Ach?", pflegten sie dann zu sagen. „Ja, wie kommt denn das, Joe?"

„Auch wir besprechen erst gerne eine Angelegenheit, bevor wir eine Entscheidung fällen. Und ich möchte, dass Sie es sich überlegen, weil ich nicht möchte, dass meine Kunden das Gefühl haben, sie würden genötigt. Ehrlich, ich würde lieber kein Geschäft mit Ihnen machen, als dass Sie den Eindruck haben, ich würde Drückermethoden anwenden. Verstehen Sie mich jetzt nicht falsch. Natürlich will ich Ihre Zusage, aber für mich ist es wichtig, dass Sie hier mit einem guten Gefühl herausgehen."

„Wir sind froh, dass Sie es so sehen, Joe, denn um ehrlich zu sein, wir würden nie etwas von einem Autoverkäufer kaufen, nachdem er uns unter Druck gesetzt hat."

„Gut, das freut mich zu hören. Ich möchte, dass Sie beide sich die Zeit nehmen und es sich überlegen." Danach hielt ich den Mund und lehnte mich in meinem Sessel zurück.

„Sagen Sie, Joe, w-würde es Ihnen etwas ausmachen...?", pflegte dann einer von beiden zu sagen. „Wir dachten es uns eigentlich etwas anders."

„Mensch, tut mir leid. Ja klar, ich verstehe, was Sie meinen. Sie wollen es unter vier Augen besprechen, richtig?"

„Ja, Joe..."

„Aber klar, machen wir", erwiderte ich dann immer. „Ich bin derweil im Büro nebenan und erledige einen Telefonanruf. Wenn Sie mich brauchen, rufen Sie kurz. Lassen Sie sich Zeit. Es gibt keinen Grund zur Eile."

Natürlich wusste ich, dass »es sich überlegen« für sie weit mehr bedeutete, als bloß ein paar Minuten. Woran sie gedacht hatten, war eine Angelegenheit von Tagen, nicht von Minuten. Ich gab ihnen zehn Minuten, um allein zu sein, dann kam ich wieder zurück und setzte den Verkauf voraus, indem ich ungefähr folgendes sagte: „Ich habe gute Neuigkeiten für Sie. Gerade habe ich erfahren, dass die Serviceabteilung Ihren Wagen bis zum späten Nachmittag hergerichtet haben könnte..." Sehen Sie, wie ich den Verkauf vorwegnahm?

Oft wird ein passendes Zitat einen Kunden zu einer Entscheidung motivieren. Der alte Spruch »Was du heute kannst besorgen, das verschiebe nicht auf morgen« ist von allen vielleicht das eindeutigste und meiststrapazierte Klischee, doch im richtigen Moment taugt selbst er für eine Aussage. Ein Zitat zur rechten Zeit ist deshalb wirkungsvoll, weil es so aussieht, als träte eine weise dritte Person als Schlichter auf, die seine bzw. ihre Meinung kundtut (welche natürlich Ihren Standpunkt begünstigt). Ich habe viele Verkäufe erlebt, die so oder so zu Gunsten des Verkäufers hätten ausgehen können, der die Mittel besaß, um die richtigen Worte der Weisheit zur passenden Zeit zu sagen.

Sollten Sie auf Zitate zurückgreifen, empfehle ich, dass Sie sich jene herauspicken, bei denen Sie sich wohlfühlen. Hier nun einige, die eine gute Botschaft beinhalten und für Zauderer wie geschaffen scheinen:

„Nichts wird je versucht werden, wenn erst alle möglichen Einwände aus dem Weg geräumt werden müssen."
SAMUEL JOHNSON (1709-1784)

„Warte nicht; der Zeitpunkt wird nie »genau richtig« sein. Beginne, wo du stehst, und arbeite mit den Werkzeugen, die dir zur Verfügung stehen mögen, dann werden sich unterwegs bessere Werkzeuge finden."
NAPOLEON HILL (Autor von *Think and Grow Rich*)

„Wo keine Offenbarung ist, wird das Volk wild und wüst..."
DIE BIBEL, Sprüche 29, Vers 18

„Der kommende Tag ist nie so gut wie der vorherige."
PUBLILIUS SYRUS (Röm. Staatsmann, 43 v. Chr.)

„Keine Entscheidung fällt schwer, wenn man alle Fakten in der Hand hat."
GEORGE S. PATTON JR. (Amerik. General im II. Weltkrieg)

„Frage dich immerzu: 'Tue ich auch das Richtige?'"
KONFUZIUS (Chin. Philosoph und Ethiklehrer, 551-479 v. Chr.)

„Eine Reise von tausend Meilen beginnt mit dem ersten Schritt."
LAOTSE (Chin. Philosoph und Begründer des Taoismus, geb. 604 v. Chr.)

„Der, der begonnen hat, ist halb fertig."
HORAZ (Röm. Dichter, 65-8 v. Chr.)

Ich rate Ihnen, sich eine Liste mit diesen und anderen Zitaten drucken zu lassen, die Sie immer in Ihrer Brieftasche oder Ihrem Aktenkoffer dabei haben. Manchmal ist das gedruckte Wort »offizieller« als das gesprochene; Sie brauchen daher diese Zitate nicht auswendig zu lernen. Sie können diese geflügelten Worte herausziehen und Ihrem Kunden zum Lesen herüberreichen.

Wichtig ist diese Erkenntnis: Wenn jemand bei einer Kaufentscheidung zögert, so liegt das daran, dass Sie ihn nicht überzeugt haben, dass es zu seinem Vorteil ist, jetzt zu handeln. Hier nun ein Abschluss, den ein erfolgreicher Versicherungsvertreter regelmäßig anwendet und der klar darlegt, welche Vorteile es hat, jetzt statt später zu handeln:

Der Kunde hatte zu dem Vertreter gesagt: „Ich will es mir überlegen."

Worauf dieser erwiderte: „Wenn ich Ihnen eine Feder gäbe, die Sie in Ihre Hosentasche stecken, Bruce, und Sie müssten sie überallhin mitnehmen – glauben Sie, dass Sie überhaupt spüren würden, dass die Feder da ist?"

„Bestimmt nicht."

„Was, wenn ich Ihnen einen runden Ball aus Federn gäbe, den Sie in Ihre Hosentasche stecken, und Sie müssten ihn auf Schritt und Tritt mitnehmen – da würden Sie wahrscheinlich die Beule, die er hervorruft, bemerken, nicht wahr?"

„Mit Sicherheit."

„So, und jetzt gehen wir noch einen Schritt weiter, Bruce. Nehmen wir mal an, ich gäbe Ihnen ein extragroßes Federkissen, und Sie müssten es überallhin mitnehmen – denken Sie nicht, dass es sehr beschwerlich wäre, es die ganze Zeit über mit sich herumzuschleppen?"

„Ja. Aber was erzählen Sie mir da?"

„Dieser kleine Beitrag in Ihrem heutigen Alter wirkt sich nicht im geringsten auf Ihre Brieftasche oder Ihren Lebensstandard aus. Wenn Sie es vorziehen, ein paar Jahre zu warten, dann wird Ihre Belastung größer, und nochmal ein paar Jahre später wird sie enorm anwachsen. Verstehen Sie, Bruce, der Zeitpunkt, mit diesem Programm zu beginnen, ist heute, solange die Belastung so klein ist, dass Sie sie gar nicht bemerken."

Als letzte Technik zum Entkräften des »Ich-will-es-mir-überlegen«-Einwands hier nun ein ganz seriöser Abschluss, der direkt auf den Punkt kommt. Ich habe ihn mit großem Erfolg angewandt, und er eignet sich praktisch für jedweden Produktverkauf:

„Schauen Sie, Jack, wir beide haben jetzt ein paar Stunden miteinander verbracht, und wir wissen beide, dass dies der richtige Wagen für Sie ist. Vor allem aber biete ich Ihnen einen tollen Deal. Es gibt keinen Grund, weshalb Sie nicht heute kaufen sollten, deshalb gestatte ich Ihnen, nur als mein Kunde hier wieder rauszugehen. Nun kommen Sie schon, unterschreiben Sie den Vertrag, okay?"

VII

DEN VERKAUF KONTROLLIEREN

Das Bild, das den meisten Menschen bei dem Gedanken an eine Kontrolle des Verkaufs spontan in den Sinn kommt, ist eines, das Manipulation und Einschüchterung darstellt. Es schaudert mich, wenn ich daran denke, dass da draußen Verkäufer herumlaufen und Verkaufstechniken anwenden, welche die Misshandlung von Kunden vorschreiben. Vor allem kann ich mir nicht vorstellen, dass irgendjemand mit so etwas durchkommt. Kunden sollten auf Händen getragen werden.

Ich bin jedoch der Meinung, ein Verkäufer muss in der Lage sein, Verkaufspräsentationen zu kontrollieren, sonst treten zum Zeitpunkt des Abschlusses sehr wahrscheinlich Probleme auf. Wenn ein Verkäufer nämlich keine Verantwortung übernimmt, wird ihm oder ihr wohl keine erfolgreiche Karriere im Verkauf bevorstehen.

EINE LEHRER/SCHÜLER-BEZIEHUNG

Wie ein einfühlsamer Lehrer bemühe ich mich nach Kräften, glasklar deutlich zu machen, dass ich nur die besten Interessen meiner Kunden im Sinn habe. Ich unterrichte sie über die Vorzüge meines Produkts, und dann führe ich sie zum Prozess der Kaufentscheidung. Natürlich muss ich bei manchen Kunden zuweilen etwas mehr Führung walten lassen als bei anderen. Bei einigen läuft meine Verkaufspräsentation mit der Präzision eines Uhrwerks ab, als würden wir beide, der Käufer und ich, nach einem Drehbuch vorgehen. Andere wiederum benötigen einen kräftigeren Motivationsschub, um sich zu einem Kauf zu entschließen. Sie wollen kaufen, haben jedoch Bammel, sich von ihrem Geld zu trennen. Würde ich es zulassen, dass solche Verkaufspräsentationen außer Kontrolle gerieten, orientierungslos würden, wäre ich nachlässig in meinem Job. Würden Kunden umhertappen und unentschlossen bleiben, hätte ich das Gefühl, ihnen einen schlechten Dienst erwiesen zu haben.

Während ich es als eine gute Lehrer/Schüler-Beziehung bezeichne, mögen Sie es vielleicht mit der Beziehung vergleichen, die fürsorgliche Eltern oder Geistliche aufbauen. Es ist eine Rolle der Autorität, die, wenn man sie korrekt zu Ende spielt, Respekt und Bewunderung fördert. Dies ist ein Status, den nur wenige Verkäufer je erreichen – und einer, der, wie ich finde, einen für uns alle erstrebenswerten Standard verkörpert.

Wenn ein Topvertreter einer Lebensversicherung diese Form der Kontrolle meisterhaft ausübt, so tut er dies, um seinem Kunden zu dienen. Wichtiger noch ist jedoch, dass der Kunde es zu schätzen weiß. Wie ein Professor vor seinen Studenten doziert, sagt der Vertreter: „In den letzten Jahren hat es in der Industrie zahlreiche Veränderungen gegeben. Wenn Sie also nichts dagegen haben, würde ich gern ein paar Minuten dafür verwenden, einige von ihnen anzusprechen, die nach meiner Auffassung für Ihre Situation relevant sind..." Nach diesem Vorwort könnte er dann erläutern, welchen Nutzen eine universelle Lebensversicherung bietet, weshalb es für den Kunden interessant sein könnte, eine Risikolebensversicherung abzuschließen und den Differenzbetrag zu investieren usw. „Nun möchte ich Ihnen einige wichtige Steuergesetzänderungen vorstellen, über die Sie, denke ich, Bescheid wissen sollten", fährt er fort.

Im weiteren Verlauf der Präsentation fügt er noch hinzu: „Ich möchte Ihnen noch ein paar Fragen stellen, um einige Dinge über Sie zu erfahren, und danach werde ich ein paar Empfehlungen aussprechen." In unserem Fall könnten seine Fragen lauten: „Was genau tun Sie bei Ihrer Arbeit?" „Wie hoch ist Ihr geschätztes Jahreseinkommen?" „Welche Vorkehrungen haben Sie für die Ausbildung Ihrer Kinder getroffen?" „Welche Vorkehrungen haben Sie für den Fall Ihres vorzeitigen Ablebens für Ihre Grundsteuer getroffen?" „Aus welchen Gründen haben Sie in den letzten fünf Jahren einen Arzt aufgesucht?" Beachten Sie, dass der Vertreter sogar bei seinen Fragen an einen Lehrer erinnert, der seinen Schüler mündlich abfragt. Wird eine solche Kontrolle korrekt angewandt, repräsentiert sie ein hohes Niveau im professionellen Verkauf.

MIT NACHDRUCK VERKAUFEN

Sitze ich dem Kunden erst Auge in Auge gegenüber, können Sie in einem Punkt sicher sein – dass ich ihm meine ungeteilte Aufmerksamkeit schenken werde. Ich blocke alles andere, was mir so durch den Kopf geht, ab – kein Gedanke darf mich zerstreuen. Von dem Moment an, wo ich ihm die Hand gebe und mich vorstelle, kann nichts meine Aufmerksamkeit von meinem Kunden abziehen. Fünf Feuerwehrautos könnten an meinem Ausstellungsraum vorbeirasen, ich würde mich nicht nach ihnen umsehen.

Dies erwähne ich, weil ich beobachtet habe, wie andere Verkäufer beim Gellen einer Sirene oder beim Rumms eines Verkehrsunfalls ans Fenster eilten. Und anderen fielen beinahe die Augen aus dem Kopf, wenn sie die hübschen Beine einer Kundin an der Seite des Ausstellungsraums bewunderten! Wenn ich an der Westküste lebte, würde auch ein heftiges Erdbeben mich nicht von meinem Kunden wegreißen.

Warum wirkt dies so kontrollierend? Für Anfänger, weil ich mich so intensiv auf den Kunden konzentriere und jede seiner Bewegungen und Lautäußerungen registriere. Allerdings muss ich zugeben, dass ich meine Kunden nicht immer so behandelt habe. Nicht, dass ich es nicht versucht hätte - mir fehlte einfach die Antenne hierfür, und infolgedessen ließ ich zu, dass meine Aufmerksamkeit von äußeren Dingen absorbiert wurde.

Zum Glück bedurfte es nur eines geplatzten Verkaufs, um mir eine wertvolle Lektion zu erteilen, die mir über die Jahre viele zusätzliche Verkäufe einbringen sollte. Zu Anfang meiner Karriere saß in meinem Büro ein erfolgreicher Selfmade-Unternehmer mit geringer Schulbildung, der sich für ein Spitzenmodell mit allem Schnickschnack interessierte. Mitten im Verkaufsgespräch begann der Mann, mir von seinem Sohn Jimmy zu erzählen, der an der University of Michigan Medizin studierte. Er war offensichtlich stolz auf seinen Sohn, doch während er mit mir sprach, wurde ich von einer Gruppe Verkäufer abgelenkt, die in einer ungewöhnlich lauten Diskussionsrunde beisammen standen. Die Tür stand offen, und während mir der Mann von seinem Sohn berichtete, konnte ich die Herren, die draußen Witze rissen und lachten, nicht überhören. Obwohl dies störend war, nickte ich fleißig mit dem Kopf, während sich der Kunde damit brüstete, wie sein Sohn die Dekansliste erstellt habe, an Sportanlässen teilnahm usw. Ich dachte, er nähme an, dass ich dem, was er zu sagen hatte, wirklich aufmerksam lauschte.

Doch als wir wieder darüber sprachen, welches das richtige Auto für ihn sei, spürte ich, dass der Kunde abweisend reagierte, und sehr schnell merkte ich, dass ich damit völlig richtig lag. Er stand abrupt auf und sagte: „Mr. Girard, wir haben lange genug geredet“, und mit diesen Worten ging er hinaus. Das war das Ende der Unterhaltung. Punkt!

Wenn ich abends nach Hause komme, denke ich oft darüber nach, was ich an diesem Tag richtig gemacht habe, und was falsch war. In jener Nacht kreisten meine Gedanken immerzu um diese spezielle Präsentation. Deshalb beschloss ich, den Kunden daheim anzurufen, um herauszufinden, was schief lief. „Was ist heute vorgefallen“, fragte ich ihn, „das Sie veranlasst hat, auf diese Weise fortzugehen?“

„Nichts“, erwiderte er, „bis auf das, dass ich von jemand anderem ein Auto gekauft habe.“

„Sie haben WAS gemacht? Warum haben Sie das getan? Ich hatte ein Wahnsinnsangebot für Sie.“ Dann fragte ich kleinlaut: „Habe ich etwas falsch gemacht?“

„Warum stellen Sie mir diese Frage?“, erwiderte er.

„Nun, ich bin immer daran interessiert, mich zu verbessern, und sollte ich etwas Beleidigendes gesagt haben, möchte ich es wissen, damit mir der gleiche Fehler nicht nochmal passiert.“

„Ich will Ihnen sagen, was Sie falsch gemacht haben, Mr. Girard“, sagte er mit ernster Stimme. „Sie haben ständig zur Tür hinausgeschaut und waren offensichtlich mehr an den Witzen Ihrer Kollegen interessiert als an dem, was ich über meinen Sohn zu erzählen hatte. Sowas nehme ich übel!“

Es folgte eine kurze Pause, weil ich – für mich sonst ganz untypisch – sprachlos war. Nicht, weil mir nichts eingefallen wäre, was ich hätte erwidern können, sondern weil ich mich schämte. Dann sagte ich leise: „Sie haben völlig Recht. Und wissen Sie was? Ich verdiene Ihr Geschäft nicht. So, und bevor Sie jetzt auflegen, möchte ich Ihnen sagen, dass Sie mit Recht stolz auf Ihren Sohn Jimmy sein können. Er scheint ein sehr netter junger Mann zu sein, und ich bin mir sicher, dass er einen hervorragenden Arzt abgeben wird. Und ich schätze aufrichtig, was Sie mir gerade gesagt haben, denn ich habe dadurch etwas sehr Wichtiges gelernt. Ich hoffe bloß, dass Sie mir eines Tages eine zweite Chance geben werden.“

Zwei Jahre gingen ins Land, als er mich eines Tages im Autohaus aufsuchte. „Nun, Joe“, sagte er, „ich gebe Ihnen eine zweite Chance.“ An jenem Tag verkaufte ich nicht nur ihm einen Wagen, sondern auch noch einen für seinen Sohn Jimmy. Nebenbei bemerkt, hielt ich diesmal meine Tür geschlossen, und so habe ich es seither immer getan.

Vor einigen Jahren bat mich eine junge Verkäuferin, ich möge ihr bei einer Verkaufspräsentation für einen Kunden zuschauen. „Irgendwas muss ich falsch machen, Joe“, sagte sie, „aber ich kann mir ums Verrecken nicht denken, was es ist.“

Ich beobachtete sie, wie sie eine schöne Verkaufspräsentation abhielt; sie sagte alles richtig. Ihr Abschluss war geschliffen, und sie wirkte sehr vertrauenerweckend. Trotzdem: Kein Verkauf.

„Woran hat's gelegen, Joe?“, fragte sie mich. „Dieser Mann brauchte ein neues Auto, und er konnte es sich leisten, und ich machte ihm ein wunderbares Angebot. Wo hab ich gepatzt?“

„Betty, Sie haben Recht. Sie haben alles richtig gemacht. Ich denke, Sie waren großartig. Aber Ihnen ist ein verhängnisvoller Fehler unterlaufen, und Sie haben es todsicher noch nicht mal bemerkt."

„Was?", fragte sie aufgeregt. „Ich muss das wissen!"

„Ich habe mitgezählt: Sie haben sechsmal auf Ihre Armbanduhr geschaut. Und jedesmal, wenn Sie das taten, schien Ihr Kunde etwas schweigsamer zu werden. Er musste bei sich denken: 'Eigentlich möchte sie mit ihrer Zeit lieber etwas anderes anfangen, als sich mit mir zu unterhalten.' Nun, wenn Sie wirklich wissen wollen, wie spät es ist, hängen Sie eine große Uhr an die Wand, dann müssen Sie's nicht so offensichtlich tun. Aber vermitteln Sie Ihrem Kunden um Himmels willen nicht das Gefühl, dass Sie ihn rasch wieder loswerden wollen."

„Ehrlich gesagt, Joe, war mir die Uhrzeit völlig egal. Das ist halt so eine schlechte Angewohnheit von mir. Aber Sie haben natürlich Recht. Ich werd's nie wieder tun."

Sie umarmte mich herzlich für meinen Rat, und ein paar Wochen später rief sie mich an, um mir zu sagen, dass sie seitdem phantastische Verkaufszahlen vorzuweisen habe.

KEINE ANRUFE DURCHSTELLEN

Ebenso, wie meine Tür während einer Verkaufspräsentation stets geschlossen ist, teile ich der Telefonzentrale mit: „Ich bin in einer Besprechung, würden Sie daher bitte keine Anrufe für mich durchstellen." Auf diese Weise fühlt sich der Kunde nicht nur als VIP; es verhindert auch, dass eingehende Anrufe meinen Terminplan durcheinander bringen. Ich garantiere Ihnen, dass Ihr Kunde »abkühlt«, sobald Sie am Telefon zu sprechen beginnen. Ich kann mir keinen Verkäufer vorstellen, der Anrufe während einer Verkaufspräsentation entgegennimmt, doch ich erlebe so etwas ständig. Haben Sie je einen Anwalt gesehen, der während seines Plädoyers ans Telefon ging, oder einen Chirurgen, der mitten in einer Operation einen Anruf entgegen nahm? Sehen Sie, und das sollte auch für einen Verkäufer gelten.

Wirklich, mein Blutdruck fängt bedrohlich an zu klettern, wenn ein Verkäufer einen Anruf entgegennimmt und zu mir sagt: „Sekunde, ich bin gleich zurück." Dann telefoniert er oder sie mehrere Minuten lang. Bevor ich zornig hier rausgehe, ist meine Standardantwort an solche unhöflichen Verkäufer: „Ich verstehe nicht, warum Sie das gemacht haben. Ich nahm mir die Zeit, um in dieses Geschäft zu kommen. Wieso ist Ihnen diese Person wichtiger als ich?" Es macht verdammt nochmal keinen Sinn, wie irgendjemand so kurzsichtig sein kann, einem Fremden am Telefon Zeit zu widmen, wenn er oder sie einem Kunden aus Fleisch und Blut Auge in Auge gegenübersitzt.

Ebenso ist es angebracht, im Büro eines Kunden zu sagen: „Was ich Ihnen zu erläutern habe, ist wichtig. Dürfte ich daher vorschlagen, dass Sie Ihre Sekretärin bitten, keine Anrufe für Sie durchzustellen?" Die meisten Menschen werden diesem Wunsch entsprechen, wenn Sie sie höflich darum bitten, und auch hier wird dadurch vermieden, dass ein ungelegener Anruf die Verkaufspräsentation unterbricht. Übrigens sind solche Unterbrechungen für den Kunden nicht minder ärgerlich.

DAS VORGESPRÄCH

Zu viele Verkäufer meinen, sie könnten den Verkauf kontrollieren, indem sie den Kunden erst gar nicht zu Wort kommen lassen. Menschen dieses Schlags glauben allen Ernstes, dass Verkäufe dadurch zustande kommen, dass man seinen Gesprächspartner an die Wand redet. Ich widerspreche aus drei Gründen vehement: Erstens werden Fragen gestellt, um die notwendigen Antworten zu bekommen und so die Bedürfnisse des Kunden zu ermitteln. Zweitens sind Fragen ein Zeichen von Aufrichtigkeit, die einen Wunsch ausdrücken, dem Kunden zu helfen. Und drittens helfen Fragen, sofern sie korrekt gestellt werden, in der Tat, die Kontrolle über das Verkaufsgespräch zu behalten.

Gleichgültig, welches Produkt Sie verkaufen – Autos, Computer, Häuser, Versicherungen, Geldanlagen –, Sie müssen eine Menge Fragen stellen, um die Bedürfnisse des Kunden zu ergründen, sonst tappen Sie letztlich im Dunkeln. Es bedeutet keineswegs, dass Sie die Kontrolle abgeben, wenn Sie der anderen Person zu sprechen erlauben. Niemand, der die Kunst des Verkaufens wirklich versteht, kann auch nur annehmen, eine Verkaufspräsentation sollte als Monolog angelegt sein. *Es ist ein Dialog*, und es liegt in Ihrer Verantwortung, dafür zu sorgen, dass sich der Kunde an Bord wohlfühlt. Wenn Sie es richtig anstellen, verlieren Sie dadurch nicht die Kontrolle, sondern Sie erlangen sie erst richtig.

Wie ein Prozessanwalt, der jemanden im Zeugenstand ins Kreuzverhör nimmt, können auch Sie Fragen stellen, Antworten bekommen und die Kontrolle während eines Verkaufsgesprächs behalten. Ein Immobilienmakler etwa muss dies bei einem Kunden tun, bevor er ihn mitsamt seiner Frau quer durch die ganze Stadt schleift und ihnen Häuser zeigt, die für sie nicht im geringsten interessant sind. Vor der Präsentation des ersten Heims führt er deshalb ein Vorgespräch im Büro oder vielleicht auch am Telefon durch, noch bevor man einen ersten Besichtigungstermin vereinbart.

„Wieviele Kinder haben Sie?", fragt er. „Wie alt sind sie, und sollen sie auf öffentliche oder private Schulen gehen?"

„Gehört Ihnen das Haus, wo Sie jetzt wohnen?"

„Wie hoch sind der aktuelle Verkehrswert und der Nettowert nach Abzug der Hypothekenbelastung?"

„An welche Preislage dachten Sie denn beim Kauf?"

„Gibt es eine Vorliebe für eine bestimmte Gegend?"

„Bevorzugen Sie einen speziellen Haustyp?"

„Wieviele Schlafzimmer wünschen Sie sich?"

„Welche Grundstücksgröße interessiert Sie?"

„Wie wichtig ist für Sie die Nähe zum öffentlichen Nahverkehr?"

„Würde Ihnen ein Bungalow oder ein zweistöckiges Haus gefallen?"

„Haben Sie Ihr jetziges Haus verkauft?"

„Wie schnell müssten Sie in Ihr neues Heim einziehen können?"

Nachdem der Makler seinen Fragenkatalog gestellt hat, sagt er: „Lassen Sie mich mal abchecken, was so derzeit im Angebot ist. Ich habe einige Ideen, die Ihnen gefallen könnten. Hätten Sie heute nachmittag Zeit, sich mal ein paar Häuser anzuschauen?"

Ungefähr eine Stunde später ruft der Makler zurück und sagt: „Ausgehend von Ihrem Bedarf, wie ich ihn einschätze, habe ich vier Objekte im Nordosten der Stadt, die Sie vielleicht interessant finden." Dann vereinbart er für alle Seiten passende Termine zur Besichtigung der Häuser.

Können Sie sich die Reaktion des Paares vorstellen, wenn derselbe Verkäufer auf ihren ursprünglichen Anruf hin „Kommen Sie gleich mal vorbei, und ich zeige Ihnen einige Häuser" gesagt hätte? Sie würden denken: „Der hat nicht die leiseste Ahnung, was wir wollen. Wie kann er denn unseren Bedürfnissen gerecht werden?" Das ist so, als würde ein Arzt zu einem neuen Patienten sagen: „Wo tut's weh?" Auf die Auskunft hin, dass der Schmerz in der Magengegend sitzt, würde der Arzt dann erwidern: „Okay, dann wollen wir Sie mal aufschneiden und ein bisschen operieren."

Ich denke, es ist ein naiver und schwerwiegender Fehler, wenn man vorgefasste Ansichten zu den Wünschen der Kunden hat, ohne sich zuerst ehrlich darum zu bemühen, diese zu erkunden. In der Autobranche wäre es töricht, zu versuchen, ein bestimmtes Modell zu verkaufen, ohne zuerst die Interessen des Kunden zu ergründen. So würde ich beispielsweise nicht erwägen, ein grünes, zweitüriges Coupé zu pushen, weil es das Auto ist, welches der Händler an jenem Tag wegfahren wollte. Ebensowenig würde ein Möbelverkäufer jemandem, der gerade von der Straße hereinkam, spontan eine sechsteilige Sitzgruppe anbieten, ohne dass er von dem Kunden die geringste Ahnung hat.

Fragen zu stellen, ist der sicherste Weg zur Erlangung von Wissen. Albert Einstein, der Begründer der Relativitätstheorie und einer der brillantesten Wissenschaftler aller Zeiten, hat gesagt: „Das Wichtige ist, dass man nicht aufhört, Fragen zu stellen." Und einer der größten Schriftsteller und Dichter, Rudyard Kipling, gab uns das folgende Gedicht, welches ich unter der Glasscheibe meines Schreibtischs liegen hatte:

I keep six honest serving men
They taught me all I knew;
Their names are What and Why and When
And How and Where and Who.

(Ich halte mir sechs ehrliche Diener,
Sie lehrten mich alles, was ich weiß;
Sie heißen ***Was*** *und* ***Warum*** *und* ***Wann***
und ***Wie*** *und* ***Wo*** *und* ***Wer****).*

Professionelle Verkäufer verschaffen sich die benötigten Informationen durch Vorgespräche, in deren Verlauf sie den Kunden eine Reihe Fragen stellen. Die ersten Fragen sollten allgemeiner Natur sein. Wenn ich z. B. auf einen mir unbekannten Kunden zugehe, stelle ich mich mit „Hallo, ich bin Joe Girard" in lockerer Form vor. Worauf ich ergänze: „Und Sie heißen..." Beachten Sie, wie ungezwungen ich das gestalte. Wenn ich einen Satz so anfange, vervollständigen ihn die Leute automatisch, indem sie ihren Namen angeben. Manche Verkäufer beginnen automatisch, eine Reihe Fragen zu stellen, während andere hierfür um Erlaubnis bitten. Beides ist korrekt; ich empfehle Ihnen, das zu tun, was für Sie am bequemsten ist. Falls Sie um Erlaubnis bitten, sagen Sie einfach: „Hätten Sie etwas dagegen, wenn ich Ihnen ein paar Fragen stelle, damit ich Ihre Bedürfnisse besser einschätzen kann und weiß, wie ich Ihnen dienen kann?"

Für die Eröffnung rate ich Ihnen, allgemeine Fragen zu stellen. Nachfolgend eine kleine Auswahl von Verkäufern aus unterschiedlichen Branchen:

VERTRETER EINER COMPUTERFIRMA:
„Was soll Ihr Computersystem leisten?"

VERSICHERUNGSAGENT:
„Erzählen Sie mir von Ihrer Familie."

BÖRSENMAKLER:
„Was sind Ihre finanziellen Ziele?"

Der Zweck solcher Fragen ist es, die Bedürfnisse des Kunden zu erforschen und ein Gespräch in Gang zu bringen. Was er Ihnen dabei erzählt, wird Ihnen natürlich helfen, die Richtung Ihrer Verkaufspräsentation festzulegen. Später können Sie dann zu spezifischeren Fragen übergehen, um Einzelheiten zu ergründen. Hier nun einige Beispiele für Detailfragen, wie sie auf Ihre allgemeinen Fragen folgen könnten:

VERTRETER EINER COMPUTERFIRMA:
„Wieviele Rechnungen soll Ihr System bearbeiten können?"

VERSICHERUGNSAGENT:
„Wie haben Sie die Summe Ihrer jetzigen Lebensversicherung kalkuliert?"

BÖRSENMAKLER:
„Bei welchem Anlagevolumen hätten Sie ein gutes Gefühl?"

In jedem der obigen Beispiele eröffnete der Verkäufer das Gespräch mit Fragen zu allgemeinen Themen und leitete dann zu spezifischen Fragen über. Der erste Fragenkomplex galt der Vorabsondierung und führte den Kunden zu nachdenklicher stimmenden Problemen, die sein Interesse wecken sollten. Ich finde, Fragen sollten einfach formuliert sein. Es ist nicht nötig, auszuflippen und zu versuchen, den Kunden damit zu beeindrucken, was man alles weiß bzw. wieviel er nicht weiß. Und vermeiden Sie Fachchinesisch, Schlagwörter und technische Begriffe, die den Kunden verwirren könnten. Sprechen Sie in der Sprache, die Ihr Kunde spricht. Überwältigen Sie ihn nicht damit, wie schlau Sie sind und wie wenig er weiß. Stellen Sie harmlose, leicht zu beantwortende Fragen, und sollte man um eine heikle oder persönliche Frage nicht herumkommen, schicken Sie eine Erklärung voraus, warum sie gestellt werden muss.

Beachten Sie, wie sich der Computerverkäufer danach erkundigte, welcher Art das Geschäft und der Bedarf des Kunden sind. Später konzentrierte er sich auf Fragen bezüglich spezifischer Probleme, die einer Lösung bedürfen. Der Versicherungsagent und der Börsenmakler folgten einem ähnlichen Fragenschema. In jedem Beispiel leitete der Verkäufer erst zu den schwierigeren Fragen über, *nachdem* der Kunde sich aktiv an der Unterhaltung beteiligte.

Wie ich schon früher betonte, ist Zuhören ein wesentlicher Punkt beim Verkaufen. Hier im Vorgespräch geht man aber noch einen Schritt weiter – Sie müssen sich wirklich bemühen, den Kunden in die Unterhaltung mit einzubeziehen. Schließlich gibt es Menschen, die sich beim freien Sprechen ganz wohl fühlen, wohingegen andere etwas Ermutigung brauchen, um sich zu öffnen. Um dies zu erreichen, sollten Sie Fragen wie „Was halten *Sie* von...?“, „Würden Sie mir darin zustimmen, dass...?“, „Haben Sie je daran gedacht...?“ stellen.

Fragen dieser Art erfordern mehr als eine Ja-oder-Nein-Antwort und laden somit den Kunden ein, sich an dem Gespräch zu beteiligen. Achten Sie darauf, dass Sie dem Kunden, sobald Sie ihm eine Frage gestellt haben, genügend Zeit zum Antworten einräumen. Ich erinnere Sie daran, es ist nicht verkehrt, gelegentlich eine Pause in die Unterhaltung einfließen zu lassen. Selbst nachdem er einen Satz beendet hat, empfehle ich, dass Sie noch einen Moment lang (oder auch zwei) still sind – möglicherweise denkt er nur nach, bevor er einen weiteren Gedanken äußert.

Mit der korrekten Durchführung eines Vorgesprächs heben Sie sich auf ein professionelles Niveau empor, das weit über dem der meisten gewöhnlichen 08/15-Verkäufer liegt. Sie werden zu einer Autoritätsperson und steigen so von der Funktion des Verkäufers zu der eines Beraters auf.

AUFTRETEN MIT AUTORITÄT

Inzwischen sollten Sie wissen, dass ich unter »Auftreten mit Autorität« nicht verstehe, dass Sie arrogant oder hochnäsig sein sollen. Das ist nicht mein Stil. Und wenn Sie so auftreten, anstatt den Verkauf zu kontrollieren, werden Sie sich das Geschäft vermasseln.

Nein, es ist unbedingt wichtig, dass Sie Ihr Handwerk aus dem „Effeff“ beherrschen, dann wird es für andere so offensichtlich sein, dass Sie gar nicht dick auftragen müssen. So werden Sie sich nicht nur die Wertschätzung anderer sichern, sondern auch eine bessere Kontrolle bei Verkaufspräsentationen erlangen. Die Menschen haben einfach mehr Respekt vor Verkäufern, die sich auf ihrem Gebiet als Könner erweisen.

So muss beispielsweise eine Immobilienmaklerin nicht damit prahlen, dass sie ihr Gebiet besser kennt als jeder andere Makler in der Stadt, um zu demonstrieren, das es tatsächlich stimmt. Ihre Vertrautheit mit der Region wird auch ohne Worte deutlich, wenn sie souverän durch die Gegend fährt und Häuser zeigt. In ähnlicher Weise erkennt ihr Kunde, dass sie bei der Präsentation eines Hauses dieses nicht zum ersten Mal betritt. Sie hat ihre Hausaufgaben gut gemacht, und das merkt man. Desgleichen versichert ihre Kompetenz in Finanzierungsfragen, als während ihrer Präsentation das Thema Hypothek zur Sprache kommt, dem Kunden, dass sie ihm ihren professionellen Service auch für die Beschaffung eines Darlehens bieten wird. Sie übt ihre Autorität durch die *Demonstration* ihres Wissens aus; so etwas kann man nicht vorgaukeln. Wer mit Autorität auftreten will, muss dafür einen Preis bezahlen. Sie verdienen ihn sich, indem Sie hart daran arbeiten, ein lernhungriger Schüler in allen Aspekten Ihres Geschäfts zu werden.

Ebenso muss ein Vertreter einer Lebensversicherung daran feilen, dass auch er beim Sprechen Autorität ausstrahlt. Er muss nicht nur über Produktwissen verfügen – der Agent von heute muss auch fundierte Kenntnisse in Recht und Steuergesetzgebung besitzen. Seine Kompetenz auf diesen Gebieten ist maßgeblich für den Verkauf von Lebensversicherungsprodukten, die Probleme bei solchen Fragen wie Immobilienplanung und Gesellschafterverträgen lösen. Insbesondere anspruchsvolle Kunden werden seinen Scharfsinn anerkennen und sich auf seine Autorität verlassen, damit er ihnen darlegen möge, welche und wieviel Versicherung für eine angemessene Deckung erforderlich ist.

Verkäufer, die regelmäßig ihre Kunden anrufen, können ihre Umsätze steigern, wenn sie als Experten ihres Fachs gelten. Ärzte z. B. sind auf das Fachwissen von Vertretern für Medizintechnik angewiesen, und diejenigen, die ihr Vertrauen gewonnen haben, sind auch jene mit den größten Erfolgsaussichten in diesem Gewerbe.

Unabhängig davon, was Sie verkaufen, die Menschen achten Kompetenz. In unserer heutigen Marktwirtschaft will jeder es mit einem Profi zu tun haben. Und sind Sie erst mal als solcher anerkannt, werden sich die Kunden zurücklehnen und Ihren Ausführungen lauschen. Dies ist nach meiner Auffassung der beste Weg, die Kontrolle im Verkauf in die Wege zu leiten.

Ist Ihnen schon mal aufgefallen, wie manche Leute versuchen, sich mit ihren Phantasietiteln als Experten hinzustellen? Statt den Begriff »Verkäufer« zu benützen, weisen ihre Geschäftskarten sie als Berater, Supervisor, Distributor usw. aus. Bei manchen Läden hat jeder bis hinunter zur Riege der Nachwuchsverkäufer das Wort »Vize-Präsident« auf seiner bzw. ihrer Geschäftskarte aufgedruckt. Ein Titel als solcher bringt's natürlich nicht. Zwar können Sie mit übertriebenen Referenzen vielleicht den Fuß in die Tür setzen, jedoch ist es bloß eine Frage der Zeit, bis der Kunde merkt, wieviel oder wie wenig Sie von Ihrem Geschäft verstehen.

Wie oft haben Sie schon erlebt, dass ein Verkäufer bei einem zweiten Besuch seinen Supervisor mitbrachte. „Das hier ist Mr. Thomas, unser regionaler Vize-Präsident, und er möchte mit Ihnen einige Daten durchgehen, die Sie möglicherweise interessant finden werden..." Es ist diese »Der-Mann-aus-der-Nachbarstadt-ist-der-Experte«-Leier, und die Leute sind oft bereit, zuzuhören, was Herr Willi Wichtig zu sagen hat. Wenn er genau der ist, als den man ihn präsentiert, werden die Leute ihm zuhören, und er wird mit aller Wahrscheinlichkeit die Kontrolle über den Verkauf an sich bringen. Wenn er aber außer einem vollmundigen Titel keine Substanz vorzuweisen hat, gebührt sowohl ihm als auch dem Vertreter ein Tritt in den Allerwertesten. Und zwar zu Recht.

ANTWORTEN AUF DIE KUNDENFRAGE „WAS KOSTET ES?"

Kein Verkäufer möchte nach dem Preis seines Produkts gefragt werden, bevor er bereit ist, ihn zu nennen. Es leuchtet ein, dass Sie keine Preisangabe machen wollen, bevor Sie nicht den Wert des Produkts demonstriert haben. Erst wenn der Kunde weiß, was er für sein Geld bekommt, wird er erkennen, dass das Produkt den geforderten Kaufpreis wert ist.

Aus diesem Grund ist meine gefühlsmäßige Reaktion die, dass ich die erste Frage ignoriere und mit der Präsentation fortfahre, als wäre die Frage nie gestellt worden. Ich tue einfach so, als würde ich sie nicht hören und setze meine Verkaufsvorführung ohne Unterbrechung fort. Fragt der Kunde dann erneut nach, sage ich: „Darauf komme ich gleich zu sprechen", worauf ich meine Demonstration fortsetze und den Preis erst nenne, wenn ich den Zeitpunkt für richtig halte.

Beim dritten Mal sage ich: „Gedulden Sie sich noch einen Moment. Ich will Ihnen erst genügend Informationen darüber geben, was Sie für Ihr Geld kriegen, damit Sie erkennen, was für ein gutes Angebot ich Ihnen mache.“ Und in freundlichem Ton füge ich hinzu: „Jetzt machen Sie sich mal keine Gedanken über den Preis, sondern hören Sie, was Sie bekommen werden.“

Wenn ich dann schließlich den Preis nenne, baue ich die Spannung etwa mit folgenden Worten auf: „Nun, ich weiß, dass Sie einen reellen Gegenwert zu schätzen wissen. Deshalb weiß ich auch, dass Sie ausflippen werden, wenn Sie sehen, was dies für eine Gelegenheit ist.“ Nach einer kleinen Pause fahre ich fort: „In Ordnung, jetzt kommt der große Augenblick, auf den Sie gewartet haben...“

Danach notiere ich den Preis und reiche ihm den Zettel, und bevor er etwas sagen kann, füge ich mit einem breiten Grinsen hinzu: „Na, habe ich nicht gesagt, dass ich Ihnen ein besonderes Schnäppchen bieten würde?“ Wenn man es so verpackt, stimmen einem die Leute in aller Regel zu.

AB UND ZU EIN NEIN IST NICHT VERKEHRT

Einerseits wollen Sie den Verkauf kontrollieren, andererseits möchten Sie nie so offensichtlich wirken, dass sich Ihr Kunde unangenehm fühlt oder schlimmer noch, eine Abneigung gegen Sie aufbaut. Mit dieser Erkenntnis im Hinterkopf ist es absolut in Ordnung, gelegentlich „Nein“ zu sagen. Wenn ich nämlich sagte, „Es tut mir leid, aber wir haben ihn nicht mit dieser Ausstattung“, so habe ich durch meine Aufrichtigkeit manchmal ein paar Pluspunkte gesammelt. Außerdem, wenn ein Kunde ein bestimmtes Extra wünschte, was ich nicht bieten konnte, habe ich den Grund, warum er es erwähnte, nie vom Tisch gewischt oder heruntergespielt. Wenn ich das täte, hätte ich ihn beleidigt, indem ich sein Urteilsvermögen oder seinen Geschmack kritisierte. Man macht keine Verkäufe, wenn man seinen Kunden runterputzt.

Das Wann und Wie eines Neins sind entscheidend, dann sagen die Kunden oft: „Oh, das ist schon okay, Joe, ich kann auch ohne das leben.“ Liefert man sich aber einen Wortwechsel mit ihnen, beginnen sie, die Dinge unverhältnismäßig aufzublasen und machen aus einer Kleinigkeit ein absolutes Muss.

Verhandlungserfahrene Profis kennen diese Lektion gut und lassen sich oft »einfangen«, so dass sie sich in der Position befinden, ein paar vermeintliche Zugeständnisse als Kompromiss einwerfen zu müssen. Dasselbe gilt im Verkauf. Indem man dem Kunden das Gefühl gibt, als habe er ein paar Punkte gewonnen, fühlt er sich selbstsicher und entspannt. Wenn Sie ihn andererseits jedes Mal mit den perfekten Ja-Antworten zuschaufeln, beginnt er nach Möglichkeiten zu suchen, wie er etwas gegen Sie in der Hand hat. Ich sage, überlassen Sie ihm ein paar von denen, die ohnehin keine Rolle spielen. Außerdem sammeln Sie so einige Pluspunkte für Ihre Wahrheitsliebe. Ich denke, wenn Sie zum rechten Moment Nein sagen, hilft es Ihnen, das eine Ja zu bekommen, das Sie zum Abschluss des Verkaufs benötigen.

VIII
UNTERSCHIEDLICHE ABSCHLUSSTECHNIKEN

„Hat es Sie nie gelangweilt, so viele Jahre lang nur Autos zu verkaufen, Joe?“, fragen mich die Leute.

„Nie“, lautet meine Antwort, „weil sich Verkaufspräsentationen niemals gleichen.“ Abgesehen von der Modellvielfalt und den zahlreichen Neuerscheinungen, die jedes Jahr auf den Markt kommen, *sind auch keine zwei Kunden jemals gleich!*

Es macht mir zudem enormen Spaß, Verkäufe abzuschließen. Für mich ist jeder anders, und dadurch wird das Verkaufen zu einer spannenden Herausforderung. Es verschafft mir besondere Genugtuung, wenn jemand den Laden mit Skepsis betritt und ihn als zufriedener Kunde wieder verlässt. Auch liebe ich dann das sofortige positive Feedback. Am Ende jeder Präsentation weiß ich, ob ich meinen Job gut gemacht habe. Wenn ich überzeugen kann, bekomme ich X Dollar für meine Zeit und Mühe. Es gibt nichts Vergleichbares zur Arbeit auf direkter Provisionsbasis, um das Adrenalin in Schwung zu bringen. Am Ende eines jeden Arbeitstages weiß ich auch, ob es ein guter Tag war oder ein schwacher. Es ist so leicht, Bilanz zu ziehen – Sie brauchen nur einen Blick auf den Betrag auf Ihrem Provisionsscheck zu werfen. Und der einzige Weg, wie Provisionen verdient werden, ist durch Verkaufsabschlüsse.

Ich finde, heutzutage kann ein Verkäufer keinen vernünftigen Job machen ohne ein ganzes Arsenal an unterschiedlichen Abschlusstechniken, die je nachdem eingesetzt werden, was sich im Lauf der Verkaufspräsentation herauskristallisiert. Die Tage, wo man mit einem Universal-Abschluss für jedermann auskommen konnte, sind schon lange vorbei! Mit lediglich einer Abschlusstechnik im Gepäck anzurücken, wäre vergleichbar mit einem Federgewichtsboxer, der nur einen Schlag beherrscht und gegen den Schwergewichtsweltmeister in den Ring steigt oder mit einem Pitcher im Baseball, der nur Fastballs wirft. Um zu gewinnen, muss ein Pitcher aus der Topdivision mehrere gute Würfe draufhaben – Curveball [*angeschnitten mit Effet*], Slider [*wie Fastball, nur später gekrümmte Flugbahn*], Offspeed Pitch [*wie Stopball im Tennis – A. d. Ü.*] – und natürlich einen hammermäßigen Fastball.

Wie der Spieler aus der Topdivision, der auf das Wurfmal zutritt mit der Absicht, von mehreren Wurftechniken eine bestimmte zu wählen – je nachdem, wer am Schlag ist, wer auf der Base steht, wie der Punktestand ist usw. –, so müssen Sie auf eine Reserve von Abschlüssen zurückgreifen können, mit denen Sie sicher durch jede Verkaufspräsentation kommen. So könnte etwa ein Abschluss bei dem Kunden perfekt funktionieren, der sich beklagt, dass er sich den Kauf nicht leisten kann, wohingegen sich ein anderer für den Zauderer eignet, der die Sache erst mit seiner Frau besprechen will. Ein dritter empfiehlt sich wärmstens für den Typen, der sich nur mal umsehen möchte. Und sollte z. B. der erste Versuch, den Kunden, der sich nicht entscheiden kann, zum Abschluss zu führen, fehlschlagen, dann bleibe ich weiter am Ball, bis ich ihn überzeugt habe, dass er heute kaufen sollte. Im Unterschied zum Pitcher, der nur vier Würfe hat, bevor der Hitter losläuft, habe ich keine solchen Regeln, die mir diktieren, dass ich beim vierten Abschlussversuch aufhören muss.

Ich mag gar nicht daran denken, wie ärmlich meine Karriere als Verkäufer verlaufen wäre, wenn ich Autos nur mit einer einzigen Abschlusstechnik verkauft hätte. Der Vollständigkeit halber sei erwähnt, dass die Mehrzahl meiner Verkäufe zustandekamen, *nachdem* der erste Abschlussversuch erfolglos geblieben war.

Dieses Kapitel enthält eine bunte Palette von Abschlüssen, aus denen Sie jene auswählen können, die für Ihre Verkaufskarriere möglicherweise nutzbringend sind. Vielleicht sind Sie schon mit einigen dieser Abschlüsse vertraut, weil ich nicht behaupten will, dass jeder einzelne von mir stammt. Tatsächlich haben sich zahlreiche Abschlüsse bei vielen Verkäufern entwickelt und über die Jahre etliche Veränderungen erfahren. Hier und da habe ich ein paar Kleinigkeiten abgewandelt, und das werden bestimmt auch Sie tun. Bei keinem von ihnen gibt es geistige Eltern oder Urheberrechte; ich empfehle Ihnen daher, die folgenden Abschlüsse durchzulesen und die für Sie besten auszuwählen.

DER VORAUSSETZENDE ABSCHLUSS

Da dieses Thema in Kapitel III, »Den Verkauf voraussetzen«, eingehend besprochen wurde, darf ich Sie nur kurz daran erinnern, dass es sich hier um den meistverwendeten Abschluss handelt. Sein häufiger Gebrauch ist jedoch kein Grund, vor ihm zurückzuschrecken. Ich empfehle ihn anzuwenden, weil er funktioniert. Über Erfolg sollte man nicht debattieren. Offen gesagt, ich denke nicht, dass ein Buch mit dem Titel *Abschlußsicher verkaufen* vollständig wäre ohne eine nachhaltige Betonung des voraussetzenden Abschlusses.

Nochmal: Der voraussetzende Abschluss wird praktiziert, indem man die Erwartung aufbaut, dass der Kunde kauft. Um es richtig anzustellen, muss Ihre geistige Einstellung einfach darauf abzielen, den Auftrag zu notieren. Punkt. Eine andere Wahlmöglichkeit gibt es nicht, und so brauchen Sie den Kunden auch nicht nach seiner Entscheidung zu fragen. Sie haben es vorausgesetzt, dass er bzw. sie kaufen wird.

Die vielleicht gängigste Formulierung beim Abschluss der meisten Verkäufe in Amerika lautet: „Möchten Sie bar, mit Scheck oder mit Kreditkarte bezahlen?" Wir wollen diese Frage analysieren, denn wenn man sie verstanden hat, hat man auch gleich das Konzept des voraussetzenden Abschlusses begriffen.

Jeder Verkäufer könnte diese Frage stellen – ein Handelsreisender, ein Angestellter im Einzelhandel, ein Vertreter für Büroausstattungen usw. Sie lässt die Möglichkeit außer Betracht, dass der Kunde ja vielleicht nicht kauft. Außerdem ist sie nicht beleidigend. Es ist eine schlichte und direkte Frage, und dem Kunden bleibt keine andere Antwortmöglichkeit, als dem Kauf zuzustimmen.

Ein ganz großer Pluspunkt des voraussetzenden Abschlusses ist, dass man ihn im Verlauf einer Präsentation mehrmals starten kann. Wenn der Kunde hierauf keine Antwort gibt und statt dessen „Ich will mich bloß mal umgucken" sagt, können Sie mit dem Verkaufsgespräch fortfahren und diesen Abschluss später in der Präsentation bringen. Beachten Sie, wie das im folgenden Beispiel aus einem Fernsehfachgeschäft abläuft:

VERKÄUFER: „Wollen Sie bar, mit Scheck oder mit Kreditkarte bezahlen?"
KUNDE: „Das möchte ich mir noch überlegen."
VERKÄUFER: „Ich weiß, die Fernbedienungsmöglichkeit wird Ihnen gefallen. Sie werden sich fragen, wie Sie bis heute ohne auskommen konnten."
KUNDE: „Das stimmt schon, aber ich habe all die Jahre auch ohne dieses Extra gelebt."
VERKÄUFER: „Das ist kein Extra, sondern gehört zur Serienausstattung, Sie zahlen also keinen Aufpreis dafür. Es ist auch bei diesem Modell *serienmäßig*. Soll die Lieferung zu Ihnen nach Hause am besten vormittags erfolgen?"
KUNDE: „Nachmittags passt es besser."

VERKÄUFER: (Notiert den Auftrag) „Sie wohnen wo...?"
(Beachten Sie die Formulierung, bei der der Kunde automatisch seine Adresse angeben kann.)

Nachdem der Auftrag notiert ist, wird die Frage erneut gestellt: „Wollen Sie bar, mit Scheck oder mit Kreditkarte bezahlen?" Bei diesem Abschluss tun Sie nur eines: Voraussetzen, voraussetzen, voraussetzen.

DER ABSCHLUSS MIT VORAUSSETZENDER AUSSAGE UND FRAGE

Bei diesem Abschluss bekommt es der Kunde gleich im Doppelpack serviert. Wie der Name schon sagt, machen Sie eine voraussetzende Aussage und schließen den Verkauf mit einer ebensolchen Frage ab.

VERSICHERUNGSAGENT: „Ich nehme Ihre Privatanschrift zur Rechnungsstellung, Tom. So, wünschen Sie jährliche oder halbjährliche Zahlungsweise?"

REISEBÜROFACHKRAFT: „Ich buche für Sie also zwei Rundreisetickets erster Klasse, Phil. Welche Mietwagenfirma bevorzugen Sie?"

ANZUGVERKÄUFER: „Ich empfehle Ihnen unbedingt, diese beiden Smokinghemden zu nehmen, sie passen hervorragend zu Ihrem *neuen* Anzug." (Dieser Satz wird gesagt, noch bevor der Kunde dem Kauf des Anzugs zugestimmt hat!) „Nun, welche von diesen drei Krawatten soll ich Ihnen noch dazupacken?"

DER SCHEIBCHENWEISE-ABSCHLUSS

Diese Verkaufstechnik ähnelt dem voraussetzenden Abschluss und ist auf jedes Produkt anwendbar. Sie beruht auf der Annahme, dass die Leute mit größeren Entscheidungen mehr Mühe haben als mit kleineren. Um diesen Abschluss durchzuführen, schlagen Sie eine Reihe kleinerer Entscheidungen vor, die sich insgesamt zu einer großen summieren.

So könnte beispielsweise ein Agent von einer Lebensversicherungsgesellschaft eine größere Entscheidung in folgende Worte verpacken: „Mit

Ihrer Unterschrift auf diesem Antrag verpflichten Sie sich, die nächsten fünfundzwanzig Jahre einen Monatsbeitrag von 400 Dollar zu bezahlen." Kann man es einem da verübeln, wenn er die Sache nochmal überschlafen will?

Damit der Kunde leichter einwilligt, könnte der Agent statt dessen folgende Formulierungen verwenden:

„Möchten Sie monatlich, vierteljährlich oder jährlich bezahlen?"
„Sind Sie einverstanden, wenn ich Ihre Privatanschrift zur Rechnungsstellung benütze?"
„Würden Sie bitte den Vornamen Ihrer Frau buchstabieren? Und Sie wollen sie als Begünstigte einsetzen?"
„Würden Sie bitte diesen Antrag hier unterschreiben, damit wir Rücksprache mit Ihrem Arzt halten können?"
„Bitte unterschreiben Sie auch hier unten, dass alle obigen Angaben korrekt sind."
„Bitte stellen Sie Ihren Scheck an die Gesellschaft über diesen Betrag hier aus." (Der Verkäufer deutet auf eine geschriebene Zahl, statt sie auszusprechen.)

Die unkomplizierte Natur dieser kleineren Entscheidungen erleichtert jedem den Kauf. Und mit der Beantwortung aller Fragen kauft der Kunde auf schmerzlose Weise. Die meisten Menschen können viele kleinere Entscheidungen treffen, aber bittet man sie einmal, eine größere Sache zu entscheiden, steht man vor einer völlig neuen Situation. Es ist Ihre Aufgabe, die Last des Entscheidungsprozesses zu mindern.

KLEINER FEHLER VS. GROSSER FEHLER

Bei diesem Abschluss betonen Sie, dass ein Nichtkauf ein großer, ein Kauf hingegen selbst im schlimmsten Fall nur ein geringfügiger Fehler wäre. Dieser Abschluss eignet sich besonders für den Verkauf von Versicherungen und Dienstleistungen wie Dachdecken, Gerätereparaturen usw.

Ed Ellman, einer der führenden Versicherungsagenten des Landes, erzählt seinen Kunden: „Alan, eine Entscheidung wird jetzt so oder so gefällt werden, selbst wenn Sie der Meinung sind, dass es am besten sei, gar keine Entscheidung zu treffen. Sie können sich dazu entschließen, 3.000 Dollar in eine Versicherungsprämie zu investieren, die sich später irgendwann als unnötig erweist. Zwar mag niemand von uns auch nur einen Dollar falsch investieren, jedoch werden Ihr Geschäft oder Ihr Lebensstil durch einen solch geringfügigen Fehler nicht subtanziell berührt. Sie können aber auch beschließen, etwas zu unternehmen, indem Sie eine - Entscheidung aufschieben und die Hände in den Schoß legen. Dadurch könnten Sie vielleicht 3.000 Dollar sparen... aber es könnte sich zu einem Fehler von einer halben Million Dollar auswachsen. Sagen Sie mir, wie leicht wäre es, einen Fehler von einer halben Million Dollar zu korrigieren... vor allem, wenn er sich in der kritischsten Phase Ihrer geschäftlichen Existenz ereignet?"

Der legendäre Ben Feldman, vielleicht der beste Lebensversicherungsagent aller Zeiten, denkt in dieselbe Richtung. Bei seinem Versuch, einen Kunden davon zu überzeugen, pro Woche zwanzig Dollar in eine Police über 50.000 Dollar zu investieren, sagt Feldman: „Das ist so, als würde meine Firma ein besonderes Treuhandkonto einrichten und darauf 50.000 Dollar einzahlen. Während Sie Ihre Prämien zahlen, wird das Geld immer mehr. Ein Geschäft sollte etwas sein, aus dem man sowohl Geld entnimmt als auch einbezahlt. Deshalb werde ich das Geld für Sie akkumulieren – für nur zwanzig Dollar die Woche.

Doch neben der Vermehrung Ihres Kapitals werde ich noch etwas anderes tun. An dem Tag, wo Sie rausgehen, werde ich reingehen und 50.000 Dollar in die Kasse legen, *steuerfrei*. Bei Ihrem Steuersatz müssten Sie über 100.000 Dollar verdienen, um hier gleichzuziehen... wahrscheinlich müssten Sie als Verkäufer über eine Million Dollar Umsatz schreiben, um das nachzumachen.

Ich denke nicht, dass Sie, wenn Sie nochmal zwanzig Dollar in Ihrer Brieftasche hätten, sich sehr wohlhabend vorkämen. Und wenn Sie zwanzig Dollar weniger hätten, dann bezweifle ich, dass Sie sich deswegen abgebrannt fühlen würden. Offen gesagt, wenn Sie je an den Punkt kommen, wo zwanzig Dollar so einen Unterschied machen, dann sind Sie pleite und wissen es nur noch nicht."[1]

Bei jedem der obigen Abschlüsse bekommt der Kunde quasi eine Medaille mit zwei Alternativen angeboten, bei der das Risiko der Kehrseite so hoch ist, dass ihn die Entscheidung, nicht zu kaufen, einer extremen Gefahr aussetzt. Der Chef eines Dachdeckerbetriebs könnte den gleichen Abschluss anwenden: „Meine Firma wird Ihnen Ihr Dach für 2.700 Dollar reparieren. Wenn Sie diese Entscheidung jedoch lieber auf die lange Bank

[1] Andrew H. Thomson, *The Feldman Method* (Chicago: Farnsworth Publishing, 1969, 1980) 108.

schieben, könnten Sie am Ende mit einer Rechnung über fünfzehn- bis zwanzigtausend Dollar dastehen, weil die Wasserschäden, die irgendwann auftreten, Ihre Decke, Ihre Wände, Möbel und Teppiche ruinieren werden."

Mit derselben Abschlusstechnik erläutert ein Automechaniker: „Wenn wir keinen neuen Anlasser montieren, geht Ihnen irgendwann das Schwungrad kaputt, was bedeutet, dass für die Reparatur das Getriebe ausgebaut werden muss. Statt dann eine Reparaturrechnung über dreihundert Dollar anzuschauen, sprechen wir dann über eine Menge Extraarbeit, die sich auf zwölfhundert Dollar belaufen könnte."

Wie Sie sehen, wird der Kunde bei jeder Anwendung dieser Abschlusstechnik potenziell mit einem weit größeren Problem konfrontiert, falls er es vorziehen sollte, nicht zu kaufen.

DREIMAL DIE AUSWAHL

Im Lauf der Jahre habe ich festgestellt, dass den Kunden eine Entscheidung um so schwerer fällt, je mehr Wahlmöglichkeiten man ihnen anbietet. Hierfür habe ich zwar keine konkreten, durch empirische Forschungen gestützte Beweise, jedoch ist mir aufgefallen, dass bei mehr als drei Möglichkeiten vielen Leuten die Auswahl echt schwerfällt. Obwohl ich nicht sagen kann, warum es die Menschen verwirrt, sobald ihnen vier oder mehr Alternativen zur Verfügung stehen, empfehle ich, höchstens drei anzubieten.

So könnte beispielsweise ein Juwelier einem Kunden ein ganzes Dutzend Brillantringe zeigen; nach einem kurzen Vorgespräch, in welchem er die Preislage des Kunden, die gewünschte Schliffgüte und Farbe usw. erfragt, wird er ihm tatsächlich aber nur drei Ringe vorlegen.

Ebenso könnte ein Verkäufer einer Investmentgesellschaft im Anschluss an ein Vorgespräch sagen: „Ich empfehle Ihnen eines von drei Programmen." Daraufhin zeigt er Hochrechnungen auf der Basis monatlicher Einzahlungen in Höhe von 200, 300 und 400 Dollar. „Sagen Sie mir, gnä' Frau, bei welcher dieser drei Anlagesummen wäre Ihnen am wohlsten zumute?" Schätzungsweise fünfzig Prozent der Bevölkerung wählen bei drei auf Kosten basierenden Angeboten die goldene Mitte – als wollten sie nicht billig erscheinen durch die Wahl des preisgünstigsten Angebots noch extravagant wirken durch die Entscheidung für die teuerste Variante. Von den übrigen entscheidet sich wiederum die eine Hälfte für die preiswerteste und die andere Hälfte für die kostspieligste Variante. Die Kundenfrage „Was nehmen denn die meisten Leute?" werte ich als ein Signal der Vorsicht und erwidere folglich: „Ich empfehle Ihnen das mittlere Angebot, es ist mit Abstand das beliebteste." Mit dieser Antwort nehme ich ihnen die Entscheidung ab.

DER KOMPROMISS-ABSCHLUSS

Wenn bis auf den Preis alle Einwände aus dem Weg geräumt sind und der Kunde sich noch immer nicht entscheiden kann, rate ich dazu, es ihm durch Anbieten einer Kompromisslösung leicht zu machen. Nachfolgend einige Beispiele, wie das funktioniert:

BÖRSENMAKLER: „Tim, aufgrund der von Ihnen gemachten Angaben schlage ich vor, dass Sie derzeit keinen ganzen Posten nehmen. Wir sind uns aber beide darin einig, dass Sie von dieser Investition in erheblichem Maße profitieren können, und wie immer ist der Zeitpunkt von übergeordneter Wichtigkeit. Was ich daher tun möchte, ist einfach folgendes: Wir steigen nicht mit zehntausend Aktien ein, sondern schöpfen vielmehr diese Anlage mit einer Mindestzeichnung von fünftausend Aktien aus." (Falls eine Schweigepause folgt, kann der Makler fortfahren.) „Oder wäre es Ihnen lieber, nur mit dreitausend Aktien einzusteigen?"

ANZEIGENVERKÄUFER GELBE SEITEN: „Ich verstehe, wie knapp Ihr Werbeetat kalkuliert ist, Myrna. Statt also auf die halbe Seite zu gehen, nehmen wir doch diesmal eine Drittelseite." (Er kann immer noch auf eine Viertel- oder Achtelseite herunterschrauben.)

VERSICHERUNGSAGENT: „Ed, aus Ihren Kommentaren höre ich heraus, dass Sie derzeit nicht gewillt sind, in eine Police über eine Million Dollar zu investieren. Sie stimmen mir aber darin zu, dass Sie unbedingt eine Zusatzversicherung brauchen und dass dieser Kauf keinen weiteren Aufschub duldet. Ich empfehle deshalb, dass wir nicht bei der Höchstsumme einsteigen, zu der Sie bei entsprechender Liquidität greifen würden. Wir gehen lieber auf eine kleinere Summe, um für jetzt eine gewisse Sicherheit zu schaffen. Nehmen wir doch 700.000 Dollar als Deckung."

Bei diesem Abschluss ist die halbe Miete immer noch besser als gar nichts. Und was noch wichtiger ist: Wenn Sie einmal den Kunden für sich gewonnen haben, öffnen Sie damit die Tür zu weiteren Umsätzen in der

Zukunft. Fragen Sie irgendeinen Topverkäufer, der schon seit Jahren den Kompromissabschluss anwendet, und er oder sie wird Ihnen sagen, wieviele dicke Konten als kleine Aufträge begannen. Wie sagt das Sprichwort so schön: „Aus kleinen Eicheln wachsen mächtige Eichen."

KEINE GEHEIMNISKRÄMEREI

Nachdem ich mit einem schwierigen Kunden in einer langen Besprechung alle anderen Wege ausgeschöpft hatte, sagte ich: „Schauen Sie, Jerry, ich mache kein Geheimnis daraus. Ich will mit Ihnen ins Geschäft kommen." Sie wären überrascht, wie effektiv es ist, dies so unverblümt zu sagen.

Wenn das immer noch nicht zum Verkaufsabschluss reicht, sage ich: „Was muss ich tun, um Ihren Auftrag zu bekommen?" Dann ziehe ich meine Nummer ab und frage den Kunden, ob er will, dass ich vor ihm auf die Knie fallen und um seinen Auftrag betteln soll. Denjenigen unter Ihnen, die für einen Verkaufsabschluss nur ungern auf die Knie fallen – und ich kann verstehen, dass hierfür die meisten Verkäufer zu gehemmt sind – sei gesagt: *Seien Sie nie zu stolz, die Kunden wissen zu lassen, wie sehr Sie Ihren Auftrag schätzen würden.*

DER BEN-FRANKLIN-ABSCHLUSS

Wenn Ben Franklin sich dieser Methode bediente, dann wissen Sie, dass sie ziemlich alt ist. In der Versicherungsbranche ist sie seit Jahren gebräuchlich, und sie ist so effektiv, dass ich weiß, dass sie universell anwendbar ist. Und so funktioniert sie:

„Einer der größten Amerikaner ist für mich Benjamin Franklin. Bestimmt pflichten Sie mir bei, dass er einer der klügsten Männer in der Geschichte unserer Nation war. Wissen Sie, was der alte Ben tat angesichts einer schwierigen Situation wie der, in der Sie jetzt stecken? Er holte ein unbeschriebenes Blatt Papier hervor und zog in der Mitte einen senkrechten Strich. Genau so, sehen Sie?" – Sie müssen gleichzeitig reden und schreiben – „Franklin pflegte auf diese Hälfte des Blatts 'Ja' und auf diese 'Nein' zu schreiben. Dann listete er alle Gründe auf, welche die Entscheidung in der Ja-Spalte begünstigten, und alles, was dagegen sprach, notierte er in der Nein-Spalte.

Was halten Sie davon, wenn wir das Gleiche tun? Okay, jetzt tragen wir mal alles zusammen, was wir unter 'Ja' eintragen könnten..."

Ein Lebensversicherungsagent etwa würde solche Punkte notieren wie das niedrige Prämienniveau heute gegenüber einem Abwarten bis morgen; die Vorteile, die aus der Police resultieren; die gegenwärtige Versicherbarkeit des Antragstellers, was sich jederzeit ändern könnte; der hohe Rückkaufswert u.a.m. Dann würde der Vertreter zu dem Kunden sagen: „So, und jetzt erzählen Sie mir, was Ihrer Ansicht nach in die Nein-Spalte gehört."

Bei korrekter Durchführung dieses Abschlusses müssten in der Ja-Spalte weitaus mehr Punkte stehen als in der Nein-Spalte. Natürlich würde kein Verkäufer, der auch nur einen Funken gesunden Menschenverstand besitzt, freiwillig die Negativgründe anführen, weshalb der Kunde nicht kaufen sollte.

DAS PROBLEM LÖSEN, NICHT EIN ZWEITES SCHAFFEN

Ihr Job als Verkäufer ist es, Probleme zu lösen. Wenn Sie aber nach Darlegung des Bedarfs den Verkauf nicht abschließen, schaffen Sie im Grunde ein neues Problem. In diesem Fall rate ich, dass Sie das von Ihnen geschaffene Problem thematisieren, indem Sie sagen: „Das ist schon witzig, Mark, aber haben Sie bemerkt, was im Verlauf der letzten Stunde passiert ist? Als ich Ihr Büro betrat, kam unser Gespräch deshalb in Gang, weil Sie ein Problem hatten. Jetzt haben Sie noch ein Problem, weil Sie mich loswerden müssen. Das zweite Problem können Sie lösen, indem Sie mich einfach bitten, zu gehen. Und wenn Sie das tun, dann bin ich weg. Ihr erstes Problem wird dadurch aber nicht gelöst, richtig? Ich schlage also vor, dass wir uns noch ein paar Minuten zusammensetzen und schauen, ob wir auch dieses Problem lösen können."

Eine andere Variante dieses Abschlusses ist die: „Mark, Sie werden gewiss einsehen, dass ich nicht hergekommen bin, um Ihnen ein Problem zu bereiten, sondern um eines zu lösen. Ich weiß, wie beschäftigt Sie sind, und obwohl Sie sich sicher über Ihr bestehendes Dilemma im klaren waren, bevor ich Ihr Büro betrat, erkenne ich, dass Sie sich dabei wohlfühlten, es auf die lange Bank zu schieben und zu ignorieren. Wir beide wissen aber doch, dass solche Probleme nicht durch Nichtstun verschwinden. Wenn Sie Ihr Problem nicht erkennen, wird es sich nur weiter verschlimmern.

Auch wenn Sie also im Moment vielleicht nicht allzu glücklich sind mit mir, weil ich Ihr Problem wieder ans Licht gezerrt habe, weiß ich eines: Wenn wir es erst gelöst haben, werden Sie mir für diesen guten Dienst dankbar sein. Deswegen lege ich Ihnen jetzt wirklich ans Herz, die Zähne zusammenzubeißen und diese Sache auf die Reihe zu bringen..."

DER MIT-LIEBE-VERKAUFEN-ABSCHLUSS

Diesen Abschluss habe ich 'zigfach bei Ehemännern und -frauen angewandt, bei Eltern und Kindern – er funktionierte jedesmal, wenn ein Familienmitglied für einen seiner Lieben ein Auto kaufte. Stellen Sie sich eine Szene vor, in der jemand eine andere Person begleitet, für die die erste Person einen Kauf tätigen wird. Beispielsweise sieht sich ein Vater mit seinem Fräulein Tochter nach einem Geschenk – einem neuen Auto – für ihren Collegeabschluss um. An einem entscheidenden Punkt beim Verkaufsabschluss schiebe ich dem Vater den Schwarzen Peter zu, was ihn in eine Position bringt, wo es ihm peinlich wäre, nicht zu kaufen. „Wissen Sie was, Susan?", sage ich. „Sie sind eine sehr glückliche, junge Frau."

„Wie kommen Sie darauf, Mr. Girard?"

„Weil Sie einen so wundervollen Vater haben", sage ich in weichem, melodramatischem Tonfall. „Als ich jung war, hätte ich auch gern so einen Papa wie Ihren gehabt. Ich hoffe, Sie wissen es zu schätzen, dass Ihr Papa Ihnen so ein schönes Auto kauft."

„Oh ja, aber klar doch."

Wenn das den armen Herrn Papa nicht zum Schmelzen bringt, dann weiß ich nicht, was sein Herz noch erweichen soll. Bei diesen Worten habe ich schon einige harte, sachliche Männer ein paar Tränen verdrücken gesehen. Ich habe es jedoch stets aufrichtig gemeint. Ich wünschte mir tatsächlich, mein Vater hätte seine Liebe zu mir in solch großzügiger Weise gezeigt, und ich bewundere bestimmt andere Väter, die bei ihren Kindern so sind.

Einmal präsentierte ein Lebensversicherungsagent meiner Frau und mir starke Argumente an unserem Küchentisch. June war dagegen, weil die Prämie zu hoch war. Aber er machte den Verkauf, als er sagte: „Wissen Sie, ich habe eine Menge Ehefrauen sich darüber beklagen gesehen, dass ihre Männer zuviel Geld für eine Lebensversicherung ausgeben." Dann machte er eine Pause. Meine Frau nickte beifällig, und er ergänzte: „Bei einer Witwe habe ich das noch nie erlebt, Mr. Girard."

Als er sah, wie sehr mich seine Bemerkung aufwühlte, rief er zu meinem Sohnemann und meiner kleinen Tochter hinüber: „Hallo, Kinder, ich möchte, dass ihr eure Hausaufgaben mal für eine Minute liegen lasst und zu uns kommt." Joey und Gracie kamen zum Tisch getappelt, und der Vertreter sagte: „Wisst ihr, euer Papa hat euch wirklich sehr lieb. Er ist ein ganz toller Mann." Woraufhin er wortlos Angaben im Antragsformular zu notieren begann. Uns vieren standen die Tränen in den Augen; unsere Liebe füreinander erfüllte den Raum. Dann übernahm der Vertreter die Gesprächsführung mit den Worten „In Ordnung, Kinder, jetzt macht schön mit euren Hausaufgaben weiter" und schloss den Verkauf ohne eine Spur von Widerstand seitens meiner Frau ab.

Ein anderes Mal sollte ich June zu einem Pelzhaus begleiten. Als Käufer konnte ich es nicht mit der Dame aufnehmen, die uns die Mäntel zeigte. Sie ließ meine Frau einen Mantel nach dem anderen anprobieren. Schließlich fand June einen, der ihr besonders gut gefiel, und sie bewunderte sich gewiss zehn Minuten lang darin im Spiegel. „Ich liebe ihn einfach, aber ich weiß, er ist viel zu teuer, Schatz."

Bevor ich noch etwas erwidern konnte, sagte die Verkäuferin: „Sie sehen traumhaft aus in diesem Mantel. Finden Sie nicht auch, Mr. Girard?"

„Äh, ja", murmelte ich, mit einem Auge das Preisschild musternd. Dann sagte ich: „June, du siehst hinreißend aus."

Daraufhin sagte die Verkäuferin zu June: „Sie wären überrascht, wieviele Ehemänner hier mit ihren Frauen hereinspaziert kommen und ihnen erklären, dass sie in einem Pelz fett aussähen. Sie können sich glücklich schätzen, einen so liebevollen und aufmerksamen Gatten zu haben, meine Liebe. Ich wette, er schlägt Ihnen nichts ab."

Diese Frau gab mir das Gefühl, einen Meter zu wachsen. Ich strahlte übers ganze Gesicht. Dann dämmerte es mir: Ich hatte meiner Frau soeben einen teuren Pelzmantel gekauft!

Dwight Lankford von Piedmont Marketing, Inc. ist vielleicht Amerikas Topverkäufer im Timesharing-Immobilienmarkt. Auch er schließt Verkäufe ab, indem er an die Liebe des Kunden zu seiner Familie, wie sie eine Führungskraft empfindet, appelliert. „Das Profil meines typischen Kunden sieht so aus: Er ist ein Mensch, der von seiner Arbeit besessen ist, ein sogenannter Workaholic", sagt Lankford. „Infolgedessen hat er Schuldgefühle, weil er nicht genug Zeit mit seiner Familie verbringt. Hier setze ich an und betone: 'Durch den Erwerb einer Timesharing-Wohneinheit verpflichten Sie sich, einmal pro Jahr mit Ihrer Familie in Urlaub zu reisen, und vor allem ist es wertvolle Zeit. Sie können entweder Ihr eigenes Apartment bewohnen, oder Sie gehen mit der Familie unseren Katalog durch und suchen sich an irgendeinem von tausend exotischen Zielen Ihren Ferienort aus.'

In neun von zehn Fällen ist die Frau dafür, denn ihr Mann soll sich verpflichten, mit der Familie wertvolle Zeit zu verbringen. Wenn also der Mann dagegen ist, wird man automatisch starken Druck ausüben durch die Erklärung, dass er mit seinem Nein deutlich macht, dass er nicht bereit ist, jedes Jahr eine bestimmte Zeit für die Familie abzuzweigen. 'Wenn Sie sich nicht jetzt dazu entschließen', sage ich, 'dann werden Sie es nie tun. Wann ist Ihre Familie das letzte Mal richtig schön in Urlaub gefahren? Es ist eine Schande, dass Ihre nette Familie auf diese gemeinsamen Jahre verzichten muss, die, wenn sie einmal vorbei sind, nie ersetzt werden können. Sie müssen sich wirklich jedes Jahr definitiv zu einem Urlaub zwingen, und hier ist der ideale Weg dazu.'" Wie Sie sehen, appelliert Lankford stark an die Gefühle, noch heute zu kaufen – andernfalls wird der Kunde seiner Familie etwas vorenthalten, worauf sie ein Anrecht hat.

DER FOLGE-DEM-FÜHRER-ABSCHLUSS

Dieser Abschluss basiert auf der Theorie, dass es auf dieser Welt mehr Nachfolger als Anführer gibt. Daher werden manche Kunden erst kaufen, nachdem sie wissen, dass auch Prominente ihre Unterschrift geleistet haben. Woher weiß man, wann ein paar Namensnennungen in Ordnung sind? Das eindeutige Signal ist diesbezüglich, wenn der Kunde „An wen haben Sie vorher noch in der Region verkauft?" fragt.

Ein weiteres subtiles, lautloses, aber bedeutungsvolles Signal sind die Statussymbole, die Sie registrieren mögen. Zum Beispiel ist eine Frau, die eine Bluse mit Designerlabel an hat, eine Designeruhr und eine Designersonnenbrille trägt und eine Designerhandtasche umgehängt hat, eine Person, die bereit ist, für ein Gefühl von Identität ein paar Scheinchen mehr hinzublättern. Ebensooft begegnet man Männern, die sich mit Statussymbolen schmücken. So finden sich beispielsweise kleine Krokodile und Polospieler auf ihren Hemden, Jacketts, Gürteln und Krawatten, und sie besitzen auch ihren Teil an teuren Dingen, die als Statussymbole mit Markennamen dienen wie etwa Rolexuhren. Als der Historiker, Jurist, Pulitzer-Preisträger und emeritierte Kongressbibliothekar Daniel J. Boorstin bei einem Interview mit dem *Forbes*-Magazin gefragt wurde, weshalb jemand bereit sei, für ein Produkt von Pierre Cardin mehr auszugeben, erwiderte er, dass der Käufer „auf die Tatsache baut, dass Sie beeindruckt sein werden, weil ich es gekauft habe. Vielleicht bringt's ja was, anderen zu erzählen, dass ich das Geld, den Geschmack und das Prestigebedürfnis habe, mir eine computergesteuerte Bratpfanne zu kaufen.“[2]

In Häusern und Büros finden sich Dutzende Statussymbole, die Ihnen verraten, in welcher Weise der Kunde von der Denkart anderer Leute beeinflusst ist – und in meinen Augen zeigen diese klar, dass es in Ordnung ist, so viele Namen einzustreuen, wie Ihnen einfallen. Manche Verkäufer tragen zu diesem Zweck lange Kundenlisten bei sich, wogegen andere noch einen Schritt weiter gehen: Sie präsentieren Dankesbriefe zufriedener Kunden.

Solche Dankschreiben sind ziemlich wirkungsvoll, vor allem jene, in denen Ihr toller Service und der Ihrer Firma gelobt werden. Manchmal müssen Sie diese Briefe erbitten. Zufriedene Kunden mögen zwar eine hohe Meinung von Ihnen haben, jedoch werden nur wenige darüber schreiben, ohne dass Sie ihnen ein bisschen gut zureden. Ja, ich bewahrte in meiner Schreibtischschublade immer einen Stapel Briefe auf, um sie Kunden zu zeigen. Manche waren aus freien Stücken geschrieben worden, andere stammten von glücklichen Kunden, die ich um ein paar Zeilen gebeten hatte. Wenn ein Kunde z. B. eine Bemerkung machte wie „Noch nie bin ich von einem Verkäufer so königlich behandelt worden, Joe“, pflegte ich darauf „Würden Sie mir vielleicht einen großen Gefallen tun?“ zu erwidern. Dann erklärte ich, wie sehr ich es schätzen würde, wenn er diese Aussage zu Papier bringen würde.

Die Leute lassen sich stark von dem Wissen beeinflussen, dass man schon an prominente Mitglieder der Gesellschaft verkauft hat. Wie ich schon in einem früheren Kapitel sagte, rührt eine zögerliche Haltung von der Befürchtung her, eine schlechte Entscheidung zu treffen. Somit könnte ein Kunde also wie folgt denken: „Diese Leute sind klug und scharfsinnig; wenn sie also gekauft haben, dann bin ich mir sicher, dass es einen guten Wert darstellt.“ Die Namen einiger der angesehensten Bürger der Region zu erwähnen, wirkt auch fabelhaft, wenn es darum geht, zu zeigen, dass Sie ein rechtmäßiger Verkäufer sind – das gilt vor allem bei der Kaltakquisition, wenn Sie spüren, dass die Unsicherheit des Kunden auf einem Mangel an Vertrautheit mit Ihnen oder Ihrer Firma beruht. Manche Leute denken so: Wenn wir schon geschnappt werden, befinden wir uns wenigstens in guter Gesellschaft!

[2] Richard C. Morals, "What Is Perfume But Water and a Bit of Essence?" *Forbes* (May 2, 1988) 95.

DER SCHWER-ZU-BEKOMMEN-ABSCHLUSS

Sofern Sie sich noch erinnern, wie Sie damals in der Grundschule zum ersten Mal verknallt waren (in die kleine Kesse oder den süßen Jungen, die einen auf unnahbar machten), werden Sie leicht verstehen, wie dieser Abschluss funktioniert. Es ist eine Tatsache, dass der Mensch jene Dinge will, die nicht ohne weiteres verfügbar sind. Wären Diamanten so häufig wie Kieselsteine, würde sich niemand auch nur nach ihnen bücken. Schwer zu bekommende Dinge sind begehrt, weil nicht jeder sie haben kann. Letztlich läuft es auf Gier und Ego hinaus.

Diese Natur des Menschen bildet die Grundlage für den Schwer-zu-bekommen-Abschluss. Diese Abschlusstechnik konfrontiert Käufer mit der Frage „Können Sie sich qualifizieren?" anstatt „Wollen Sie es kaufen?" Bei korrekter Durchführung vergessen die Kunden ihre Sorge, eine minder gute Kaufentscheidung zu treffen – sie sind allein darauf fixiert, ob sie überhaupt zu kaufen imstande sein werden!

Um eine klare Vorstellung davon zu bekommen, wie das funktioniert, möchte ich Sie in die Zeit des II. Weltkriegs zurückversetzen, als eine extreme Güterknappheit herrschte. Es war ein Verkäufermarkt, und die Kunden waren bereit, die größten verfügbaren Mengen zu Spitzenpreisen zu kaufen. Infolgedessen waren Verkäufer weitestgehend unabhängig; ihr Vertrauen gründete sich natürlich auf das Wissen, dass sie ihre begrenzten Warenbestände bis zum letzten Päckchen würden ausverkaufen können. In der Automobilbranche z. B. tat ein Verkäufer jemandem schon einen Gefallen, indem er einfach den Namen eines bevorzugten Kunden auf der Liste nach oben setzte, so dass derjenige ein Auto kaufen konnte, auch wenn dies einen satten Aufschlag gegenüber dem Preisschild bedeutete. Das Gleiche galt praktisch bei allen Dingen.

Spitzenverkäufer wenden diese Technik selbst heute noch an, wo wir es mit einem Käufermarkt zu tun haben – und bei korrekter Durchführung funktioniert sie noch immer fabelhaft. Warum? Weil sie auf derselben menschlichen Natur beruht, die Adam und Eva die verbotene Frucht begehren ließ. *Der Mensch will jene Dinge, die er nicht haben kann.* Und je schwerer diese Dinge zu bekommen sind, um so mehr Leute wollen sie haben. Benützen Sie diese Form einer umgekehrten Psychologie bei Ihrer Verkaufspräsentation, und Sie werden beträchtliche Zugewinne in Ihrer Erfolgsstatistik verbuchen können.

Nachfolgend einige Beispiele, wie der Schwer-zu-bekommen-Abschluss beim Verkauf von praktisch jedem Produkt funktioniert:

VERSICHERUNGSAGENT: „Ehrlich gesagt, Ihr Gesundheitszustand ist fragwürdig, Fred. Ich habe ernstliche Bedenken, ob Sie sich für diese Police qualifizieren. Jetzt unterschreiben Sie in der Zeile hier. Damit geben Sie dem Versicherer die Erlaubnis, mit Ihren Ärzten in Kontakt zu treten, und ich werde einen Termin für Ihre Untersuchung vereinbaren." Dieser Abschluss funktioniert, weil jeder Versicherungsvertreter weiß, dass Menschen, die nicht versicherbar sind, soviel Lebensversicherung wünschen, wie sie kriegen können! Nicht, dass kranke Menschen einen höheren Bedarf hätten – sie wollen, was sie womöglich nicht bekommen können!

AUTOVERKÄUFER: „Tom, ich finde, Sie sollten das preisgünstigere Modell in Erwägung ziehen. Ich denke, Sie sind nicht zum Kauf des Spitzenmodells bereit." Der Kunde wird hier herausgefordert und will beweisen, dass er finanziell in der Lage ist, das teuerste Auto im ganzen Laden zu kaufen.

VERTRETER EINER MÖBELWERKSTÄTTE: „Meine Firma möchte nur einen Händler in dieser Stadt" – Stadtteil in einer größeren Stadt – „als Repräsentanz für unser Möbelsortiment. Offen gesagt, Jay, wir wünschen uns den stärksten, angesehensten Einzelhändler, und ich bezweifle, ob Ihr Laden der richtige ist." Wieder wird der Kunde herausgefordert, zu beweisen, dass er für die Firma als Geschäftspartner sehr wohl in Frage käme.

KUNSTHÄNDLER: „Dieses seltene Gemälde ist ein Sammlerstück, und ich möchte es nur jemandem überlassen, der in meinen Augen ein ernsthafter Kunstsammler ist. Um ganz offen zu sein, mein Herr, ich werde es nicht einfach an jemanden verkaufen, der es nicht zu schätzen weiß. Ich habe kein Interesse, es jemandem zu verkaufen, dessen einzige Qualifikation darin besteht, dass er sich das Bild vom Preis her leisten kann. Ein qualifizierter Käufer muss ein Mensch mit erlesenem Geschmack sein, ein wahrer Liebhaber wertvoller Kunst." Auch hier muss sich der Käufer als würdig erweisen, das Produkt des Verkäufers zu erstehen.

IMMOBILIENMAKLER: „Dieses Haus ist eventuell eine Nummer zu groß für Sie. Vielleicht sollte ich Ihnen einige kleinere Objekte in einer anderen Gegend zeigen, wo Sie sich wohler fühlen würden." Hier fordert der Makler den Kunden subtil heraus und bringt ihn in die Defensive.

In jeder der obigen Situationen besteht die Strategie des Verkäufers darin, den Kunden soweit zu bringen, dass er bzw. sie sich als Käufer würdig erweist. Dieser Abschluss funktioniert, weil er die Begierlichkeit der Menschen anspricht und ihr Ego. Die Leute wollen, was andere nicht haben können, und sie wollen akzeptiert sein. Gäbe es diese menschlichen Eigenschaften nicht, hätten exklusive Country Clubs Probleme, Mitglieder anzulocken. In Anlehnung an Groucho Marx, einen der größten Komiker Amerikas, würde ich keinem Country Club beitreten, wo ich Mitglied werden müsste.

DER VERKAUFSLEITER-ABSCHLUSS

Dies ist ein Abschluss, den jeder Verkaufsleiter anwenden kann, wenn er einen Nachwuchsverkäufer begleitet. Nachdem der Trainee seine Verkaufspräsentation beendet hat und kein Verkauf zustande kam, fragt der Verkaufsleiter: „Hätten Sie etwas dagegen, wenn ich eine Bemerkung mache, bevor wir gehen?"

„Nicht im geringsten", sagt der Kunde.

„Wie Sie wissen, bin ich Jeffs Verkaufsleiter, und ich habe seine Verkaufspräsentation stillschweigend beobachtet. Ich denke, er hat seine Sache gut gemacht. Was meinen Sie, Chuck?"

„Da stimme ich Ihnen zu. Ich denke, wenn er noch etwas Erfahrung sammelt, wird Jeff einer Ihrer besten Verkäufer sein."

„Ich denke, Sie werden mir auch darin beipflichten, dass Jeff ein wirklich unaufdringlicher Verkäufer ist."

„Ja, dem kann ich mich nur anschließen", sagt der Kunde mit einem Kopfnicken.

„Nun ja, er war so unaufdringlich, dass er nicht mal versucht hat, Ihren Auftrag zu bekommen. Bitte korrigieren Sie mich, wenn ich mich irre, aber Sie *sind* daran interessiert, unser Produkt zu kaufen."

„Ich werde bestimmt darüber nachdenken."

„Nun, streng als Beobachter sprechend, weiß ich, dass Sie es wollen. Und ich weiß noch etwas: Jeff möchte sicher, dass Sie es besitzen. Stimmt's nicht, Jeff?"

„Absolut."

„Ich schlage also vor, dass Sie das Auftragsformular ausfüllen, Jeff", sagt der Verkaufsleiter, während er dem Verkäufer Blatt und Füller in die Hand gibt, „und tragen die Angaben ein, die Sie zum Abschluss Ihres Verkaufs benötigen."

Wenn der Trainee den zugespielten Ball jetzt nicht aufhebt und losläuft, wird er's nie schaffen!

ES MUSS NICHT BEIM NEIN BLEIBEN

Sicher kennen Sie den von dem Diplomaten, der 'Vielleicht' meint, wenn er Ja sagt. Wenn er Vielleicht sagt, meint er 'Nein'. Und wenn er Nein sagt, war er die längste Zeit Diplomat.

Ebenso sollte ein Verkäufer ein Nein nie in der Weise beurteilen, dass ein Verkauf nicht zum Abschluss gebracht werden kann. Was mir daran gefällt, ein paar Abschlüsse in der Hinterhand zu haben, ist folgendes: Wenn man nicht mit dem ersten zum Erfolg kommt, kann man es immer wieder probieren, bis man schließlich doch den Verkauf macht.

Wie ich immer zu sagen pflege, nachdem ich sieben Neins kassiert habe, beginne ich zu denken: „Vielleicht wird er ja nicht kaufen. Noch drei Versuche geb ich mir.“

IX

EIN GEFÜHL VON DRINGLICHKEIT ERZEUGEN

Um im Verkaufswesen erfolgreich zu sein, müssen Sie Ihrem Kunden einen konkreten Grund in die Hand geben, weshalb er bzw. sie heute Ihr Produkt kaufen sollte. Schaffen Sie das nicht, wird Ihr Kunde keinen Anreiz zu einem sofortigen Kauf verspüren und die Entscheidung hinausschieben. Lediglich einen Bedarf nach Ihrem Produkt zu wecken, reicht nicht aus, sofern der Kunde keine schlimmen Konsequenzen erleiden wird, wenn er Ihr Produkt nicht schnellstmöglich besitzt. Ein Vertreter für Rettungsboote z. B. hätte keine Mühe gehabt, den Kapitän der sinkenden *Titanic* davon zu überzeugen, seine Waren unverzüglich zu kaufen.

Es ist einem Verkäufer indes nur selten beschieden, dass genau zum Zeitpunkt einer Katastrophe Fortuna am Schauplatz erscheint. Aus diesem Grund müssen Produkte wie Haftpflichtversicherungen, Sicherheitsgurte und Feuerlöscher in Voraussicht auf einen zukünftigen Bedarf verkauft werden. Es muss ein Gefühl von Dringlichkeit erzeugt werden, und zwar vor dem Notfall, nicht danach. Ich denke, dass es möglich ist, in den Menschen einen brennenden Wunsch nach jedem beliebigen Produkt zu wecken. Wenn Sie Ihre Kunden inspirieren können, dass sie ein solches Bedürfnis verspüren, Ihr Produkt zu kaufen, wird Ihre Abschlussquote zwangsläufig in die Höhe klettern.

DAS BEFRISTETE ANGEBOT

Es vergeht wohl kaum ein Tag, an dem einem nicht der Blickfang »Sonderangebot« begegnet. Man findet ihn in Zeitungsannoncen und Fernsehwerbespots, und die Kaufhäuser und Supermärkte bedienen sich seiner, um alle möglichen Waren von Matratzen bis zu tiefgefrorenem Orangensaft loszuschlagen. So macht beispielsweise ein Einzelhändler ein Angebot, das nur für einen befristeten Zeitraum gilt. Nicht innerhalb der angegebenen Frist zu kaufen, bedeutet, dass man die Gelegenheit zu einem guten Deal versäumt. Befristete Angebote laufen gut, und dies erklärt, warum die Bevölkerung ständig mit solchen Anreizen bombardiert wird.

Auch Sie können ein Gefühl von Dringlichkeit erzeugen, wenn Sie als Verkäufer Auge in Auge Ihren Kunden gegenüberstehen. Es geht darum, beim Käufer die Sorge zu wecken, dass seine bzw. ihre Unentschlossenheit in einer verpassten Gelegenheit resultieren wird.

Das befristete Angebot lässt sich in praktisch jeder Verkaufssituation anwenden, vom 2-für-1 Seifenverkauf bis hin zum Immobilienhandel mit einer Kommanditgesellschaft. Den seit langem besten, weil cleveren Kaufanreiz offerierte die Firma Airstream, Inc., in meinen Augen der Rolls Royce unter den Wohnmobilen. Vor einigen Jahren stellten Vorstandsvorsitzender Wade Thompson und Generaldirektor Larry Huttle ein Paket zusammen, das jenen Leuten, die Airstreams 1987er-Topmodell 345 kauften, eine Staatsanleihe über 15.000 Dollar anbot. Die nur für eine begrenzte Zeit erhältliche Anleihe war besonders attraktiv für ältere Ehepaare, die Bedenken hatten, soviel Geld für ein Luxuswohnmobil auszugeben. Die Gewissheit, dass die Schuldverschreibung dereinst irgendwann auf ihre Enkelkinder übergehen würde, linderte ihre Schuldgefühle.

Während in zehn Jahren bei Fälligkeit der Anleihe 15.000 Dollar frei würden, belief sich der Ausgabekurs für die 15.000-Dollar-Anleihe gerade mal auf 3.800 Dollar, ein erschwinglicher Kaufanreiz für Airstream. In der Preisklasse von 80.000 Dollar ist ein Rabatt von 3.800 Dollar in keinem Fall eine große Sache. Und ein Pauschalbetrag von 15.000 Dollar in zehn Jahren wirkte unglaublich kribbelnd und weckte einen unbändigen Drang zu kaufen, bevor das Angebot auslief.

VOR DER PREISERHÖHUNG KAUFEN

In der Automobilbranche gab es fortlaufend Preiserhöhungen, weshalb ich dies oft als Anreiz zum Verkaufsabschluss hernahm. „Wir erwarten bei diesem Modell zum nächsten Ersten eine Anhebung des Listenpreises“, sagte ich dann immer am Monatsende, „ich empfehle Ihnen daher, den Vorteilspreis von heute wahrzunehmen.“ Natürlich sagte ich das nur zu jemandem, wenn eine Preiserhöhung angekündigt worden war und mit Sicherheit kommen würde. Es ist töricht, wenn ein Verkäufer irgendetwas falsch darzustellen versucht – dieser Bumerang kommt zurückgeflogen.

Ein Börsenmakler kann mit folgenden Worten wirkungsvoll ein Gefühl der Dringlichkeit erzeugen: „Tony, ich rufe Sie heute an, weil dies eine hervorragende Gelegenheit zum Kauf von General Products zu sein scheint. Ich denke, wir sollten diese Aktien bei einem Kurs von 40 oder weniger unbedingt kaufen. Bei diesem Preis beträgt der Ausgabekurs weniger als der sechsfache Ertrag. Erkennen Sie, dass dies ein außergewöhnlicher Wert für eine Spitzenfirma mit einem so hervorragenden Geschäftsergebnis ist? Lassen Sie uns diese Gelegenheit beim Schopf packen. Ich empfehle, dass wir zu diesem Preis dreitausend Aktien kaufen." Im Anlagebereich kann eine hinausgezögerte Entscheidung teuer werden, insbesondere in einem Hausse-Markt.

Ein Agent einer Lebensversicherung kann seinem Kunden erzählen, dass die Beitragshöhe mit steigendem Eintrittsalter nach oben geht. „Eddie, Ihr Geburtstag steht vor der Tür, deshalb möchte ich Ihren Antrag noch heute einreichen, damit Sie von der niedrigeren Prämie profitieren." Hat der Kunde erst in einem Monat Geburtstag, könnte der Vertreter sagen: „In der Regel dauert die Bearbeitung eines Antrags vier bis sechs Wochen. Ich werde alles in meiner Macht Stehende tun, um die Sache zu beschleunigen, damit wir die Police noch vor Ihrem Geburtstag bekommen."

Ein Vertreter eines Bekleidungsherstellers sagt: „Wir sehen einen weiteren Anstieg bei den Stoffpreisen voraus, daher will ich Ihren Auftrag für diese Anzüge so rechtzeitig vorlegen, dass die Ware noch zum niedrigeren Preis geliefert wird." Solange es Inflation gibt, besteht die Möglichkeit zu Preiserhöhungen, was als Motivation dient, Kaufentscheidungen schon heute zu treffen.

DER DIE-UHR-TICKT-STÄNDIG-ABSCHLUSS

Larry Huttle, Generaldirektor bei Airstream, erklärt, dass bei vielen Menschen, die ein Produkt wie etwa ein Wohnmobil kaufen, ein Wettlauf gegen die Uhr stattfindet. Die Uhr, von der er hier spricht, ist das Alter. „Ich finde, ein Wohnmobil ist etwas, das Spaß machen soll. Niemand *muss* schließlich eines besitzen. Florida ist verständlicherweise einer unserer größten Absatzmärkte, wo die Kunden älter sind. Bei diesen Leuten erzeugen unsere Verkäufer dadurch ein Gefühl der Dringlichkeit, indem sie ihnen klarmachen, dass sie ihr Leben lang Opfer gebracht haben und es nun an der Zeit sei, auch mal etwas zu leben. 'Warum den Kauf eines Wohnmobils abtun, wo Sie es sich jetzt leisten können?', betont ein Airstream-Verkäufer. 'Kaufen Sie es, solange Sie noch Zeit haben, um sich daran zu erfreuen. Warten Sie nicht, bis es zu spät ist. Wenn Sie je etwas tun wollen, rate ich Ihnen, es sofort zu tun. Jetzt, in diesem Moment. Wir beide wissen, Sie haben es verdient, eines zu besitzen, und ich möchte nicht, dass Sie hier rausgehen und sich etwas vorenthalten, von dem Sie und ich wissen, dass Sie einen Anspruch darauf haben.'

Ich weiß aus eigener Erfahrung, wie verführerisch dieses Verkaufsargument ist. Larry Huttle ist der Knabe, der mich überzeugte, ein Airstream zu kaufen (inzwischen habe ich mein viertes, und ich liebe es). Nach dem Gespräch mit Huttle wusste ich: Wenn ich nicht auf der Stelle eines kaufen würde, dann würde ich es nie tun! Jawohl, ich bin der erste, der zugibt, dass er ein Gefühl der Dringlichkeit erzeugte, und er hatte ja so Recht. Ich werde nicht jünger! Wäre er nicht so hartnäckig gewesen, hätte ich nie gekauft, und mir wäre eines meiner größten Vergnügen entgangen.

Jeder Verkäufer hat eine Uhr von der einen oder anderen Art. Es ist Ihre Aufgabe, zu demonstrieren, dass ein Wettlauf gegen sie stattfindet, und je weiter diese Uhr abläuft, desto mehr verliert Ihr Kunde. Ein guter Computerverkäufer weist darauf hin, dass ohne ein neues System die schwache Effizienz des alten Systems die Profite des Kunden schmälern wird. Ein Handelsvertreter betont, wieviele Verkäufe einem Einzelhändler entgehen, weil er die Produktlinie der Firma nicht führt. Ein Immobilienmakler hebt hervor, wieviel mehr der Kunde bezahlt, wenn er ein bestimmtes Anwesen mietet, statt es zu besitzen.

Der Fernsehprediger Oral Roberts, den ich für einen der größten Verkäuferpersönlichkeiten Amerikas halte, versteht, wie der Wettlauf gegen die Uhr Menschen motivieren kann, sich von ihrem Geld zu trennen. Als Roberts der Nation mitteilte, dass „Gott mich zu sich heimrufen wird", wenn er es nicht schaffe, bis Ende März 1987 acht Millionen Dollar aufzutreiben, war ihm die Aufmerksamkeit seiner Herde gewiss. In der letzten Woche des Monats, als ihm zu seinem lebensrettenden Geldziel noch 1,3 Millionen Dollar fehlten, fühlte sich in Florida der Besitzer zweier Hunderennbahnen ausreichend inspiriert, dass er präzise diesen Betrag spendete und so eine Gnadenfrist für den Prediger aus Oklahoma erwirkte. Dennoch ließ Roberts die Uhr weiterticken. Rasch sprach er ein stilles Gebet und bat seine Schäfchen um neuerliche Geldspenden, die auch weiterhin flossen.

Wie Sie sehen, funktioniert das Wettrennen gegen die Uhr beim Verkauf jeder beliebigen Ware von der Gefriertruhe bis zur Religion. Sie brauchen nur ein bisschen Phantasie, um diesen Abschluss zielgerecht auf den Verkauf Ihres Produkts zu übertragen.

EINZIGARTIGE PRODUKTE VERKAUFEN

Ein einzigartiges Produkt zu verkaufen oder eines, das nicht beliebig verfügbar ist, erzeugt ein Gefühl der Dringlichkeit, wenn es Zeit ist, den Verkauf abzuschließen. Ein Verkäufer ist gut in Form, wenn er oder sie ein einzigartiges Produkt anzubieten hat, und Situationen wie diese kommen tatsächlich häufiger vor, als viele meinen. Beispielsweise könnte ein Immobilienmakler ein exklusives Vermittlungsrecht für ein Haus haben. Wenn Sie dieses bestimmte Haus während der Betreuungsfrist haben wollen, können Sie es nur von diesem Makler erwerben! Es liegt somit de facto ein Monopol auf diesem speziellen Haus.

Als wir unser Heim kauften, war es Liebe auf den ersten Blick. Der Makler merkte, wie sehr es June und mir gefiel, und sagte: „Die Eigentümer dieses Hauses hatten es sechs Monate ausgeschrieben, und sie möchten es jetzt unbedingt verkaufen. Ihre ursprüngliche Preisvorstellung war zu hoch, aber sie haben den Preis auf ein Niveau gesenkt, wo ich *weiß*, dass es binnen weniger Tage verkauft sein wird. Ich weiß, Sie wollen es, deshalb schlage ich vor, dass Sie sofort ein Gebot abgeben. Ich habe es heute morgen einem anderen Paar gezeigt, und sie baten mich, ich solle es ihnen und ihrem Bruder heute abend nochmal zeigen. Ich bin mir sicher, dass sie ein Angebot machen werden. Und später am Nachmittag kommen noch zwei Makler mit Kaufinteressenten."

Bis heute weiß ich nicht, ob der Makler ehrlich zu uns war, aber June und ich wollten keinerlei Risiko eingehen und dabei verlieren, was wir für unser Traumhaus hielten. Wir unterschrieben sofort den Vertrag. Unser Entscheidungsprozess wurde beschleunigt durch unsere Sorge, dass uns diese Gelegenheit womöglich durch die Lappen gehen könnte, wenn wir jetzt zögerten.

Immobilienmakler können mit der gleichen Technik wie der Wohnungsmakler auch Räumlichkeiten in wirtschaftlichen Liegenschaften wie Bürohäusern, Apartmentkomplexen, Lagerhäusern und Einkaufszentren anmieten. Jennifer Becker, eine Topverkäuferin für die Firma M. H. Hausman Co., einem regionalen Bauunternehmer für Einkaufszentren aus Cleveland, erzählt einem Kunden: „Wir hatten in den letzten sechs Jahren für unsere Lansing, Michigan, Meridian Mall eine Belegungsquote von 99,2 Prozent. Wir haben nur deshalb leere Räumlichkeiten, weil wir sie schaffen. Die Pachtverträge einiger Erstmieter laufen derzeit aus, und wir wollen keine Verlängerung, damit wir mehr tüchtige Einzelhändler hereinnehmen können. Es haben schon mehrere andere Händler starkes Interesse an ebendiesen Räumlichkeiten bekundet. Wenn Sie also interessiert sind, rate ich Ihnen, rasch zu handeln, bevor nichts mehr frei ist."

Dieser Abschluss funktioniert auch gut im Dienstleistungsgewerbe. So könnte etwa ein Spezialist für individuellen Eigenheimbau einem Kunden, bei dem er den Wunsch, in ein fertiges Haus umzuziehen, verspürt, folgendes sagen: „Laut meinem Terminkalender bin ich von Juni bis nächsten März komplett ausgebucht. Heute ist der 7. April, und wenn ich bis zum 18. diesen Monats mit dem Bau beginne, kann ich Ihr Haus noch in meiner Terminplanung berücksichtigen. Wenn Sie natürlich lieber bis zum nächsten Frühjahr warten möchten, soll mir das recht sein." Beachten Sie den subtilen Druck, der auf den Käufer ausgeübt wird. Handelsvertreter für Computer, Verkäufer für Büroeinrichtungen und solche für Industriemaschinen können ebenfalls diese Methode wirkungsvoll anwenden, indem sie sagen: „Unser Terminkalender für Lieferung und Montage ist für die nächsten vierzehn Wochen voll, jedoch hatte ich zufällig eine Stornierung. Ich könnte also, wenn Sie wollen, statt dessen Ihren Auftrag hereinnehmen und die Lieferung und Montage auf kommenden Dienstag terminieren."

Franchise-Handelsvertreter schließen Verkäufe oft mit folgenden Worten ab: „Meine Firma ist nur an einem Händler in dieser Region interessiert, und bis heute haben wir sechs Bewerber. Wenn Sie wirklich so begeistert über diese Gelegenheit sind, wie Sie behaupten, empfehle ich, dass Sie den Vertrag noch heute unterschreiben. Und wenn Sie das tun, werde ich mich nach besten Kräften bemühen, darauf hinzuwirken, dass Sie das Gebiet bekommen. Doch so gern ich es auch täte, ich kann Ihnen nichts garantieren."

Wenn ich in meiner Zeit als Autoverkäufer spürte, dass der Kunde eigentlich schon ganz gern einen neuen Wagen hätte, sich aber irgendwie doch nicht so recht entscheiden konnte, sagte ich: „Dies ist der einzige, den wir in dieser Farbe und mit allen von Ihnen gewünschten Extras am Lager haben. Nun, ich könnte ihn herrichten lassen, und Sie könnten damit am frühen Abend hier vom Hof fahren. Aber wenn Sie lieber warten möchten, denke ich, dass dieser Wagen sehr bald weg ist. Wir haben heute morgen schon zwei Stück genau wie den hier verkauft. Es besteht zwar immer die Möglichkeit, dass ich eine der anderen Niederlassungen anrufe und einen für Sie ausfindig machen lasse, aber das könnte schon eine Woche dauern, und ich kann nicht versprechen, dass Sie ihn genau mit der von Ihnen gewünschten Ausstattung bekommen werden." Darauf lege ich eine kleine Pause ein, um den Kunden etwas schwitzen zu lassen, und füge dann hinzu: „Warum tun Sie sich nicht selbst einen Gefallen und sagen einfach Ja, und ich informiere die Serviceabteilung, dass die den Wagen bis heute abend für Sie abholfertig machen?"

Vertreter für Flugtickets sind dafür berüchtigt, dass sie Tickets verkaufen, indem sie dem Kunden erzählen, dass er, wenn er nicht schnell handelt, womöglich nicht mitfliegen kann, weil der Flug bald ausgebucht ist. Das funktioniert offenbar ganz hervorragend – vor allem bei Geschäftsleuten wie mir mit randvollem Terminkalender, die im Land herumreisen, wie manche Menschen durch die Stadt kreuzen. Vor ein paar Tagen beispielsweise erkundigte ich mich telefonisch nach einem Flug nach Toronto und erfuhr: „Wir haben nur noch zwei Plätze frei auf diesem Flug, Mr. Girard. Wenn Sie ihn also wollen, rate ich Ihnen, sofort zu buchen." Ich war mir zwar nicht sicher, ob ich den frühen Flug nehmen sollte, hatte aber auch die Sorge, ihn zu versäumen, weil ich am Nachmittag in Toronto sein musste, und bestätigte daher die Reservierung. Wie Sie sehen, kann man ein Gefühl der Dringlichkeit erzeugen, wann immer ein Produkt nur begrenzt verfügbar ist. Sie müssen keine seltene, einzigartige Kunst verkaufen, um Ihrem Kunden ein spezielles Angebot zu machen!

AN DEN MEISTBIETENDEN VERKAUFEN

Wenn bei einer Versteigerung eine Gruppe von Käufern aufeinander losgelassen werden, herrscht eine prächtige Umgebung, in welcher der Verkäufer sein bzw. ihr Produkt dem Meistbietenden offeriert. Ich habe Auktionen, wo u. a. Kunstgegenstände, Antiquitäten, gepfändete Waren, Pferde, Rinder unter den Hammer kamen, aber auch Nachlass- und Konkursmassenversteigerungen besucht. Vom Standpunkt eines Verkäufers aus ist dies eine ideale Möglichkeit, ein Gefühl der Dringlichkeit zu erzeugen, weil die Käufer gezwungen sind, Kaufentscheidungen auf der Stelle zu treffen. Wenn Sie je einen professionellen Auktionator seine verbalen Maschinengewehrsalven haben abfeuern hören, verstehen Sie, wie schnell die Bieter reagieren müssen. Und es bedarf nur eines Signals in Sekundenbruchteilen, eines erhobenen Arms oder eines Zupfens am Ohr, um Meistbietender zu werden, und schon sind Sie – herzlichen Glückwunsch – stolzer Besitzer eines/einer...

Beispielsweise könnte eine Immobilienmaklerin den Vermittlungszuschlag für ein schmuckes Anwesen erhalten, das sich in ihren Augen schnell verkaufen lässt, und einen Bieterkrieg hierum entfesseln. Zu diesem Zweck zeigt sie das Haus in den ersten beiden Tagen, wo es im Angebot ist, zehn Kunden und informiert diese, dass sie vierundzwanzig Stunden Zeit haben, um ein Gebot abzugeben. Mit Zustimmung des jetzigen Hauseigentümers setzt sie ein Grundgebot fest und verkauft dann das Haus an den Meistbietenden.

Albert Zuckerman, der Gründer und Generaldirektor von Writers House, einer der führenden Literaturagenturen des Landes, fordert häufig Verleger auf, Gebote für Manuskripte einzureichen. „Im allgemeinen verabrede ich mich mit Verlegern zum Mittagessen, doch ebensooft kontakte ich sie am Telefon“, erklärt Zuckerman, „und erzähle etwas von einem tollen, wunderbaren Manuskript, das ich vertrete. In meine Verkaufsargumentation streue ich solche Dinge ein wie etwa, dass ein bestimmtes Magazin ein Interesse an dem Buch bekundet hat, dass im Ausland einige Verkaufsinteressenten warten sowie Hintergrundinformationen über den Autor.

Ich teile jedem Verleger mit, dass es sich um eine kleine, von mir handverlesene Gruppe von Verlegern handelt, was in der Regel nur eine Handvoll bedeutet, und informiere ihn, dass er bis zu dem und dem Termin – zwei bis vier Wochen nach unserer Besprechung – ein Gebot einreichen muss. Sobald mir am letzten Tag der Bietfrist dann alle Gebote vorliegen, rufe ich jeden von ihnen an, beginnend beim niedrigsten Bieter. Sagen wir mal, die Spanne der Gebote lag zwischen 800.000 und 1,3 Millionen Dollar. Ich sage dem 800.000-Dollar-Bieter, dass mir ein Gebot über 1,3 Millionen vorliegt, und dann muss er oder sie entweder höher gehen oder aussteigen. Dann rufe ich den Zweitniedrigsten an, und so geht es weiter. Ich setze diesen Aussiebvorgang solange fort, bis die Zahl eines Verlegers so hoch ist, dass niemand ein Interesse hat, sie zu übertreffen.“

TIMING IST ALLES

Jeder Geschäftsmann und jede Geschäftsfrau versteht die Bedeutung des Timings, deshalb empfehle ich, dies als starkes Verkaufsargument anzuführen, um ein Gefühl der Dringlichkeit zu erzeugen. Sie brauchen keine Immobilien zu verkaufen, um zu sagen: „Alan, bestimmt verstehen Sie den Ausdruck »Timing ist alles« in der Geschäftswelt. Und sicher werden Sie mir beipflichten, dass Sie sich heute schrecklich fühlen würden, wenn Sie sich damals den Kauf Ihres Hauses hätten entgehen lassen. Ist's nicht so?“

Bevor Sie diesen Satz bezüglich des Hauskaufs sagen, sollten Sie zuerst nachforschen, wann Ihr Kunde sein bzw. ihr Haus gekauft hat. Wenn es schon einige Zeit her ist, berücksichtigen Sie, wie die Immobilienpreise in den letzten zehn Jahren angezogen haben und weisen dann auf die erhebliche Wertsteigerung hin, welche das Haus über die Jahre erfahren hat. Wenn der Kunde kein Haus besitzt, können Sie auf einige bekannte Liegenschaften in Ihrer Gemeinde verweisen, deren Preise in die Höhe geschnellt sind, oder welche beträchtlichen Gewinne erzielt worden wären, hätte er oder sie seinerzeit die Aktie einer bestimmten wohlbekannten örtlichen Firma gekauft. Sie könnten auch folgendes sagen: „Stellen Sie sich nur mal vor, Sie hätten damals eine McDonald's-Filiale gekauft, als..." Oder wie wär's mit dem: „Ein Freund von mir hat Anfang Oktober 1987 [d. h. *vor* dem Börsencrash – A. d. AUTOHAUS Verlags] alle Aktien in seinem Depot verkauft." In der Geschäftswelt erkennt jeder das Glück, zu wissen, wann man kaufen bzw. abstoßen soll.

X

GEFAHREN DER ÜBERANPREISUNG

Kennen Sie die Geschichte von der frommen katholischen Mutter, die unbedingt ihre 35-jährige Tochter unter die Haube bringen möchte, aber darüber empört ist, dass der Verlobte ihrer Tochter evangelisch ist? „Er ist ein netter Mann, aber du musst ihn davon überzeugen, zum Katholizismus überzutreten", predigte sie der Tochter. „Bestehe darauf, dass er mit dir zur Messe geht, und dann lass den Priester mit ihm ein Gespräch führen."

„Ja, Mama", erwiderte sie fügsam.

Ein paar Monate danach kam die Tochter mit Tränen in den Augen heim und schrie: „Die Hochzeit ist geplatzt."

„Was ist denn passiert?", jammerte die Mutter. „Es lief doch alles so gut. Ich dachte, du hättest ihn dafür begeistern können, ein guter Katholik zu werden."

„Ja, aber ich hab das so gut gemacht, dass er jetzt selber Priester werden will." Die Moral von der Geschichte: *Niemals zu sehr anpreisen!*

Überanpreisung ist einer der Hauptgründe, warum Verkäufe, die eigentlich schon im Kasten sind, schiefgehen. Zuviele Verkäufer reden sich so in Fahrt, dass sie ihren Kunden aus dem Geschäft rauslabern. Und das stimmt. Sie verkaufen dem Mann etwas und kaufen dann zurück, was sie ihm eben erst verkauft haben! Ich lege Ihnen nochmal dringend ans Herz: Seien Sie ein guter Zuhörer – und entwickeln Sie ein gutes Gespür dafür, wann man besser den Mund hält! Munddurchfall ist eine Krankheit, die erwiesenermaßen das Leben von so mancher Verkaufskarriere verkürzt.

ANGST VOR ABLEHNUNG

Ich glaube, der Hauptgrund, weshalb ein Verkäufer überanpreist, liegt in seiner oder ihrer Angst vor Ablehnung begründet. Man braucht kein Genie zu sein, um zu erkennen, wann ein Kunde von dem Produkt überzeugt ist, und ich denke, dass es der Durchschnittsverkäufer wissen sollte. Leider ist der Junge zu verängstigt, um den Verkauf abzuschließen, weil er nicht eine Beziehung zerstören will, die sich nach seinem Empfinden zu einer schönen Freundschaft entwickelt hat.

Der typische Verkäufer steht unter dem falschen Eindruck, dass der Kunde bei seinem Versuch, das Geschäft abzuschließen, die Pistole auf die Brust gesetzt bekommt und Nein sagt – oder noch schlimmer – sich beleidigt fühlen könnte durch das, was man als Drückermethoden auslegen könnte. Statt sich also tapfer dem Augenblick der Wahrheit zu stellen, fährt der Verkäufer mit Verkaufsargumenten fort, wenn er besser schweigen sollte.

Überanpreisung ist ein Eigentor, denn sie macht kaputt, was sonst eine wirkungsvolle Verkaufspräsentation gewesen wäre. Das mangelhaft ausgeprägte Selbstvertrauen des Verkäufers wirkt ansteckend, und schon bald wird der Kunde misstrauisch und argwöhnisch, ob er eine Kaufentscheidung treffen soll. Er denkt folgendermaßen: 'Warum bemüht sich dieser Mensch da immer weiter um mich, wo ich doch schon kaufen will? Es muss da etwas geben, was er zu verbergen sucht.' Infolgedessen werden die Abschlusschancen des Verkäufers um so kleiner, je mehr er beim Verkaufen überreizt.

VERWIRREN SIE IHRE KUNDEN NICHT MIT UNNÖTIGEN DETAILS

Den Anfängern sei gesagt: Sie müssen nicht sämtliche Fakten präsentieren, die Ihnen über Ihr Produkt bekannt sind, um es zu verkaufen. Ebensowenig ist es notwendig, dass Ihr Kunde hierin ein Experte wird, bevor er eine Kaufentscheidung treffen kann. So, wie manche Leute verkaufen, müssen sie es für obligatorisch halten, jede Kleinigkeit an ihrem Produkt zu erklären - und bei Gott, sie lassen nicht zu, dass irgendwer kauft, bis es tatsächlich soweit kommt! Ich habe erlebt, wie Verkäufer ihre Verkaufspräsentation in voller Länge abspulten, einen Abschlussversuch unternahmen, und noch bevor der Kunde „Ja, ich will es kaufen“ sagen konnte, fingen sie an mit windigen Erklärungen trivialer Fakten, was alles kaputtmachte. Auch eine Form von Overkill!

Dann gibt es auch solche, die meinen, eine Verkaufspräsentation sei solange nicht komplett, bis sie einen Kunden mit ihrem enormen Produktwissen genügend beeindruckt haben. Sie überreizen, bis ihre Kunden zu Tode gelangweilt sind. Diese Verkäufer ziehen zwar mit einem Gefühl der Überlegenheit von dannen, jedoch mit leeren Auftragsbüchern.

Beide Typen schwätzen sich aus mehr Verkäufen heraus, als sie abschließen. Stellen Sie sich z. B. einen Computerverkäufer vor, der einen Kunden mit einer Menge Fachchinesisch über Bits und Bytes zuschaufelt. Leute, die Computerprodukte kaufen, wollen Problemlösungen – sie sind an der Anwendung der Maschine interessiert, nicht an detaillierten Erklärungen über eine Technologie, mit deren Hilfe der Computer Daten in Mikrosekundenschnelle verarbeiten kann. Mit einem Zuviel an technischen Informationen gewinnt man keine Kunden, sondern unterläuft seine Verkaufsbemühungen.

Ich will damit nicht gemeint haben, dass Sie kein Experte auf Ihrem Gebiet sein sollten. Im Gegenteil. Kein Fachgebiet ist so kompliziert, dass man es einem Verkäufer nachsehen kann, wenn er sein Metier nicht aus dem Effeff beherrscht. Aber Sie müssen ein gutes Urteilsvermögen walten lassen und wissen, welchen Kunden Sie wieviele Informationen geben. Mit dieser Erkenntnis sollte ein Handelsvertreter für Computer einem Ingenieur gegenüber andere Verkaufsargumente herausstreichen als bei einem leitenden Finanzbeamten. Beachten Sie jedoch, dass es natürlich immer Ausnahmen gibt. Manche Kunden, denen man es gar nicht zutrauen würde, sind an technischen Einzelheiten interessiert, und für diesen Fall müssen Sie gerüstet sein, die gewünschten Auskünfte zu liefern.

Ob Sie's glauben oder nicht, ich habe Autoverkäufer erlebt, die sich prinzipiell weigerten, die Motorhaube zu öffnen, um mit einer Frau die mechanischen Aspekte eines Wagens zu diskutieren. Heutzutage kennen sich viele Frauen ziemlich gut in technischen Dingen aus, und es ist eine Beleidigung, wenn ein Verkäufer Informationen zurückhält, die er einem Mann gegenüber präsentiert hätte. Manche Kunden allerdings – und zwar Männer wie Frauen – haben kein Interesse daran, die Funktion von Getriebeübersetzungen, Nockenwellen oder Abgaskatalysatoren zu verstehen. Es ist nicht nur unnötig, jedem Kunden zu zeigen, was unter der Haube ist, sondern kann auch kontraproduktiv sein. Sie müssen Ihre Kunden richtig einschätzen und Ihre Verkaufspräsentation nach ihren Interessen ausrichten.

In einigen Fällen ist ein Verkäufer gesetzlich verpflichtet, bestimmte Informationen über sein Produkt preiszugeben. Beispiele hierfür sind der Verkauf von Anteilen an einer Immobilien-KG und die Offerte einer hochriskanten, neu herausgegebenen Geldanlage. Ich rate Ihnen nochmals, mit sicherem Gespür zu urteilen, wieviele und welche Informationen Sie geben, um den Verkauf zu machen. Damit meine ich nicht, dass Sie wichtige Details unterschlagen sollen. Jedoch rate ich Ihnen, den Verkauf abzuschließen, wenn Sie den Zeitpunkt für gekommen halten, anstatt weitere verwirrende und unnötige Fakten aufzutischen, die für den Kunden uninteressant sind. Später, nachdem Sie einen Auftrag unter Dach und Fach haben, können Sie sagen: „Ach ja, übrigens, lassen Sie mich Ihnen etwas erläutern, das Sie meiner Meinung nach wissen sollten." Und dann können Sie den Käufer über die notwendigen Einzelheiten informieren.

SCHWEIGEN IST GOLD

Wenn Sie um einen Auftrag bitten und es folgt ein Moment des Schweigens, dann fühlen Sie sich nicht verpflichtet, nur um des Gespräches willen etwas zu sagen. Geben Sie Ihrem Kunden genug Zeit, über seine Entscheidung nachzudenken, und unterbrechen Sie ihn nicht in seinem oder ihrem Gedankenfluss. Wie ich schon früher erwähnte, unterliegen manche Menschen dem Irrtum, dass Schweigen einen Makel darstellt. Eine lange Schweigepause zu haben, ist nicht nur zulässig, sondern nach meiner Ansicht auch eine willkommene Erleichterung.

Ein Durchhänger in einer Verkaufspräsentation scheint in der Regel viel länger, als er tatsächlich ist. Er erinnert mich an das Gefühl, das man bekommt, wenn man am Telefon in eine Warteschleife abgeschoben wird. Es ist, als stünde die Zeit still. Sekunden werden zu Minuten. Bei einer Verkaufspräsentation Auge in Auge wirkt Schweigen betäubend, und es ist natürlich, der Versuchung nachzugeben und das Schweigen zu brechen. Während der Ausspruch »Wer zuerst spricht, hat verloren« suggeriert, dass der Kunde verliert, wenn er zuerst redet, glaube ich, dass Menschen, die gute Kaufentscheidungen treffen, Gewinner sind. Wenn dagegen Sie, der Verkäufer, zuerst reden, riskieren Sie, dass Ihnen der Verkauf durch die Lappen geht. Daher müssen Sie schweigen, bis Ihr Kunde als erster spricht. Und jawohl, das Schweigen kann einen schier wahnsinnig machen. Trotzdem müssen Sie sich beherrschen und den Mund halten.

„SIND SIE SCHON ÜBERZEUGT?"

Ein wirkungsvoller Abschluss ist der, dass man den Kunden fragt: „Sind Sie schon überzeugt, oder soll ich Ihnen noch mehr erzählen?" Wenn man Ihnen erklärt, dass weiterführende Informationen doch erwünscht sind, dann entsprechen Sie einfach der Bitte, bis Sie meinen, einen erneuten

Abschlussversuch starten zu können. Bekommen Sie hingegen eine positive Antwort, dann schließen Sie den Verkauf ab, egal, wo Sie in Ihrer Präsentation gerade stehen. Später können Sie immer noch einige Pluspunkte Ihres Produkts erklären. Fühlen Sie sich niemals verpflichtet, *vor* Ihrem Abschluss jede Einzelheit Ihres Produkts zu diskutieren. Es ist in Ordnung, ein paar Schmankerl aufzusparen und dann als Bonus einzuwerfen, nachdem Sie den Auftrag sicher haben. Das Wichtigste aber ist, dass Sie den Fluss Ihrer Präsentation nicht stören und eine Gelegenheit zum Abschluss verpassen wollen.

Wie andere Abschlüsse, die ich das ganze Buch über erwähnt habe, können Sie diese Technik mehr als einmal im Verlauf einer Verkaufspräsentation anwenden. Dazu wiederholen Sie einfach: „Sind Sie *jetzt* überzeugt, oder soll ich Ihnen noch mehr erzählen?"

Nachfolgend ein paar Alternativen zu der Frage „Sind Sie schon überzeugt?"

AUTOVERKÄUFER: „Ist dies nicht das perfekte Modell für Sie?"

MODEVERKÄUFERIN: „Ich denke, dieses Kleid ist genau das, wonach Sie gesucht haben. Finden Sie nicht?"

IMMOBILIENMAKLER: „Das ist *das* Haus für Ihre Familie. Stimmen Sie mir zu, oder sollen wir noch andere Häuser anschauen?"

VERSICHERUNGSAGENT: „Gibt es sonst noch irgendetwas, das Sie wissen müssen, bevor Sie den Antrag unterschreiben?"

Beachten Sie, dass in jedem der Beispiele, wenn der Kunde eine zustimmende Aussage macht, der Verkauf zustande kommt. Unterbleibt diese, nennt der Verkäufer ihm einfach weitere Kaufargumente und versucht erneut den Verkauf abzuschließen. Bei den obigen Fragen hat der Verkäufer offensichtlich das Gefühl, als habe er eine komplette Präsentation abgehalten. Mein Rat lautet daher, nicht zuviel Zeit zwischen »Sind-Sie-schon-überzeugt«-Abschlüssen verstreichen zu lassen.

XI

ALLES ODER NICHTS

Ich glaube an die Arbeit mit Chancen, und das einzige Mal, wo ich bereit bin, nicht auf die Prozente zu schauen, ist auf einer Reise nach Las Vegas. Die Rolle der Kasinos ist es, Geld zu machen, und wegen ihrer hohen Gemeinkosten müssen sie zusehen, dass alles deutlich zu ihren Gunsten ausgerichtet ist. Also gehe ich dorthin, um mich zu amüsieren, und wenn ich eine bestimmte Summe an den Spieltischen verliere, rechne ich das zu den Unterhaltungskosten dazu, und das war's dann. Ich gehe dorthin und weiß, dass die Chancen gegen mich stehen, und ich akzeptiere es so.

Dagegen wird jeder, der Tag für Tag gegen seine Chancen spielt, meist als Verlierer dastehen. Wie lautet doch das Sprichwort: »Auch ein blindes Huhn findet mal ein Korn.« Die Prozente streichen jedoch die Cleveren ein. In Las Vegas sind es die Typen, denen die Kasinos gehören und die sie betreiben. Für sie reduziert sich das Gewinnen auf eine exakte Wissenschaft, und bei so vielen Spielern jeden Tag ist es mathematisch nahezu ausgeschlossen, dass die Kasinobetreiber verlieren. Obgleich das Verkaufen keine exakte Wissenschaft ist, müssen auch Sie die Chancen verstehen.

Die Chancen, von denen ich spreche, haben mit Ihrem Abschlussverhältnis zu tun – der Prozentsatz der beim ersten Versuch abgeschlossenen Verkäufe gegenüber jenen, die im Verlauf von Rückrufen zustande kamen. Hier müssen Sie sich die Frage stellen: Wird mein Umsatzvolumen größer sein, wenn ich bei unentschlossenen Kunden telefonisch nachhake, oder werde ich mehr Geschäfte machen, indem ich aufs Ganze gehe und jeden Verkauf auf der Stelle abzuschließen versuche?

Ohne ethische Verwicklungen anzusprechen: Ich tue, was immer das beste Fazit für Joe Girard schafft. Und mein Fazit hängt direkt mit dem Prozentsatz der Verkäufe zusammen, welche ich abschließe. Wenn Sie nicht an Ihrem Fazit interessiert sind, ist es sinnlos, jeden Morgen aus dem Bett zu steigen und zur Arbeit zu gehen. Ich sah den Sinn des Spiels immer darin, während meiner Arbeitszeit möglichst viel Geld zu verdienen. Ich verstehe nicht, wie irgendwer mit mir über diesen Punkt streiten kann. Jene Verkäufer aber, die die Chancen ignorieren, tun genau das – sie sind bereit, für ihre Zeit und Mühe weniger Geld zu akzeptieren. Wie irgendjemand da zusehen kann, wenn ihm oder ihr ein großes Stück vom Provisionsscheck abgezwackt wird, ist mir schleierhaft!

DER RÜCKRUFCLUB

Es heißt, dass bei jeder Verkaufspräsentation ein Verkauf zustandekommt. Entweder Sie verkaufen dem Kunden, oder er verkauft Sie. Die Kunden, die Sie verkaufen, gehören dem, wie ich ihn bezeichne, Rückrufclub an – ein nichtexklusiver Club mit zahllosen Mitgliedern, die sagen, dass sie es sich überlegen und dann zurückrufen werden. Für diejenigen unter Ihnen, die im Einzelhandel arbeiten, heißt es in abgewandelter Form, man sei gleich wieder da. (Jene Leute nenne ich Mitglieder des Kommewieder-Clubs.)

Immer, wenn Sie einem Kunden gestatten, dem Club beizutreten, bereiten Sie sich nur selbst eine Enttäuschung. Wären Sie hartnäckiger gewesen, hätten Sie eine größere Chance gehabt, den Verkauf abzuschließen. Ich habe erlebt, wie Verkäufer Dutzende von versprochenen »sicheren« Verkäufen anhäuften, die nie geschahen. Manche gehen sogar soweit, dass sie sich einreden, sie hätten die Provisionen für diese Verkäufe schon in der Tasche, während sie darauf warten, dass ihre Kunden wiederkommen. Es ist nur eine Frage der Zeit, bis sie der Enttäuschung und Entmutigung ins Gesicht sehen müssen.

Ich erinnere mich an einen jungen Nachwuchsverkäufer, der in einem Zeitraum von drei Monaten vierundachtzig Kunden sammelte, die versprachen, bis Mitte Dezember einen Wagen zu kaufen. „Ich werde mehr Autos verkaufen als Girard“, prahlte er, „und selbst wenn nur die Hälfte der Interessenten ihr Versprechen hält und tatsächlich kauft.“ Er war so überzeugt, dass wegen ihm die Bücher der Rekorde umgeschrieben werden müssen, dass er für Weihnachtsgeschenke für seine Frau und drei kleine Kinder ein kleines Vermögen ausgab. Leider kauften nur drei der vierundachtzig Kunden tatsächlich ein Auto, und das trieb den armen Kerl zu Selbstgesprächen.

„Ich verstehe das nicht“, weinte er an meiner Schulter. „Dadurch verliere ich den Glauben an meine Mitmenschen. Wie konnten mich die Leute nur derart belügen?“

„Die Leute meinen es in dem Moment ehrlich, wenn sie sagen, dass sie wiederkommen“, erklärte ich. „Aber sie werden von einem Haufen anderer Dinge abgelenkt. Vergessen Sie nicht, sie mussten ihre Weihnachtseinkäufe erledigen und hatten, wie jeder von uns, ihr Päckchen an monatlichen Rechnungen und unvorhergesehenen Ausgaben. Sie kennen doch das alte Sprichwort »Aus den Augen, aus dem Sinn«. Aber vielleicht haben Sie aus dieser Erfahrung etwas gelernt. Falls ja, dann ist Ihre jetzige Enttäuschung kaum mit Gold aufzuwiegen." Der junge Verkäufer bejahte dies, und ich sagte, er werde auf lange Sicht die entgangenen Verkäufe mehr als wettmachen. Ich erklärte auch, dass er mit etwas Hartnäckigkeit vielleicht zwischen 60 und 70 Prozent der geplatzten Verkäufe abgeschlossen hätte.

Es ist schon schlimm genug, wenn einem Verkäufe entgehen, weil man nicht hartnäckig genug war, doch es gibt noch einen anderen Verlust – die vergeudete Zeit und Mühe, die man in Rückrufkontakte gesteckt hat. Diese Zeit wäre in Anrufen bei guten Kunden besser investiert gewesen!

Schließlich ist doch, wenn man direkt zur Sache kommt, das Wertvollste, das ein Verkäufer hat, seine bzw. ihre Zeit. Ich weiß nicht, wie Sie's damit halten, aber ich messe meiner einen hohen Stellenwert bei, und ich möchte sie nicht vergeuden. Jeder Tag, wo ich den Ausstellungsraum betrat, um Autos zu verkaufen, bedeutete, dass ich morgens aufstehen musste. Und jetzt sage ich Ihnen was: Ich schlafe gern. Ja wirklich – ich kann schlafen wie ein Murmeltier. Eines der Dinge, die ich jeden Morgen tat, wenn ich nach dem Aufstehen in den Spiegel schaute, war daher, laut zu sagen: „Irgendwer wird dafür bezahlen, dass er mich aus dem Bett geholt hat!" Natürlich sagte ich mir ein paar schwungvolle Sätze vor, um mich zu motivieren, doch die Wahrheit ist, ich wollte nicht, dass irgendjemand meine wertvolle Zeit vergeudete. Wichtiger noch war: Da ich wusste, dass Rückrufversprecher nutzlos waren, betrachtete ich jeden Kunden, wie ein Rotwildjäger seine Beute ansieht. Ein Jäger kann nur einen Schuss auf einen Hirsch abgeben, und wenn er ihn verfehlt, ist der Hirsch über alle Berge. Das Gleiche gilt für Kunden, die sagen, dass sie wiederkommen werden. Angesichts dieser Erkenntnis lautet mein Rat an Sie: Verpassen Sie ihnen den besten Schuss, wenn sie heiß sind! Und sie sind glühendheiß, wenn sie Ihnen Aug in Auge gegenüberstehen! Wenn Sie sie dann davonziehen lassen, haben Sie sie verloren!

DAS GESETZ VOM ABNEHMENDEN ERTRAGSZUWACHS

Ich denke, es ist für jede Verkaufskraft von grundlegender Bedeutung, ein klares Verständnis von einem wichtigen Gesetz zu haben – eines, das von keinem Gericht durchgesetzt werden kann, dem man jedoch tunlichst gehorchen sollte. Ich spreche über das *Gesetz vom abnehmenden Ertragszuwachs* [auch bekannt als das Gossensche Gesetz – A. d. AUTOHAUS Verlags]. Vielleicht kennen Sie es ja schon? Trotzdem werde ich es mit meiner von mir so genannten Apfel-Ess-Analogie nochmal erläutern: Ein kleiner Junge, der großen Appetit hat, bekommt einen saftigen, roten Apfel geschenkt, den er schnell und mit Heißhunger verzehrt. Daraufhin bekommt er einen zweiten Apfel, den er ebenfalls genießt, aber nicht so sehr wie den ersten. Nunmehr vom Schmerz des Hungers befreit, bekommt er nochmal einen Apfel, den er widerwillig isst und der ihm keine besondere Freude mehr macht. Jetzt, wo er von Äpfeln genug hat, gibt man ihm den Befehl, noch einen weiteren Apfel zu essen, was er langsam tut, wobei er sich mit jedem Bissen schlechter fühlt. Sein Vergnügen nimmt mit jedem Apfel weiter ab.

Im Verkaufswesen funktioniert das Gesetz vom abnehmenden Ertragszuwachs in derselben Weise. Am Ende Ihrer Präsentation sind Sie in der besten Position, um den Verkauf abzuschließen, weil alle Fakten über Ihr Produkt ganz klar verstanden wurden. Vor allem aber verspürt Ihr Kunde dann das stärkste Bedürfnis nach Ihrem Produkt. Bis zum folgenden Tag werden zwei Dinge passiert sein: Der Kunde wird einige der nennenswerten Eigenschaften Ihres Produkts vergessen haben, und seine Begeisterung wird nachgelassen haben. Und mit jedem weiteren Tag, der verstreicht, wird sein Bedürfnis und sein Wunsch, Ihr Produkt zu besitzen, weiterhin schwinden. Und während seine Erinnerung schwächer wird, denkt er immer seltener daran, welchen Nutzen Ihr Produkt für ihn hätte. Bald schon denkt er, wie er sein Geld besser für etwas anderes ausgeben könnte. Im Klartext heißt das: *Je mehr Zeit vergeht, desto geringer ist Ihre Chance, den Verkauf abzuschließen.* Der Kunde kühlt ab.

Sobald Sie merken, dass Ihre Chancen auf einen Verkaufsabschluss sinken, je mehr Zeit vergeht, werden Sie erkennen, wie wichtig es ist, dass Sie jedem Abschluss Ihren besten Schuss verpassen, während Ihr Kunde noch heiß ist. Jeder Verkäufer, der etwas taugt, versteht, wie diese Chancen zu seinen Gunsten wirken, und er ist so clever, das Risiko einzugehen, ordentlich Druck zu machen, um den Verkauf zu machen oder zu verderben.

Was Sie verkaufen und wie gut Sie es verkaufen, wird dahingehend eine Veränderung bewirken, wie hoher Druck Ihr Abschlussverhältnis beeinflusst. Es wird zwar immer eine kleine Zahl von Komme-wieder-Clubmitgliedern geben, die bis in ein oder zwei Tagen gekauft hätten, wenn Sie keinen Druck ausgeübt hätten, doch die müssen Sie abschreiben im Gegenzug für die größere Zahl, die Sie kriegen, indem Sie aufs Ganze gehen. Merken Sie sich, dass Sie konsequent sein müssen. Man darf nicht der Versuchung nachgeben, Ausnahmen zu machen und Leute wieder vom Haken zu lassen. Ich garantiere Ihnen, dass sich Ihre Hartnäckigkeit im Lauf der Zeit bezahlt machen wird.

Noch etwas zum Komme-bald-wieder-Club: Seien Sie nicht zu stolz, einen Kunden, bei dem Ihnen der Abschluss nicht gelang, einem anderen Verkäufer zu überlassen. Oft könnte, wenn ein Verkäufer den Verkauf nicht zustandebringt, ein Kollege übernehmen, der es einen Tick anders rüberbringt und damit Erfolg hat. Den anderen Verkäufern in meinem Autohaus pflegte ich zu sagen, dass sie, bevor sie einen Kunden gehen ließen, ihn mir überlassen sollten, damit ich eine Chance hatte, den Abschluss zu machen. Man stellte mich dann als den Verkaufsleiter, Manager der Verkaufsabteilung oder was auch immer vor. Ich gab ihnen zwanzig Dollar für jeden an mich delegierten Kunden. Nachdem ich den Kunden »gekauft« hatte, erhielten die Verkäufer ihre zwanzig Mäuse, egal was passierte. Schließlich ist ein halber Laib besser als gar keiner. Leider waren einige der Verkäufer »zu stolz«, Geschäfte an mich abzutreten. Es ärgerte sie, dass sie mich eine satte Provision einstreichen sahen, während sie gerade mal zwanzig Dollar bekamen. So wahrten sie zwar ihr Gesicht, verloren aber Geld.

In jeder Branche kann ein Kunde an einen anderen Kollegen weiterverwiesen werden. So kann beispielsweise ein Handelsvertreter für Kopiergeräte sagen, dass er den Kunden seinem Geschäftsführer vorstellen möchte, der zum Aushandeln eines Sonderpreises befugt ist. Und ein Agent einer Lebensversicherung kann sagen, dass er einen Fachmann mitbringt, der sich auf Rentensparpläne spezialisiert hat.

„TUT MIR LEID, ABER ICH MACHE KEINE RÜCKRUFE“

Haben Sie erst das Gesetz vom abnehmenden Ertragszuwachs verstanden, werden Sie, wenn Sie schlau sind, keine Rückrufe starten. Und es ist nichts daran verkehrt, den Leuten ehrlich zu sagen, dass man es nicht macht. Es ist ganz einfach. Sie brauchen bloß zu sagen: „Tut mir leid, aber ich mache keine Rückrufe.“ Sollte zufällig jemand sich nach dem Grund hierfür erkundigen, erklären Sie einfach, dass es schlechtes Geschäft sei. „Ich kann es mir nicht leisten, meine Zeit damit zu verbringen, dass ich Leute anrufe, die zum Zeitpunkt meiner Vorführung von mir hätten kaufen sollen. Dies ist der beste Zeitpunkt, Ihre Kaufentscheidung zu treffen, Herr

Kunde, bevor Sie verwirrt werden oder die Gründe vergessen, warum Sie heute kaufen sollten.“ Die Menschen werden Sie für Ihre Aufrichtigkeit achten und in den meisten Fällen positiv reagieren, wenn Sie das sagen. Anschließend können Sie noch ergänzen „Nun lassen Sie mich Ihnen noch ein paar weitere Gründe nennen, weshalb Sie sich heute zum Kauf entschließen sollten“, und mit Ihrer Präsentation fortfahren.

Erinnern Sie sich noch an Dwight Lankford von Piedmont Marketing, den Verkaufsexperten für Freizeit-Wohnanlagen im Timesharingprinzip? Lankfords Erfahrungen mit Rückrufen besagen, dass nur zwei Prozent jemals kaufen. Wenn er jedoch aufs Ganze geht, steigen seine Abschlusschancen auf das Zwanzigfache. Da man sich bei Piedmont Marketing im klaren ist, dass die Chancen so schlecht stehen, einen Rückruf in einen Verkauf umzumünzen, lässt die Firma alle Kunden wissen, dass sie auf der Stelle kaufen müssen oder aber den Deal vergessen können. Um diesen Punkt nach Hause zu schaukeln, teilt man den Kunden mit, dass sie einen Ersttagsnachlass erhalten (je nach Objektgröße kann sich dieser Nachlass auf 800 bis 1.500 Dollar belaufen – ein stattlicher Rabatt, wenn man bedenkt, dass der durchschnittliche Timesharing-Wochenverkauf etwa 7.500 Dollar einbringt).

„Meine Verkäufer wissen, dass *niemand* den Rabatt am nächsten Tag erhält. Es gibt keine Ausnahmen von der Regel. Niemals! Wenn wir diese Regel auch nur einmal preisgeben, machen wir jeden zu einem Lügner. Nehmen wir mal an, ein Kunde käme am nächsten Tag mit einem Scheck über den Rabattpreis in der Hand herein, und ich sage, „Klar, ich verkaufe es Ihnen für den gleichen Preis wie gestern.“ Würde dies auch nur einmal geschehen, dann könnte keiner unserer Verkäufer je wieder den Ersttagsnachlass mit Überzeugung anbieten, und jeder, der ihn je bekam, würde sich verarscht vorkommen.“

Lankford erläutert: „Wenn ein Kunde fragt, warum wir diese Regel haben, sagen wir ihm, 'Die Geschichte hat uns gelehrt, dass, wenn die Leute hinausgehen, weniger als zwei Prozent von ihnen wiederkommen. Deshalb haben wir einfach den Ersttagsnachlass als Anreiz, um ihnen die Kaufentscheidung zu erleichtern.' Indem wir so direkt zu den Leuten sind, wissen sie, dass wir es so meinen, wie wir es sagen.“

KEIN EINZELNER KUNDE ENTSCHEIDET ÜBER WOHL UND WEHE

Es gab eine Zeit in meiner Karriere, als ich Geld so dringend benötigte, dass ich die Provisionen auf jeden Verkauf bekommen *musste*. Anfangs lebte ich von einem Scheck zum nächsten, und das Essen, was jede Woche auf den Tisch kam, sowie die Raten für das Haus und das Auto hingen unmittelbar von meinen Umsatzzahlen ab. Es tat verdammt weh, wenn mir ein Verkauf entging.

Mit der Zeit aber konnte ich mir leisten, Kunden einfach so hinausgehen zu lassen, und es schlug mir nicht mehr auf den Magen, wenn sie nichts kauften. Ich erinnere mich zwar nicht mehr genau an die Verkaufspräsentation, als ich mich so unbeschwert fühlte, doch war sie ein wichtiger Meilenstein in meiner Karriere. Ihre Bedeutung lag darin, dass ich erkannte, dass mich ein einzelner Kunde weder aufbauen noch ruinieren konnte. Das mag Ihnen zwar als keine große Sache erscheinen, aber für mich war sie das, weil ich nie wieder *ängstlich verkaufen* würde. Endlich besaß ich die Gewissheit, dass ich es riskieren konnte, Verkäufe einzubüßen und nicht deswegen leiden zu müssen. Ich konnte es mir leisten, den nötigen Druck auf jene Leute auszuüben, die mir erzählten, dass sie zurückkämen, wenn sie sich zum Kauf eines Autos entschlossen hätten – und ich hatte keine Angst mehr, dass ich dadurch das Geschäft verpatzen würde. Trotzdem verlor ich nie meine Motivation, meinen Hunger oder, wie es manche Leute bezeichnen, den »Killerinstinkt« eines Verkäufers. Glauben Sie mir, mein Wunsch, jeden Verkauf zum Abschluss zu führen, blieb hiervon unberührt.

Für die Mehrzahl aller Verkaufskarrieren ist kein Einzelkunde so wichtig, dass Sie bankrott gehen, wenn Sie seinen bzw. ihren Auftrag nicht bekommen. Ein Agent einer Lebensversicherung kann einen Verkauf verlieren, doch dafür gibt es etliche andere Kunden, die er anrufen kann. Wenn ein Effektenmakler nicht auf Anhieb beim ersten Kunden Erfolg hat, muss er bloß einen anderen anrufen. Und auch Immobilienmakler haben endlos viele Kunden in ihrer Kartei.

Mir ist klar, dass es einige Branchen gibt, wo ein Verkäufer ein bestimmtes Kundenkontingent hat, und wenn hier ein Großkunde abspringt, sind die Folgen gravierend. Beispielsweise kann ein Vertreter eines Geräteherstellers in seinem Vertriebsgebiet eine große Einzelhandelskette haben, die einen Großteil seines Gesamtumsatzes beisteuert. In diesem Fall kann der Verlust dieses einen Kunden den Vertreter sogar seinen Job kosten.

Manche Werbeagenturen haben eventuell nur einen Kunden. Während dies Ausnahmen sind, anerkenne ich, dass solche Situationen existieren. Diese Verkaufskarrieren sind »Geschwürjobs«, und ich beneide niemanden, der für seinen Lebensunterhalt in so hohem Maße von einem Kunden abhängig ist. Falls Sie zufällig einen derartigen Posten innehaben, sollten Sie besser einen so unglaublich guten Service bieten, dass es für jeden undenkbar ist, auch nur in Erwägung zu ziehen, woanders Geschäfte zu tätigen. Auf ebendiesen Punkt werde ich noch im Kapitel XIII, »Der Verkauf beginnt nach dem Verkauf« eingehen. An dieser Stelle sei gesagt, dass ich nichts davon halte, alle Eier in einen Korb zu geben, doch falls Sie es müssen, sollten Sie diesen Korb wie Ihren Augapfel hüten!

AUF DIE GROSSEN AUFTRÄGE GEHEN

Denken Sie stets daran, dass Sie verkaufen, um Geld zu verdienen – es ist keine Schande, satte Provisionen zu kassieren. In diesem Zusammenhang ist es wichtig, ausreichend große Aufträge an Land zu ziehen, damit sich Ihre Arbeit auch lohnt. Diese Bemerkung schränke ich gleich wieder ein, indem ich erwähne, dass es bisweilen notwendig ist, einen neuen Kunden mit einem Minimalauftrag zu gewinnen. Wie ich bereits erwähnte, wachsen mächtige Eichen aus kleinen Eicheln.

Lediglich einen symbolischen Auftrag zu bekommen, ist jedoch nicht unbedingt immer gut fürs Geschäft. Manchmal bedeutet ein kleiner Umsatz, dass der Kunde Ihr Produkt und Ihre Firma nicht für wichtig genug erachtet, um einen größeren Auftrag zu rechtfertigen, und wenn Sie ihn nicht steigern können, wird Ihr Geschäft dementsprechend behandelt. Ein gutes Beispiel wäre etwa ein Lebensmittelgrossist, der ein No-Name-Erfrischungsgetränk einführt und über große Supermarktketten vertreiben lassen will. Werden nur ein paar Kartons in den Regalen zwischen den Dutzenden großer Marken ausgestellt, wird das neue Produkt vermutlich untergehen und rasch vom Markt genommen werden. Mit einem symbolischen Auftrag den Fuß in die Tür zu bekommen, kann sich daher manchmal als Bumerang erweisen und Ihnen den Todesstoß versetzen, sprich die Tür zu künftigen Geschäften auf immer verschließen.

Ein weiteres typisches Beispiel wäre ein Großhändler, der Ware an exklusive Einzelhändler in einer bestimmten Region verkauft. So ist vielleicht eine spezielle Serie von Büromöbeln in einer Kleinstadt mit 25.000 Einwohnern nur bei einem Händler zu bekommen. Bei drei Büromöbelmärkten in der Region will ein Handelsvertreter keinen Kunden verpflichten, der nur eine kleine Auswahl seiner Produktlinie führt. Der Vertreter muss bestimmte Absatzstückzahlen festlegen, mit denen er sich wohlfühlt. Andernfalls sollte der mit einem der beiden anderen Händler Geschäfte machen.

Manche Handelsvertreter sehen in Kleinaufträgen eine totale Niederlage. Nicht nur kassieren sie dafür lächerlich geringe Provisionen, auch der Käufer ist erleichtert, nachdem er die ein bis zwei Posten, die er gekauft hat, wieder losgeworden ist. Oder noch schlimmer: Die Ware verstaubt, weil der Käufer wenig Anreiz darin sieht, sich für ihren Verkauf zu engagieren. Auf Ihren nächsten Anruf hin beschwert sich der Käufer: „Verkaufen Sie mir nichts mehr. Ich konnte gar nichts anfangen mit dem, was Sie mir beim letzten Mal aufgezwungen haben." Sie kassieren also nicht nur eine mickrige Provision, sondern obendrein noch Ärger.

Nun zurück zu den unpraktischen wirtschaftlichen Gründen, Kleinaufträge zu notieren. Manchmal ist es klug, eine Alles-oder-nichts-Einstellung zu haben und auf einen großen Auftrag abzuzielen, selbst auf die Gefahr hin, das Geschäft komplett zu vermasseln. In der Praxis besteht hier nur ein kleines Risiko im Vergleich zu der hervorragenden Chance, den größeren Auftrag heimzubringen. Davon abgesehen, werden Sie wohl nur selten das Erstgeschäft verlieren. Wenn sich etwa im Autohandel der Kunde zum Kauf eines bestimmten Modells zu einem Schleuderpreis verpflichtet hatte, versuchte ich immer noch ein paar Extras an den Mann zu bringen, um meine ansonsten eher magere Provision aufzupeppen. In den meisten Fällen wurde so aus dem abgespeckten Wagen ein dicker Fisch, und ich kann mich ehrlich nicht entsinnen, je einen Kunden deswegen verloren zu haben, weil ich das probierte; allerdings griff nicht jeder zu den üppiger ausgestatteten Versionen.

Ich habe unzählige Male kleine Verkäufe in große umgemünzt, und mehr als einmal, da bin ich mir sicher, hat ein aufgeweckter Verkäufer bei mir die gleiche Technik erfolgreich angewandt. Das passierte mir einmal, nachdem ich mir bei Harry Kosins, einem edlen Herrenausstatter in einem Vorort von Detroit, eine 20-Dollar-Krawatte ausgesucht hatte. Als ich zum Bezahlen meine Kreditkarte zückte, fragte mich der Verkäufer: „Was planen Sie mit dieser Krawatte zu tragen?"

„Sie passt toll zu meinem marineblauen Anzug", erwiderte ich.

„Mensch, da habe ich aber eine schöne Krawatte für einen marineblauen Anzug!" Damit zog er blitzschnell zwei weitere Krawatten zu je 25 Dollar heraus.

„Hm-m, ja, ich verstehe, was Sie meinen. Die sind wirklich schön", sagte ich und nickte zustimmend, damit er sie mit auf die Rechnung setzte.

„Wie wär's mit ein paar neuen Hemden, passend zu diesen Krawatten?"

„Ich könnte ein paar weiße gebrauchen, konnte jedoch hier in der Gegend keine finden", antwortete ich und deutete auf eine andere Ladentheke.

„Und zwar deshalb, weil Sie am falschen Platz gesucht haben. Welche Größe tragen Sie?"

So rasch, wie ich „Halsweite 40, Länge 84" sagen konnte, legte er vier weiße Hemden auf die Theke, das Stück zu 40 Dollar. „Fühlen Sie nur mal den Stoff, Joe. Das fühlt sich gut an, nicht?"

„Okay, ich kaufe ein paar Hemden. Aber ich möchte nur drei davon."

Sehen Sie, was passiert war? Der Verkäufer machte aus dem Verkauf einer 20-Dollar-Krawatte einen Umsatz von 190 Dollar. Das ist neuneinhalb mal mehr als was ich ursprünglich ausgeben wollte. Erhob ich Einwände? Absolut nicht. Ich verließ den Laden als zufriedener Kunde. Nebenbei bemerkt, es ist kein Wunder, dass Harry Kosins mehr Umsatz pro Quadratmeter für sich verbucht als irgendein anderer Herrenausstatter in Amerika. Kein Wunder.

Ed Ellman, einer der Top-Lebensversicherungsagenten des Landes, lässt statt der einen Police, um die sich der Kunde bewarb, gleich deren zwei ausstellen. „Ein Geschäftsinhaber kaufte vor kurzem eine Police über 300.000 Dollar, und ich lieferte ihm zwei über diesen Betrag", sagt Ellman, „und ich sagte zu ihm: 'Da Sie bei Ihrer Gesundheitsprüfung glänzend abgeschnitten haben, bat ich einen Freund von mir in der Vertragsabteilung, er solle doch eine zweite Police ausstellen, solange Sie noch bei guter Gesundheit sind. Natürlich sind Sie nicht verpflichtet, sie zu nehmen, doch ich finde, Sie sollten das unbedingt tun.' Er kaufte sie, und die zusätzliche Mühe, welche ich in die zweite Police gesteckt hatte, war praktisch null. In Minutenschnelle machte ich 8.000 Dollar zusätzliche Provision. Mit dieser Methode mache ich jedes Jahr mehrere Anschlussverkäufe, und nur selten scheint jemand daran Anstoß zu nehmen, selbst wenn er oder sie die zweite Police nicht kauft. Selbst wenn jemand sich darüber ärgert, dass ich mit zwei Policen zurückkehre, ist die gelegentliche Flaute sehr wohl die vielen zusätzlichen Verkäufe wert, die ich mitnehme." Auch hier wird bei korrekter Anwendung der Verkauf der zweiten Police nicht als Druck, sondern vielmehr als Dienstleistung empfunden.

IM BESTEN INTERESSE DES KUNDEN

Während schwächere Verkäufer annehmen mögen, dass Druckmachen bei der Kundschaft nicht geschätzt ist, bin ich hier anderer Meinung. Persönlich denke ich, es ist zu ihrem Besten, und Sie erweisen ihnen einen schlechten Dienst, wenn Sie beim Verkaufsabschluss klein beigeben, statt etwas Druck auszuüben.

Natürlich weiß ich, dass niemand zum Kauf von irgendetwas genötigt werden möchte. Nun, die Leute mögen das zwar sagen, doch tief in ihrem Inneren haben viele von ihnen große Mühe, sich zu entscheiden. Ich denke, sie *wollen*, dass ein Verkäufer sie überzeugt, damit sie aus dieser Sackgasse herauskommen. Vor allem aber werden sie niemals eine Kaufentscheidung treffen, wenn ihnen nicht ein Verkäufer jenen nötigen Extraschubs gibt. Wenn ich Leuten helfe, die sich nicht zum Kauf eines Wagens entschließen können, habe ich das Gefühl, dass ich ihnen einen wundervollen Dienst erweise. Ich bin einem Zauderer zu Hilfe gekommen, der über seine Unentschlossenheit schrecklich enttäuscht ist. Erinnern Sie sich an Aesops Fabel von Buridans Esel? Das ist die Geschichte, wo der Esel zwischen zwei Heuhaufen verhungerte, weil er sich nicht entscheiden konnte, welcher ihm besser munden würde. Ich werde nicht zulassen, dass einer meiner Kunden die Enttäuschung der Unentschlossenheit erleidet. Meiner Ansicht nach ist dies einer der echten Dienste, die professionelle Verkäufer leisten.

Beispielsweise zeigt ein Immobilienmakler einem jungen Paar, das sich nicht entscheiden kann, ein bestimmtes Haus. „Wir schauen uns jetzt schon seit Jahren um", sagt die Frau, „und das ist genau, wonach wir gesucht haben. Wir werden ein paar Tage drüber schlafen und kommen dann wieder auf Sie zu."

Der Makler kennt zwei Fakten, die zum Nutzen seiner Kunden den Einsatz von ein wenig Druck rechtfertigen. Erstens weiß er, den Leuten ist ihr jetziges Heim zu klein geworden, und sie müssen wirklich bald umziehen, damit ihre Kinder rechtzeitig zu Beginn des neuen Schuljahrs angemeldet werden können. Zweitens weiß er, dass schon einige andere Makler das Haus gezeigt haben und dass ein definitives Interesse besteht. Mit diesen Informationen insistiert er: „Ich möchte zwar nicht den Eindruck erwecken, als wollte ich Sie bei Ihrer Entscheidung hetzen, doch ich rate Ihnen dringend, noch heute ein Angebot zu machen. Sie werden kein idealeres Haus für Ihre Familie in dieser Preisklasse und in dieser Gegend finden, und ich will nicht, dass Sie rausgedrängt werden. Andere Makler haben dieses

Haus auch gezeigt. Also, wenn Sie es wollen, müssen Sie entschlossen handeln."

Während nun mancher den obigen Makler als aufdringlich empfinden mag, sehe ich dies anders. Ich halte ihn für aufmerksam und fürsorglich, und er tut, was sicherlich im besten Interesse seiner Kundschaft liegt. Stellen Sie sich vor, wie sich die Leute fühlen würden, wenn er es an diesem entscheidenden Punkt der Verkaufspräsentation nicht schaffte, ihre Entscheidungsfindung zu lenken, und sie würden deswegen ihr Traumhaus verlieren! Sie müssen immer daran denken, dass es Ihre Aufgabe als Verkäufer ist, das zu tun, was für Ihren Kunden richtig ist - und dies beinhaltet oft einen Hauch von freundlicher Überredung und, falls nötig, einige nachdrückliche Worte der Überzeugung.

Abschließend möchte ich betonen, dass es einen feinen Unterschied gibt zwischen der Anwendung von Drückermethoden und dem Abschluss eines Verkaufs mit Finesse und Diplomatie. Wie ich bereits erwähnte, ist es zwingend erforderlich, dass Sie sich selbst verkaufen, und auch wenn Ihre Kunden Sie nicht lieben müssen, dürfen sie Sie doch keinesfalls als unverschämt und rüde empfinden. Dieses Ziel im Hinterkopf, müssen Sie fest und zuversichtlich auftreten – und scheuen Sie sich nicht, wo notwendig etwas Druck auszuüben. Wenn Sie ehrlich von Ihrem Produkt und Ihrer Firma überzeugt sind und stets im besten Interesse Ihrer Kunden handeln, dann werden diese sich bestimmt dabei wohlfühlen, wie Sie ihnen mit Ihrer energischen Art bei ihren Kaufentscheidungen behilflich sind. Meiner Meinung nach ist das professionelles Verkaufen in seiner gelungensten Form.

XII

KAUFREUE

...er Welt, der nicht irgendwann ... Ich bin mir sicher, jeder hat ...en oder lächerlichen Einkauf

...eute mit ihren hohen Lebens-...heidungen, nur um uns später ...lt haben. Schließlich gibt es ja ...vahl an Luxusgütern, und nur ...kaufen zu können. Angesichts ...n gut gewählt, oder hätte ich ...n sollen?' nur natürlich.

...er sie das gewöhnlich mit nur ...nche spielten die Kunden viel-...dlern umzusehen, doch selten hatten sie tatsächlich die Absicht, an dem Tag ein Auto zu kaufen, als sie durch den Ausstellungsraum schlenderten. Spitzenverkäufer verstehen, dass viele Menschen impulsiv kaufen – und wenn Sie diese Verkäufe nicht abschließen können, wird Ihre Karriere eine holperige Schlittenfahrt sein. Sie können Ihre Verkaufsproduktion nicht nur auf jene Personen begrenzen, die genau wissen, was sie wollen und die unter allen Umständen zum Kauf entschlossen sind. Leider sind diese Kunden nicht die Norm. Angesichts dieser Tatsachen ist es natürlich, dass viele Kunden von Zweifeln befallen werden, nachdem sie ihr sauer verdientes Geld ausgegeben haben.

Sie müssen sich über die innere Einstellung sowie mögliche Meinungswandel Ihres Kunden im klaren sein. Vergessen Sie niemals: *Ein stornierter Auftrag ist kein Verkauf!* Wie Sie sehr wohl wissen, verschlingen Terminvereinbarungen und Verkaufspräsentationen eine Menge Zeit und Mühe. Deshalb ist es schade, einen Verkauf zu verlieren, nachdem man ihn schon im Sack hatte. Aber die Leute kühlen sich ab – sofern Sie es zulassen. Wenn Sie einen Kunden verlieren, weil er seinen Kauf bereut, so ist das nicht nur ein finanzieller Verlust für Sie, sondern – und das wiegt schwerer – es nagt an Ihrer positiven mentalen Einstellung. Ein stornierter Verkauf schmerzt erheblich mehr als kein Verkauf!

Nachdem ich Ihr Bewusstsein für die Gefahren der Kaufreue geschärft habe, will ich nun detailliert erläutern, was Sie tun können, um sie zu überwinden, noch bevor sie ihren hässlichen Kopf emporhebt. Doch bevor ich beginne, möchte ich sicherstellen, dass Sie nicht den Eindruck gewinnen, als wollte ich andeuten, dass Kunden vor Unzufriedenheit rot anlaufen, sobald ein Verkauf korrekt ausgeführt wurde. Wenn Verkäufer aus ihrer Überzeugung von ihrem Produkt und ihrer Firma kein Hehl machen und den aufrichtigen Wunsch, Kunden zu dienen, erkennen lassen, dürften Auftragsstornierungen wohl nur unter außergewöhnlichen Umständen vorkommen. Im Gegenteil: Die meisten Kunden erkennen, dass Sie ihnen geholfen haben, eine Lösung für ihre Probleme zu finden, und stehen somit für den Seelenfrieden, den Sie gestiftet haben, in Ihrer Schuld. Dieses Szenario mag Ihnen ideal erscheinen, doch ich glaube fest, dass es erreichbar ist, wenn Sie Ihren Job korrekt machen.

Wie aber jeder Verkäufer weiß, ist das Verkaufen mitunter nicht eben ein Spaziergang, und unterwegs tauchen viele Hindernisse unvermittelt auf. Aus diesem Grund soll dieses Kapitel als Vorsichtsmaßnahme dienen, um eventuell vorhersehbare Kaufreue zu beseitigen, *bevor sie auftritt.* Denn auch wenn ihre Stornoquote niedrig sein mag, so ist doch jeder stornierte Verkauf einer zuviel.

DANKE SCHÖN!

Wann war das letzte Mal, dass Ihnen ein Verkäufer gesagt hat, wie sehr er oder sie Ihren Auftrag schätzte? Oder sich deswegen gar dazu aufraffte, „Danke“ zu sagen?

Traurig, aber wahr: Die meisten Verkäufer geben sich keinerlei Mühe, ihre Dankbarkeit zum Ausdruck zu bringen. Es ist, als ob sie meinten, dass sie ein Monopol auf ihre Kunden hätten. Ich habe nie ein Auto verkauft, von dem nicht bei einem anderen Händler ein identisches oder ähnliches Modell erhältlich war. Aber wenn jemand von mir einen Wagen kaufte, dann kaufte er bzw. sie Joe Girard mit! Ich wusste das, und glauben Sie mir, ich war dankbar fürs Geschäft – und ich sah keinen Grund, es geheimzuhalten. In meinem ganzen Leben habe ich keinen Verkauf abgeschlossen, nach dem ich nicht mit voller Aufrichtigkeit gesagt hätte: „Ich danke Ihnen, und Sie sollen wissen, wie sehr ich das Geschäft mit Ihnen schätze. Ich verspreche alles in meiner Macht Stehende zu tun, um Ihnen den bestmöglichen Service zu bieten und so zu beweisen, dass Ihre Entscheidung, von mir zu kaufen, richtig war."

Nachdem der Kunde diesen Gedanken verinnerlicht hatte, fuhr ich fort: „Sam, eines noch sollen Sie wissen. Ich werde Sie nie im Stich lassen. Ich weiß es wirklich zu schätzen, dass Sie bei mir gekauft haben. Und glauben Sie mir, bei Gott, wenn Sie mich je brauchen, selbst wenn Sie mich von einem Dutzend anderer Leute umringt sehen, dann werde ich alles stehen und liegen lassen und Ihnen einen Service bieten, wie Sie's nicht für möglich halten. Und ich sage Ihnen noch etwas. Ich wette, Sie werden nie wieder ein Auto von jemand anderem kaufen."

Sie sehen, ich fuhr mit dem Verkauf fort, weil der Kunde wissen sollte, dass er oder sie eine gute Kaufentscheidung getroffen hatte. Keiner sollte bei mir das Gefühl haben, dass ich ihn, sobald der Handel perfekt war, wie eine heiße Kartoffel fallenlassen und gleich zum nächsten Kunden rennen würde. Wenn Kunden spüren, dass Ihre einzige Motivation in einem schnellen Deal besteht, um rasch die Provision einzusacken, kommen sie sich benutzt und missbraucht vor. Kein Wunder, dass sie abspringen. Kann man ihnen das verdenken?

Ein höfliches Dankeschön sollte bei jedem Verkauf selbstverständlich sein. Ich denke nicht, dass man Kunden zu sehr danken kann. Egal, wie abgedroschen sich das vielleicht für Sie anhören mag – jedes Mal, wenn Sie es tun, bestätigen Sie, dass seine Kaufentscheidung gut war. Ich legte stets Wert darauf, jeden Abend an alle Kunden einen persönlichen Brief zu schreiben, die an dem betreffenden Tag bei mir gekauft hatten. Mein typischer Brief las sich folgendermaßen:

12. Mai

Liebe Mary Jane,

nur ein kurzer Brief, mit dem ich Ihnen für Ihren Kauf danken und Sie zu Ihrem schönen, neuen Wagen beglückwünschen möchte. Ich bin mir sicher, Sie werden ihn lieben.
Noch einmal: Bitte zögern Sie nicht, mich jederzeit anzurufen, denn wer ein Auto von mir kauft, der bekommt auch Joe Girard dazu! Ich freue mich darauf, Sie viele Jahre lang zu bedienen.

Mit besten Empfehlungen,
Joe Girard

Larry Huttle, Generaldirektor der Firma Airstream, Inc., geht noch einen Schritt weiter. Er erklärt: „Unsere Verkäufer senden nicht nur ein Dankschreiben, sondern rufen am Morgen nach dem Verkauf auch bei dem Kunden an. Und bei jemandem, der ihrer Ansicht nach ein besonders harter Brocken war, brauchen Sie mich nur zu bitten, und ich übernehme den Anruf persönlich. Ich stelle mich als Direktor der Firma vor, und als erstes sage ich, wie sehr wir das Geschäft mit ihnen schätzen. Ich frage Sie auch, was sie von unserem Service hielten und ob sie irgendwelche Fragen oder Probleme haben, die sie mit mir besprechen möchten. Für den Fall, dass je ein Problem auftaucht, gebe ich ihnen meine direkte Durchwahlnummer. Sie können sich nicht vorstellen, welch enorme Wirkung mein Anruf bei ihnen hinterlässt. Wann hat man schließlich je einen Anruf vom Direktor einer Firma bekommen, der sich danach erkundigt, ob man mit dem Produkt zufrieden war?"

HERZLICHEN GLÜCKWUNSCH!

„Sie haben eine ausgezeichnete Wahl getroffen, Susan, zu der man Ihnen gratulieren muss", sagt ein Autoverkäufer freundlich lächelnd. „Ich weiß, Sie werden es lieben, mit Ihrem neuen Wagen zu fahren."

„Herzlichen Glückwunsch zu Ihrer guten Entscheidung, Jim", sagt ein Schmuckverkäufer mit einem herzlichen Händedruck. „Sie haben einen herrlichen Brillanten gewählt. Ich möchte, dass Sie wissen, dass Sie einen hervorragenden Gegenwert erhalten, und Ihre Frau wird darüber entzückt sein."

„Ich gratuliere Ihnen, mein Herr", sagt ein Computervertreter, „und ich versichere Ihnen, dass Sie Ihre Entscheidung, unser Computersystem zu installieren, nie bedauern werden. Es wird Ihr Geschäft revolutionieren."

„Es ist eine Freude, mit einem Mann Geschäfte zu machen, der so vorausschauend handelt, für seine Lieben vorzusorgen", sagt ein Lebensversicherungsagent. „Ich bewundere Ihre Weitsicht, den Wert einer Immobilienplanung zu erkennen. Es ist der ein kluger Mann, der die finanzielle Zukunft seiner Lieben plant."

Barbara Singer, erfolgreiche Anzeigenleiterin für die Zeitschrift *Chicago Life*, sagt: „Werbung zu verkaufen, unterscheidet sich von anderen Produkten, weil die Käufer auf die Schnelle Mühe haben, zu erkennen, welchen Gegenwert sie bekommen. Daher werden viele Neukunden aus gutem Grund nach dem Verkauf zögerlich. Und da ich dies weiß, beglückwünsche ich sie immer zu ihrer klugen Kaufentscheidung, nachdem sie Anzeigenflächen in unserem Magazin bestellt haben, und dann betone ich, dass die zwei besten Zeiten zum Inserieren die sind: 'Erstens, wenn die Geschäfte schlecht laufen, und zweitens, wenn die Geschäfte gut laufen.' Zwar sage ich diesbezüglich meist schon etwas in meiner Verkaufspräsentation, jedoch unterstreiche ich es nochmal *nach* dem Verkauf, damit sich Neukunden mit ihrer Kaufentscheidung wohlfühlen. Sie brauchen diese Art von Beruhigung, deshalb macht es mir nichts aus, etwas zu wiederholen, das ich schon zuvor gesagt habe."

Sagen Sie Ihrem Kunden immer – ich wiederhole: *immer* –, dass er bzw. sie eine wunderbare Kaufentscheidung getroffen hat. Noch einmal, viele Käufer sind nervös und hegen Zweifel, ob sie sich nicht übernommen haben. Man muss ihnen versichern, dass dem nicht so ist. *Also sagen Sie es ihnen.*

Ich bin schon gefragt worden, „Ja, geschieht es denn nicht aus Selbstzweck, wenn der Verkäufer dem Kunden gratuliert?" Stimmt, na und? Tun Sie's. Ich habe regelmäßig Leuten gratuliert, und ich kann Ihnen sagen, dass sich nie auch nur ein Kunde darüber beschwert hat. Mehr als einmal hörte ich sie erleichtert seufzen, als wollten sie sagen: „Puh, diesen Zuspruch habe ich echt gebraucht, Joe. Ich habe gerade viel Geld ausgegeben und fragte mich, ob ich das Richtige tat."

Ich denke nicht, dass ich je einem Menschen begegnet bin, dem Lob missfallen hätte. Und genau das geben Sie den Kunden, wenn Sie sie zu ihrer klugen Kaufentscheidung beglückwünschen. Machen Sie also kein Geheimnis daraus. Sagen Sie ihnen, wie weise sie mit dem Kauf Ihres Produkt gehandelt haben. Die Leute brauchen diese Unterstützung, also geben Sie sie ihnen.

DA HABEN SIE ABER GLÜCK...

Als meine Kinder, Joey und Gracie, noch klein waren, kaufte ich von einem Vertreter, der uns daheim besuchte, eine mehrbändige Enzyklopädie. Ich erinnere mich noch, was für ein gutes Gefühl er mir vermittelte. „Euer Papa hat euch soeben das beste Geschenk auf der ganzen Welt gekauft", sagte er zu meinen Kindern, „und wenn ihr irgendwann älter seid, werdet ihr das echt toll finden." Er gab mir das Gefühl, drei Meter groß zu sein. „Was für ein netter Mann", dachte ich bei mir. Erst als er aus der Tür heraus war, wurde mir klar, wieviel ich ausgegeben hatte, und ich kam ins Grübeln, ob ich einen guten Kauf getätigt hatte. Dann blickte ich meine

Kinder an und wusste, dass nichts auf der Welt mich je umstimmen konnte. Was würde ich ihnen denn sagen? An jenem Abend lernte ich eine gute Lektion, eine, die diese Bücher inzwischen vielfach bezahlt gemacht hat.

Wann immer ein Kunde in Begleitung der Person war, für die der- oder diejenige ein Auto kaufte, sagte ich etwa folgendes: „Da haben Sie aber Glück, Margie, dass Sie so einen tollen Vater haben. Er muss Sie ja echt liebhaben, dass er Ihnen einen Wagen schenkt."

Das sagte ich immer, egal, ob es sich bei den Beschenkten um Ehepartner, Mütter oder Geliebte handelte. Wie um alles in der Welt soll der Kunde, wo ich diesen Punkt so herausgestrichen habe, es sich nochmal anders überlegen und sein Versprechen brechen können? Nachdem ich dem Kunden erzählt habe, wie wunderbar er ist, könnte er bzw. sie niemals das Gesicht wahren!

NICHT KASSE MACHEN UND DANN AB DURCH DIE MITTE

Ich denke, nichts erregt mehr Argwohn in den Augen eines Käufers, als wenn sich ein Verkäufer so rasch, wie die Tinte auf dem frisch ausgestellten Scheck eines Neukunden trocknet, eiligen Schrittes zur Tür will. In so einem Fall werden die Leute von Zweifeln hinsichtlich ihrer Kaufentscheidung überwältigt. Dieses Verhalten vermittelt eine Botschaft, dass Ihr Ziel allein darin besteht, das Geld zu nehmen und abzuhauen. Es beweist, was viele Leute bereits denken: „Verkäufer sind stets begierig, einem etwas zu verkaufen, aber sobald man bei ihnen gekauft hat, verschwinden sie auf Nimmerwiedersehen. Sie sind nie da, wenn man sie wirklich braucht." Wenn solche Gedanken hochkommen, werden die Menschen zornig und wollen, was noch schlimmer ist, ihren Auftrag gleich wieder stornieren!

Manche Verkäufer glauben indes, je schneller sie das Büro des Kunden verlassen, desto besser. Ihre Denkweise gründet sich auf die Annahme, der Kunde könnte womöglich seine Meinung ändern und sein Geld zurückfordern, *solange Sie noch im Raum sind!* In Wirklichkeit ist das Gegenteil der Fall. Indem er wegrennt, als ob der Teufel hinter ihm her wäre, erregt der Verkäufer den Verdacht, dass er vielleicht etwas verbirgt. Ich vermute, dass der Ausdruck »zweilichtiger Verkäufer« auf dieses Verhalten zurückführbar sein könnte.

Nachdem Sie den Auftrag bekommen haben, gibt es keinen Grund, schnurstracks zur Tür zu eilen. Sie haben gerade einen Neukunden und möglicherweise einen neuen Freund gewonnen; daher sollten Sie sich noch ein paar Minuten Zeit nehmen und ihm versichern, dass er Ihnen mehr bedeutet als bloß einen dicken Provisionsscheck. Lassen Sie ihn wissen, dass er Ihnen als Mensch wichtig ist. Egal, wieviele Leute deswegen warten mussten – erst plauderte ich noch ein Weilchen mit meinem Kunden, damit er wusste, dass mein Interesse an seiner Person nicht nur rein finanzieller Natur war. Selbst wenn ein Kunde es eilig hatte, pflegte ich zu sagen: „Wozu die Hektik? Müssen Sie hier so schnell rausstürmen?" Dann stellte ich ihm eine oder zwei Fragen zu etwas, das gar nichts mit dem Verkauf zu tun hatte.

So, wie ich mich neuen Kunden vor der Verkaufspräsentation empfehle, tue ich es auch nach dem Verkauf. Dies erfüllt einen doppelten Zweck: Erstens reduziert es die Kaufreue, und zweitens verhilft es mir zu einer Menge Empfehlungen.

„NOCH ETWAS ZU MIR: ICH BIN KEIN DRÜCKER!"

Es gab Zeiten, da wusste ich, dass starker Druck vonnöten war, um einen bestimmten Verkauf abzuschließen, und zum beiderseitigen Nutzen nahm ich meinen Kunden fest in die Zange. Ich wusste auch, dass einige dieser Kunden abspringen würden, wenn ich mir nicht eigens die Mühe machte, den Verkauf nachträglich zu konsolidieren. Bei solchen Leuten arbeitete ich doppelt so hart, um zu vermeiden, dass mich Kaufreue um das Geschäft brachte.

Zu solchen Kunden sagte ich dann mit leiser Stimme: „Wissen Sie, Jack, bestimmt ist Ihnen an mir etwas aufgefallen, das mich von anderen Verkäufern unterscheidet."

„Was denn, Joe?"

„Ich glaube nicht an Drückermethoden. Ich habe schon erlebt, wie manche Verkäufer ihre Kunden zum Kauf genötigt haben, wie Sie es nicht für möglich halten würden. Aber ich, ich könnte nicht so verkaufen, als ob mein Leben davon abhinge. Ich bin froh, dass ich meinen Lebensunterhalt nicht wie diese Typen verdienen muss." Dann machte ich eine kurze Pause und fügte noch hinzu: „Bei Menschen wie Ihnen, die ein Bombengeschäft auch als solches erkennen, ist es nicht notwendig, auf derlei Methoden zurückzugreifen. Übrigens – mit einem Deal, wie Sie ihn gerade bekommen haben, fühle ich mich mehr wie ein Auftragsannehmer als wie ein Verkäufer. Also, Sie sind mit allem, was ich für Sie getan habe, rundum zufrieden, nicht wahr?"

„Ja, das bin ich wirklich, Joe. Tausend Dank", bekam ich von den Kunden oft als Antwort zu hören.

NEUKUNDEN SOFORT MITEINBEZIEHEN

Je eher ein neuer Kunde zum Besitzer wird, desto geringer ist die Chance, dass bei ihm Kaufreue einsetzt. Aus diesem Grund war es mir sehr lieb, wenn meine Kundschaft so schnell wie nur menschenmöglich in einem neuen Wagen nach Hause fahren konnte. Wenn das bedeutete, dass die Kundendienstabteilung ein Auto vorbereiten musste, damit der neue Besitzer es noch am selben Tag haben konnte, so veranlasste ich dies.

Nachdem Sie den Verkauf abgeschlossen haben, indem Sie es verstanden, beim Kunden ein starkes Gefühl der Dringlichkeit zu erzeugen, ist es nur natürlich, wenn er seine Ware sofort in Besitz nehmen will. Und ich empfehle, diesem Wunsch zu entsprechen, wann immer es möglich ist, vor allem, wenn Sie vermuten, dass der Kunde abspringen könnte.

Ein Computerverkäufer könnte diese Technik mit folgenden Worten wirkungsvoll einsetzen: „Hätten Sie was dagegen, wenn ich kurz bei unserer Kundendienstabteilung anrufe, Sam? Ich möchte zum frühestmöglichen Termin eine verbindliche Liefer- und Montagezusage."

Ein fähiger Lebensversicherungsagent wird vielleicht noch im Büro des Kunden einen Termin zur Gesundheitsprüfung für seinen Klienten ausmachen. Wie Ben Feldman sagt, „Das Gespräch steht und fällt mit meiner Fähigkeit, meinen Mann zur Gesundheitsprüfung zu bekommen. Egal, was ein Mann gegen eine Lebensversicherung einwendet – wenn ich ihn durchchecken lassen kann, dann wird er sie, wie ich herausgefunden habe, in sieben von zehn Fällen abschließen. Lassen Sie ihn durchchecken, und die Sache ist zu drei Viertel gelaufen. Ich kann auch dies versprechen: Wenn Sie ihn nicht zur Untersuchung kriegen, werden Sie *todsicher* auf ihr (der Police) sitzenbleiben."[1]

Und so terminiert Feldman die Untersuchung: „Gewiss kann man nichts gegen einen Check einwenden, der nichts kostet und einen in keinster Weise verpflichtet. Lassen Sie sich vom Arzt auf Herz und Nieren prüfen, und ich werde zusehen, ob ich sie (die Deckungssumme) für Sie bekommen kann. Möglicherweise ist die Gesellschaft nicht gewillt, Sie aufzunehmen. Schaun wir mal..."[2]

---

[1] Andrew H. Thomson, The Feldman Method (Chicago: Farnsworth Publishing Company, 1969, 1980), 73.
[2] Ibid., 73

Ein Effektenmakler erteilt die Kauforder, während der Käufer noch am Apparat ist; so ist der Handel schon vor Beendigung des Telefongesprächs perfekt. Bei so spontanen Transaktionen via Computer haben Kunden wenig Zeit zu Kaufreue.

Wenn es eine spezielle Branche gibt, wo Kunden Gewissensbisse bekommen, so müsste ich sagen, dass die Timesharing-Ferienindustrie mit weitem Abstand vorne liegt. Nach meinem Wissen liegt die Stornoquote hier zwischen 15 und 18 Prozent. Letztes Jahr verbrachten Freunde von mir - ich nenne sie Sue und Charlie – ein »kostenloses« Wochenende in einer neu erbauten Freizeitanlage im Norden von Michigan. Ihr Gratiswochenende kostete sie 16.000 Dollar für ein 2-Wochen-Timesharing-Paket, das sie schließlich erwarben. Ihr Verkäufer war gut. Wirklich gut! Am folgenden Tag nahm er sie mit auf eine Spritztour mit dem Rennboot um den See herum und spielte dann eine Runde Golf mit Charlie, während Sue sich beim Tennis vergnügte. Was er tat, sollte in ihnen etwas Besitzerstolz wecken. „Das ist *Ihr* Golfplatz“, sagte er zu ihnen, „und das ist *Ihr* See.“

Um Kaufreue gar nicht erst aufkommen zu lassen, trieb es der Verkäufer noch einen Schritt weiter. Er bat sie um die Namen von Verwandten und Freunden, und als Anreiz bot er Charlie und Sue kleine Präsente an wie etwa Zahlungen von künftigen Gebühren für den Unterhalt, den Golfplatz usw. An diesem Punkt kam ich ins Spiel. Am selben Abend, an welchem sie gekauft hatten, erhielt ich – als einer der Namen, die sie dem Verkäufer genannt hatten – einen Anruf und wurde zu einem Gratiswochenende in der Ferienanlage eingeladen. Natürlich erwähnte er, dass Sue und Charlie mich empfohlen hatten. Dadurch, dass er bei ihrer Familie und ihren Freunden anrief, wären sich Sue und Charlie idiotisch vorgekommen, wenn sie später abgesprungen wären. Stellen Sie sich nur mal vor, wie peinlich es für sie gewesen wäre, ihren Freunden zu sagen, dass man trotz der Weiterempfehlung an andere es sich selber anders überlegt habe. Ich liebe diese Methode und denke, sie funktioniert in allen Bereichen.

DAS SCHNELLE ANSCHLUSSGESCHÄFT

Selbst zufriedene Kunden können von ernsthafter Kaufreue befallen werden, wenn man die versprochenen Leistungen nicht erbringt. Nichts erstaunt mich mehr, als gedankenlose Verkäufer, denen ansonsten gute Aufträge durch die Lappen gehen, weil sie sich im Anschluss an abgeschlossene Verkäufe sogleich heftig um neue Geschäfte bemühen. Nicht zuletzt vernachlässigen sie dabei auch ihre neuen Kunden.

Es muss gar nicht viel passieren, damit frischgebackene Erstkunden es sich anders überlegen. Manchmal genügt schon ein kleines Versehen wie etwa, dass man einen Prospekt vorbeizubringen versäumte, bei einem Kunden nicht zurückrief oder einfach irgendwelche Serviceleistungen vergaß. Oberflächlich gesehen, scheinen diese Details unbedeutend, aber für den Kunden sind sie es nicht. Meist ist es irgendeine unverhältnismäßig aufgeblasene Kleinigkeit, die zur Stornierung eines Verkaufs führt. Dann beschimpft der Verkäufer den Kunden und wirft ihm Hitzköpfigkeit vor. Die nüchternen Fakten zeigen indes, dass derselbe Verkäufer stets mehr als seinen bzw. ihren üblichen Teil an Hitzköpfen abzubekommen scheint. Laut diesem Verkäufer ist Kaufreue niemals seine bzw. ihre Schuld.

Ganz gleich, was Sie verkaufen, Sie sollten sich besonders bemühen, mit Ihren neuen Kunden in Verbindung zu bleiben, um ihnen zu versichern, dass Sie es ehrlich meinten mit Ihrem Versprechen, herausragenden Service zu bieten. Neben Dankschreiben, die Sie unmittelbar nach dem Verkauf abschicken, sollten Sie Ihre Kunden anrufen oder, wenn möglich, ein bis zwei Tage später bei ihnen vorbeischauen. So könnte beispielsweise ein Lebensversicherungsagent einen Neukunden kontakten und ihm sagen: „Ich möchte Sie nur nochmal an Ihren Termin am Freitag um 14 Uhr bei Dr. Silver wegen Ihrer Gesundheitsprüfung erinnern." Ein Immobilienmakler ruft Sie an, um Ihnen zu sagen: „Hier sind die Namen von drei örtlichen Kreditgebern, die Sie aufsuchen sollten, um eine günstige Hypothek zu bekommen." Ein Börsenmakler ruft einen Kunden an, um ihm mitzuteilen: „Sie haben 1.000 Aktien der Firma XYZ zu 21 1/4 und 2.000 Aktien zu 21 1/2 gekauft."

Sie müssen in ständiger Verbindung mit Ihren Kunden bleiben. Und rufen Sie sie auch ja an, um ihnen sowohl gute wie auch schlechte Nachrichten mitzuteilen. Zu oft scheuen Verkäufer vor ihrer Kundschaft zurück, wenn etwas schiefläuft, und das ist ein schwerwiegender Fehler. Ein guter Börsenmakler etwa macht einen Informationsanruf wie diesen: „Gary, XYZ ist heute um zwei Punkte gefallen. Der Markt verlor zweiunddreißig Punkte, aber Sie sind langfristig drin. Ich denke daher nicht, dass der heutige Kursverlust irgendwelchen Anlass zur Besorgnis darstellt." Ein Handelsvertreter ruft einen Händler an und sagt: „Ich habe heute mit unserer Fabrik telefoniert. Wir sind wegen einer vorübergehenden Materialverknappung zwei Wochen in Verzug. Ich werde trotzdem mein Bestes tun, um Ihren Auftrag zu beschleunigen."

Die allermeisten Kunden reagieren verständnisvoll, und sie sehen ein, dass bestimmte Dinge weder in Ihrer Hand liegen noch in der Ihrer Firma. Sie schätzen es, von Ihnen zu hören, und begrüßen Ihre Offenheit. Nur, wenn Sie Schwierigkeiten unter den Tisch fallen lassen, bleiben die Geschäfte auf der Strecke.

DIE ENTSCHEIDENDE FRAGE, DIE VERKÄUFE UNTERMAUERT

Ich werde Ihnen eine Frage geben, die Sie Neukunden stellen sollten, denn sie wirkt Wunder bei der Beseitigung von Reuegefühlen beim Käufer. Nachdem der Auftrag unterschrieben, besiegelt und zur Auslieferung bereit ist und sich mein Kunde auf dem Weg zur Tür hinaus befindet, frage ich: „Charlie, bevor Sie gehen, möchte ich Ihnen noch eine Frage stellen."

„Klar, worum geht's, Joe?"

„Ich versuche immer, mich zu verbessern, Charlie, deshalb hätte ich gern noch etwas von Ihnen gewusst, bevor Sie hier herausgehen", sage ich mit aufrichtiger Bescheidenheit. „Sie erwähnten, wie Sie sich bei zwei anderen Händlern umsahen, aber Sie haben bei keinem von ihnen gekauft. Warum haben Sie von mir ein Auto gekauft, statt bei einem von denen?"

Dann bin ich still und höre zu. Ich werde jetzt hören, wie sehr mich der Typ mag, und je mehr Gründe er nennt, warum er bei mir gekauft hat, desto mehr wird ihm klar, dass er eine kluge Entscheidung getroffen hat. Er wird zum zweiten Mal überzeugt – diesmal von ihm selbst. Indem er seine Beweggründe für den Kauf mit eigenen Worten wiederholt, erhält der Kunde ein klares und prägnantes Verständnis von Ihrem Produkt und warum Sie das Geschäft mit ihm verdienen. Er wird mir solche Dinge sagen wie: „Ich habe bei Ihnen gekauft, Joe, weil Sie sich wirklich um mich bemühen." „Sie haben mich nicht massiv unter Druck gesetzt." „Sie haben nicht versucht, mir mehr zu verkaufen, als ich mir leisten konnte." „Sie sind ein echter Profi, Joe." Ich liebe es, einen Kunden nach dem Warum seines Kaufs zu fragen, weil ich weiß, dass ich eine Menge Lob ernten werde. Es ist auch ein guter Egotrip, aber das ist okay. Wir alle brauchen diese Streicheleinheiten in Form von Lob. Wer könnte schließlich nicht tagsüber ein paar aufmunternde Worte gebrauchen?

Und jedes Mal, wenn ein Kunde mir erzählt, warum er bei mir und nicht bei jemand anderem gekauft hat, lerne ich obendrein noch etwas übers Verkaufen dazu. Es ist schon erstaunlich, aber je länger ich im Verkauf tätig bin, um so mehr lerne ich.

Nun, wie um alles in der Welt kann irgendjemand stornieren wollen oder Kaufreue empfinden, nachdem der Kunde mir gesagt hat, wie sehr er bzw. sie mich liebt? Versuchen Sie das, und ich garantiere Ihnen, Sie werden kaum je wieder mit Fällen von Kaufreue oder Stornierungen zu tun haben.

XIII

DER VERKAUF BEGINNT NACH DEM VERKAUF

Vielleicht denken Sie jetzt, dass diese Kapitelüberschrift nach einem Wortspiel klingt. Bestimmt ist es für manchen verwirrend, dass das Thema Kundenservice sogar in einem Buch über Verkaufsabschlüsse angesprochen wird. Für mich dagegen könnte die Wahrheit nicht ferner liegen – *Vortrefflichkeit beim Kundendienst hat ALLES zu tun mit Verkaufsabschlüssen – »zukünftigen Verkäufen«.*

Den ersten Auftrag an Land zu ziehen, ist erst der Anfang. In der heutigen Geschäftswelt ist kein Platz für jemand, der nach dem Verkauf von der Bildfläche verschwindet. Herausragender Service ist Teil der Verkaufsbemühungen, und wer dessen Bedeutung nicht erkennt, ist zum Scheitern verurteilt. Wie Buck Rodgers von IBM erklärt, „Die beiden Wörter *verkaufen-installieren* treten immer gemeinsam auf. Man kann nicht das eine ohne das andere haben. Nichts ist verkauft, solange es nicht korrekt installiert wurde, und nichts ist installiert, solange es nicht korrekt verkauft wurde." Natürlich hätte Rodgers ebensogut *Verkaufsservice* sagen können, woran sich jeder Verkäufer stets erinnern muss, ob er nun Computer, Autos, Lebensversicherungen, Geldanlagen oder *irgendein Produkt* verkauft: Die Botschaft ist stets die gleiche.

Die Verpflichtung zu einem hervorragenden Service kann weder einer Laune entspringen, noch darf sie nur auf eine ausgewählte Klientel ausgedehnt werden. Jeder Kunde, egal wie reich er sein mag, hat Anspruch auf den bestmöglichen Service. »Der Kunde ist König« muss für jeden Verkäufer ein stetiger Wahlspruch sein. Nirgendwo ist dieser Grundsatz weiter verbreitet als in Japan, wo Verkäufer den Kunden als »Kami-sama« bezeichnen, was nichts weniger als Gott bedeutet. Und dementsprechend wird jeder Kunde mit dem größten Respekt behandelt. Ich denke nicht wirklich, dass die Japaner bessere Geschäftsleute sind als wir Amerikaner, aber sie sind eindeutig mehr serviceorientiert, weil sie das müssen, um in ihrem von erbittertem Konkurrenzkampf geprägten Heimatland zu überleben. Natürlich zeichnet sich nicht jede japanische Firma durch ihren Kundendienst aus, jedoch bleiben solche Firmen meist auf der Strecke. Und auf den amerikanischen Markt drängen nur die japanischen Unternehmen mit dem effizientesten Servicekonzept. Es ist kein Wunder, dass diese Firmen in den USA so gut dastehen.

Der Unterschied liegt nicht in dem Produkt als solchem. Was letzten Endes den Erfolg sichert, ist die Qualität der Serviceleistungen. Der Lohn folgt in Form von Anschlussgeschäften und Empfehlungen durch zufriedene Kunden. Es ist eine Tatsache, dass nach zwei Jahren im Verkauf, in denen Sie einen hervorragenden Service bieten, 80 Prozent Ihrer Umsätze für den Rest Ihres Berufslebens von Stammkunden kommen werden. Auf der anderen Seite wird jemand, der keinen guten Service leistet, niemals den Aufbauprozess erkennen, der dadurch in Gang kommt, dass man sich einen soliden Kundenstamm und in der Folge einen guten Ruf schafft. Auf jeden Schritt, den ein nicht-serviceorientierter Verkäufer nach vorn unternimmt, folgen mindestens zwei Schritte zurück.

Die langfristige Prognose sieht für Verkäufer, die sich nicht um den Dienst am Kunden bemühen, reichlich düster aus. Frust und Enttäuschung werden sich wie ein roter Faden durch ihr Leben ziehen. Sie bilden das Riesenheer von Verkäufern, die zwangsläufig an jedem Tag ihrer Karriere scheitern werden und nur mit Mühe ihren Lebensunterhalt verdienen. Dies sind die Verkäufer, die nie einen festen Kundenstamm aufbauen; sie fangen jedes Jahr quasi wieder bei null an, als seien sie eben erst ins Verkaufswesen eingestiegen. Die meisten von ihnen überleben niemals im Verkauf; sie brennen irgendwann aus. Aus gutem Grund ist es daher keine Alternative, sondern zwingend notwenig für Ihr Überleben als Verkäufer, wenn Sie sich nach besten Kräften um den Dienst am Kunden bemühen. Alles andere ist undenkbar.

DAS CREDO EINES VERKÄUFERS

IBM hat drei grundlegende Firmencredos, von denen man sich bei allen bedeutenden Entscheidungen des Unternehmens leiten lässt. Sie lauten erstens: Respekt vor dem einzelnen Menschen, zweitens: Den weltweit besten Kundendienst aller Firmen bieten und drittens: Von Angestellten überragenden Einsatz erwarten.

Wie ich erfuhr, bestimmen diese drei Maximen jede firmenpolitische Entscheidung des IBM-Managements. Ich denke, es ist wunderbar, dass die IBM Corporation einen so immensen Erfolg erreicht und zugleich nie ihre Integrität preisgegeben hat. Zwar sind alle drei Grundsätze bewunderswert, jedoch werde ich mich in diesem Kapitel mit IBMs zweitem Credo beschäftigen. Ich halte es für so wichtig, dass man es jedem Verkäufer zur ständigen Erinnerung an die Bedeutung des Kundendiensts ins Gehirn eintätowieren sollte. Es ist eine interessante Feststellung, dass sich dieses Prinzip nicht auf den Kundendienst in den USA oder auf die Computerindustrie beschränkt. Ich sage es nochmal: IBM hat den Ehrgeiz, *den besten Kundendienst aller Firmen in der Welt zu leisten!*

So, wie ein gut geführtes Unternehmen eine Anzahl Leitsätze hat, an denen es sich orientiert, müssen Sie dies auch als Einzelperson haben. Und Ihre Leitsätze sollten so stark sein, dass sie Ihre täglichen Verkaufsaktivitäten beeinflussen. Ich habe zwar nicht die Absicht, Ihnen zu erzählen, was Sie glauben sollten. Aber ich bin überzeugt, dass Sie, wenn Sie als Verkäufer erfolgreich sein wollen, sich verpflichtet fühlen müssen, Ihren Kunden einen exzellenten Service zu bieten. Ich lege Ihnen dringend ans Herz, sich dieses Credo zu eigen zu machen, an jedem Tag Ihrer Verkaufskarriere danach zu leben und nie davon abzuweichen. Sobald Sie sich dieser Maxime verschrieben haben, sind Sie unterwegs zu enormen Erfolgshöhen.

EINE FIRMA VERTRETEN, DIE SICH DEM KUNDENDIENST VERPFLICHTET FÜHLT

Zu einem gewissen Grad ist ein Verkäufer auf das Serviceversprechen beschränkt, welches seine bzw. ihre Firma Kunden zugestehen mag. Ja, ich denke, dass es für einen servicebewussten Verkäufer nicht möglich ist, erfolgreich eine Firma zu vertreten, die keine ähnliche Philosophie vertritt.

Das gilt vor allem, wenn Technik ein Hauptaspekt bei einem bestimmten Produkt ist. In solchen Fällen ist es wichtig, dass der Kundendienst in den Herstellungsprozess mit integriert wird, was oft mit erheblichen Investitionskosten für die Firma verbunden ist. Erzeugnisse wie Maschinen, Computer und Automobile müssen mit einem gewissen Qualitätsstandard produziert werden. Hohe Qualität bedeutet ihrerseits, dass der Kunde langfristig sowohl Kosten als auch Verdruss infolge künftiger Reparaturen spart. Firmen, die durch Qualitätsminderung Einsparungen vorzunehmen versuchen, tun dies auf Kosten ihrer Kunden. In einem solchen Fall ist der Service, den Sie als Verkäufer leisten können, stark eingeschränkt, weil er oft nicht Ihrer Kontrolle unterliegt. Infolgedessen sind Sie nicht in der Lage, Ihre Kunden richtig zufriedenzustellen, und *Ihre* Integrität steht auf dem Spiel.

Wenn junge Leute, die eine Karriere im Verkauf anstreben, zu mir kommen und mich um Rat fragen, wie man die richtige Firma findet, betone ich stets, wie wichtig es ist, für ein serviceorientiertes Unternehmen zu arbeiten. Ich schlage ihnen vor, herauszufinden, wie eine Firma ihre Kundschaft *nach* dem Verkauf bedient. Verschickt sie beispielsweise Fragebögen an Neukunden, um Adressenlisten anzulegen, und holt sie Informationen ein, die ihr helfen werden, die Qualität ihrer Produkte und nachfolgenden Dienstleistungen zu verbessern? Prüfen Sie auch, welche Art von Anerkennung die Leute in der Kundendienstabteilung bekommen. Firmen, die auf diesem Gebiet gute Noten sammeln, haben Belobigungsprogramme sowohl für ihr Kundendienst- als auch für ihr Verkaufspersonal. Und hält die Kundendienstabteilung täglich Rücksprache mit dem Verkäufer? Wenn die Verkaufsabteilung räumlich weit von der Kundendienstabteilung getrennt ist – in einem anderen Gebäude, am anderen Ende der Stadt oder gar in einer anderen Stadt –, lässt oft der Kommunikationsfluss zwischen den beiden Abteilungen nach. Es gibt sogar einige Firmen, die gar keine Serviceabteilungen unterhalten oder bestenfalls ihren Kunden eine überregionale Info-Telefonnummer in die Hand drücken, unter der man wiederum die Namen örtlicher Händler erfährt, die eventuell über eine Serviceabteilung verfügen. Ich rate nicht nur den Verkäufern, um solche Firmen einen Bogen zu machen, sondern lege auch den Kunden ans Herz, ihre Produkte zu boykottieren.

Leider konzentrieren sich manche Firmen ausschließlich auf ihre Verkaufsaktivitäten, was zu Lasten der Serviceleistungen für bestehende Kunden geht. Es muss ein Gleichgewicht herrschen, denn es hilft wenig, wenn Neugeschäfte nicht in den Büchern bleiben. Falls Sie zufällig für ein Unternehmen arbeiten, das nicht bereit ist, sich für Ihre Kunden krummzulegen, rate ich Ihnen, zu einer Firma zu rennen – nicht zu gehen –, die auf diesem eminent wichtigen Gebiet stark ist. Sie sollten sich wegen dieses Wechsels nicht als unloyal betrachten; keine Firma, die es an der Bereitschaft fehlen lässt, ihren Kunden zu dienen, hat Ihre Loyalität verdient.

GUTER SERVICE KOMMT AN!

Trotz der vielen Fastfood-Restaurants, Selbstbedienungskaufhäuser und -tankstellen wissen Amerikaner guten Service zu schätzen. Und was noch wichtiger ist: Sie sind bereit, dafür zu bezahlen.

Ein hervorragendes Beispiel dafür, wie die amerikanische Öffentlichkeit gewillt ist, für besseren Service zusätzliches Geld hinzublättern, ist der des enorm erfolgreichen Kurierdiensts *Federal Express*. Für die garantierte Über-Nacht-Zustellung außerhalb der Stadt und/oder des Bundesstaats sind seine Kunden bereit, einen Aufschlag zu zahlen, der mehrere tausend Prozent über den Kosten einer Briefzustellung per Post liegt. Interessanterweise treffen die meisten der auf dem Postweg versandten Briefe innerhalb 24 Stunden beim Adressaten ein, aber Garantien gibt es keine. Ich denke, dies sagt schon einiges darüber aus, welche Wertschätzung die Amerikaner für hervorragenden und zuverlässigen Service übrig haben.

Aus eigener Erfahrung weiß ich, dass die Menschen bereit sind, für hervorragenden Service einen Aufpreis zu bezahlen. Immer wieder bekam ich zu hören, „Joe, ich bin durch die Läden gelaufen, bevor ich zu Ihnen kam, und ich kriege es woanders um hundert Mäuse billiger. Aber ich werde bei Ihnen kaufen, denn es gibt da etwas, das mir niemand sonst geben kann, und das sind Sie, Joe." Wenn ich einen solchen Kommentar höre, ist dies das schmeichelhafteste Kompliment, das man mir machen könnte. Anschlussverkäufe sind so leicht und erfordern wenig Mühe im Vergleich zum Neukundengeschäft. Die Leute sind aufrichtig dankbar für die zusätzliche Mühe, die ich mir mache, um sie gut zu bedienen, und das vergessen sie nicht, wenn der nächste Autokauf ansteht. Die Wahrheit ist: Sie sind überzeugt, noch bevor sie zu mir in den Laden kommen, weil ich sie schon für mich gewann, indem ich ihnen bei ihrem ersten Besuch einen ausgezeichneten Service bot.

Einer aktuellen Studie war zu entnehmen, dass manche kundendienstorientierten Firmen ihren Marktanteil jährlich um sechs Prozentpunkte steigerten, obwohl sie beinahe zehn Prozent mehr für ihre Waren verlangten. Vergleichen Sie dies mit jenen Firmen, die keinen hervorragenden Service bieten (sie verloren pro Jahr zwei Prozentpunkte). Ich interpretiere dies so, dass es sich guter Service *bezahlt* macht, und es ist sicher, dass guter Service von der Kundschaft stets geschätzt wird. Außerdem übertreffen die Verkäufer, die ihn erbringen, grundsätzlich jene, die es nicht tun. Leider erwarten ihn die Leute nicht und sind daher erstaunt, wenn sie ihn bekommen. Das ist ein Jammer. Es sollte genau umgekehrt sein.

DER WERT EINES KUNDEN

Es ist interessant, wie uns manche Ideen erreichen und sich in unseren Gehirnwindungen festsetzen, von wo aus sie unser Leben nachhaltig beeinflussen. Vor Jahren hörte ich jemanden sagen: „Darum geht es – Service. Service, Service, Service. Geben Sie Ihren Kunden soviel Service, dass sie Schuldgefühle bekommen, wenn sie auch nur erwägen, mit jemand anderem Geschäfte zu machen." Diese Botschaft habe ich nie vergessen, und sie war mir stets eine Richtschnur. Die Umsetzung dieser Idee hatte die stärkste Auswirkung auf meine Verkaufskarriere, eine Wirkung, die größer war als irgendein anderer Einzelfaktor.

Ich habe immer daran geglaubt, dass der erste Wagen, den ich einem Kunden verkaufte, den Beginn einer langen Beziehung markieren werde. Nach meinem Empfinden war ich ein Versager, wenn ein einzelner Autoverkauf nicht in zukünftige Geschäfte mündete. Um in irgendeiner Branche erfolgreich zu sein, ist es wesentlich, dem Kunden soviel Service zu geben, dass er oder sie immer wiederkommt. Wenn Sie überlegen, wieviele Autos ein zufriedener Kunde im Laufe seines bzw. ihres Lebens kauft, so ist das erste nur die Spitze des Eisbergs. Ich schätze, dass der durchschnittliche Autokäufer im Laufe seines Lebens mehrere hunderttausend Dollar für seine Autokäufe ausgibt. Und wenn ich überschlage, wieviele Freunde und Familienmitglieder ein zufriedener Kunde mir durch seine Empfehlungen im Lauf der Jahre zuführt, läuft die Summe auf einen siebenstelligen Betrag hinaus.

Wenn man bedenkt, wieviel es eine Firma kostet, einen guten Kundenkontakt herzustellen, kann kein Verkäufer es sich leisten, Stammkunden durch schwachen Service zu vergraulen. Ein Airstream-Händler beispielsweise rechnete einmal durch, dass seine Verkaufsniederlassung für Wohnmobile im Schnitt 85 Dollar für Werbung und Promotion pro Verkaufsprospekt ausgab. Bei einer durchschnittlichen Abschlussquote von 25 Prozent investierte die Firma also 340 Dollar, um einen Kunden zu gewinnen. Schlagen Sie diesen Betrag auf die übrigen Kosten des Händlers drauf, und man muss kein Genie sein, um zu erkennen, welch ungeheure Verschwendung aus dem Verlust eines Kunden infolge schwacher Serviceleistungen resultiert.

Jeder Einzelhändler hat Gemeinkosten, die sich aufschlüsseln lassen, um zu ermitteln, wieviel Geld investiert wird, damit auch nur ein Kunde den Laden betritt. Außendienstvertreter können ebenfalls berechnen, was sie für die Anbahnung neuer Geschäfte ausgeben. Neben den tatsächlichen

Barauslagen ist es wichtig, die Kosten zur Sicherung neuer Kunden zu untersuchen. Unter dem Aspekt von Zeitaufwand, Schweiß und Blut hat jeder Verkäufer hohe unkalkulierbare Kosten. Beispielsweise könnte ein Neuling im Effektenhandel hundert Kaltanrufe an einem Tag tätigen, um eine Handvoll guter Kontakte herzustellen, von denen dann nur ein einziger einen wirklichen Auftrag hereinbringt.

Rick Remsted, mein persönlicher Bösenmakler und einer der Top 300 von über 12.000 bei Merrill Lynch beschäftigten Brokern, sagt, er veranschlage durchschnittlich mehr als zehn Stunden Arbeitszeit, um einen Neukunden zu gewinnen. Mein früherer Broker schien sich nie die Zeit zu nehmen, meine Anlagegeschäfte ordentlich zu führen, und ich teilte Rick unverblümt mit, wie sehr ich jemanden schätzte, der mit mir daran arbeiten würde, bestimmte langfristige Ziele zu erreichen. Wir trafen uns mehrmals zum Mittagessen und führten etliche lange Telefonate, und ich besuchte sogar ein Seminar über Immobilienplanung, das Rick für seine Kunden veranstaltete. Von unserem ersten Gespräch bis zur ersten Auftragserteilung vergingen in der Tat einige Monate.

„Ich will zuerst einmal die finanziellen Ziele eines Kunden von Grund auf verstehen, bevor ich auch nur versuche, die richtigen Anlageformen für ihn zu finden", sagt Remsted. „Ich bin nicht in diesem Geschäft, um lediglich einen Auftrag abzustauben, und das war's dann. Vielmehr bin ich am Aufbau einer dauerhaften Beziehung zu einem Kunden interessiert. Deshalb muss ich mir manchmal all seine Vermögenswerte einschließlich Haus- und Grundbesitz, Versicherungen, Erbschaften, Geschäftsangelegenheiten, Altersversorgung – alles – ansehen, bevor ich eine korrekte Bewertung vornehmen kann. Oft sieht die Sache so aus: Je größer ein Kunde, desto mehr Zeit vergeht bis zur ersten Transaktion. Mit manchen Leuten arbeitete ich schon seit einem Jahr zusammen, bevor ein Auftrag erteilt wurde."

Desgleichen grasen Immobilienmakler häufig ganze Wohngegenden ab, bevor sie auch nur ein neues Objekt in ihre Listen aufnehmen können. Und ein Lebensversicherungsagent tätigt in seinem ersten Jahr womöglich Hunderte von Kaltanrufen, bevor es mal zu einer Terminvereinbarung kommt. Bedenken Sie: Nur im direkten Kundenkontakt hat er einen Menschen aus Fleisch und Blut vor sich. Wenn die Abschlussquote des Agenten 20 Prozent seiner durchgeführten Verkaufspräsentationen beträgt, dann stellen Sie sich einmal vor, wieviel Zeit und Mühe aufgewandt werden müssen, nur um *eine* Police zu verkaufen.

All das macht deutlich, dass die Akquisition eines neuen Kunden mit erheblichen Kosten verbunden ist; sobald Sie also einen gewonnen haben, dürfen Sie ihn nicht wieder von der Angel lassen. Ich habe jedoch erlebt, wie Verkäufer aus den dämlichsten Gründen einen Kunden verloren. Beispielsweise bringt ein Kunde seinen neuen 25.000-Dollar-Wagen vorbei, weil sein Cassettendeck nicht funktioniert. Nach der Reparatur eröffnet ihm der Händler, dass diese nicht von der Garantie abgedeckt sei, weil die halbwüchsigen Kinder des Besitzers den Recorder falsch bedient hätten, und übergibt ihm eine Reparaturrechnung über 50 Dollar. Murrend bezahlt der Kunde, aber rechnen Sie nicht damit, ihn je wiederzusehen. Wegen lausiger 50 Dollar hat man einen 25.000-Dollar-Kunde verloren! Selbst wenn der Kunde im Irrtum ist, tun Sie, was notwendig ist, um ihn zufriedenzustellen, selbst wenn Sie dazu in die eigene Tasche greifen müssten. Das ist elegantes Business, vor allem, wenn Sie bedenken, wieviel es kostet, einen Neukunden zu gewinnen. Schließlich ist es vielfach teurer, einen ganz neuen Kunden zu gewinnen, als einen alten bei der Stange zu halten. Wenn Sie es sich nicht leisten können, Ihrem Kunden den Vorteil des Zweifels einzuräumen, empfehle ich, Ihren Werbeetat zu beschneiden und etwas von dem eingesparten Geld in ein Kässchen zu tun, um kleine Ärgernisse auf dem Kulanzweg regulieren zu können. Dann können Sie für Dienstleistungen bezahlen, auf die Ihre Kunden eigentlich *keinen* Anspruch haben. Ich versichere Ihnen: Indem Sie das tun, sind Sie um viele Dollars im Vorsprung.

KLEINE URSACHE, GROSSE WIRKUNG

Auf lange Sicht sind es die kleinen, alltäglichen Dinge, die dauerhafte Verkäufer-Kunden-Beziehungen festigen helfen. Eine meiner liebsten Arten, wie ich eine solide Bindung zu meinen Kunden aufbauen kann, ist der stetige Kontakt mit ihnen über den Postweg. Nach einem Verkauf wollte ich immer sichergehen, dass mich mein Kunde nie vergessen würde. Daher entwickelte ich ein Briefschreibprogramm, mit dem das gewährleistet war. In der Tat entlockte dies jemandem den Ausspruch: „Wenn du ein Auto von Joe Girard kaufst, musst du das Land verlassen, um den Typen loszuwerden.“ Nebenbei gesagt, fasste ich diese Bemerkung als Kompliment auf.

Um sicherzustellen, dass mich niemand je vergessen würde, bekam jeder einzelne meiner Kunden in jedem Monat des Jahres einen Brief von mir. Er kam in einem schlichten Umschlag, dessen Farbe und Größe ich immer anders wählte, damit keiner wissen sollte, was drin war. Ich wollte sicher sein, dass meine Briefe nicht wie dieser Werbemüll aussahen, den man ungeöffnet wegwirft. Beigefügt war eine Karte mit dem Aufdruck »Ich mag Sie« auf der Vorderseite. Auf der Innenseite stand für jeden Monat des Jahres eine andere Botschaft: Im Januar war »Ein glückliches neues Jahr wünscht Joe Girard« an der Reihe; der Februar wünschte »Alles Gute zum Valentinstag«; im März kam »Alles Gute zum Osterfest«, und so ging es gerade weiter bis zum Erntedankfest und Weihnachten.

Zum Ersten oder Fünfzehnten eines Monats verschickte ich niemals Briefe, denn zu diesen Terminen bekommen die meisten Leute ihre Rechnungen. Ich will sie in guter Stimmung erwischen. Wenn Papa abends heimkommt, küsst er als erstes seine Frau und stellt anschließend zwei Fragen. Erstens: „Was haben die Kinder heute gemacht?" Und darauf folgt: „Ist Post für mich gekommen?" Nachdem die Post geöffnet ist, rufen die Kinder: „Papa hat wieder einen Brief von Joe Girard bekommen!" Wie Sie also sehen können, wurde die ganze Familie ins Geschehen miteinbezogen. Diese Karten sind beliebt, und zwölfmal pro Jahr brachte ich mich auf sehr angenehme Weise bei meinen Kunden zu Hause in Erinnerung. Gegen Ende meiner beruflichen Laufbahn verschickte ich 14.000 Grußkarten im Monat. Das macht 168.000 pro Jahr. Wenn Sie diese Zahl mit den Portokosten für einen Brief erster Klasse multiplizieren, dann werden Sie sehen, dass ich mehr für Briefmarken ausgab, als der durchschnittliche Autoverkäufer im Jahr verdient! Warum also tat ich das? Ich tat es, um meinen Kunden eines zu sagen: Dass ich sie mag. Hat es sich gelohnt? Da können Sie aber drauf wetten. Diese Briefe waren großenteils verantwortlich für die 65 Prozent meiner Verkäufe, die jedes Jahr als Folgeaufträge hereinkamen.

Wenn Verkäufer mich fragen, wie wichtig jede Karte war, weiß ich ehrlich keine Antwort. Man kann unmöglich wissen, welche Auswirkung ein einzelner Brief auf irgendjemanden hat. Wie misst man die gute Absicht, einen Telefonanruf prompt zu beantworten, einen Prospekt vorbeizubringen oder einem neuen Kunden einen Dankeschönbrief zu schicken? Ich denke nicht, dass eines dieser Dinge für sich allein einen Unterschied macht. Schließlich wird niemand Tausende von Dollar ausgeben, nur weil er oder sie in der Post eine Karte zum Weihnachtsfest fand. Aber ich denke sehr wohl, dass die Summe dieser ständigen kleinen Aufmerksamkeiten voll und ganz den Unterschied ausmacht.

Ich erinnere mich lebhaft an eine persönliche Erfahrung, als ich von einem bestimmten Verkäufer nichts kaufte wegen einer Sache, deren er sich zweifellos nicht bewusst war, dass ich sie als ärgerlich empfunden hatte. Ich war auf der Suche nach einem Textverarbeitungssystem und hatte telefonisch für halb zwei einen Termin mit einem Verkäufer in einem Computergeschäft vereinbart. Um Punkt halb zwei betrat ich den Laden, aber wer fehlte, war der Verkäufer. Zwanzig Minuten später kam er hereinstolziert.

„Tut mir leid, dass ich zu spät komme, Mr. Girard“, sagte er. „Was darf ich Ihnen zeigen?“

„Wissen Sie, wenn Sie verspätet zu einem Termin in meinem Büro erscheinen würden, so hätte ich genügend Dinge zu erledigen, dass ich mich deswegen nicht aufregen würde. Aber es ist nicht zu entschuldigen, dass Sie zu spät kommen, wo ich Sie an *Ihrem* Arbeitsplatz aufgesucht habe“, sagte ich ihm unverblümt.

„Entschuldigung, aber schauen Sie, ich aß gerade in der Cafeteria im Einkaufszentrum über die Straße zu Mittag, und die Bedienung war entsetzlich langsam.“

„Ihre Entschuldigung ist nicht akzeptabel“, sagte ich. „Sie hatten einen Termin mit einem Kunden, und als Sie merkten, dass es zeitlich nicht hinhauen würde, hätten Sie das Essen ausfallen lassen müssen, um Ihren Termin einzuhalten. Ich als Kunde, nicht Ihr Magen, hätte Vorrang haben müssen.“

Statt dass ich ein Modell zu einem interessanten Preis erwarb, gab es für ihn keine Chance, den Verkauf abzuschließen, weil ich über sein Zuspätkommen so verärgert war. Und das Traurige an der Geschichte ist, ich bin mir absolut sicher, dass er gar nicht begriffen hat, warum er das Geschäft vermasselt hat.

Ich denke, es ist für Verkäufer nicht ungewöhnlich, Kunden zu verlieren, weil sie nicht konsequent durchziehen, was nur scheinbar relativ nebensächliche Dinge sind. Daher sollten Sie schon bei der kleinsten Andeutung, dass ein Kunde durch die Vernachlässigung eines unbedeutenden Details verärgert sein könnte, sich sogleich um dieses Detail kümmern. Roni Leeman, die in Bexley, Ohio, mit teuren Häusern handelt, lässt nichts anbrennen, wenn es darum geht, ihrer Kundschaft eine Fülle scheinbar unbedeutender Serviceleistungen zu bieten. Wie Sie ihren Äußerungen entnehmen können, beabsichtigt Leeman nicht, einen Käufer, der von auswärts kommt, durch Vernachlässigung vor den Kopf zu stoßen. Sie sagt: „Ich erbringe ständig Dienstleistungen für sie, die nichts mit dem eigentlichen Immobilienverkauf zu tun haben. Beispielsweise diene ich als Infobörse, indem ich ihnen etwas über das Bildlungswesen, Schulen für behinderte Kinder, Tierpensionen, das kirchliche Geschehen, verfügbare und zuverlässige Haushälterinnen usw. erzähle. Und ich empfehle ihnen

Handwerker für die Renovierung ihrer Häuser. Wenn die neuen Eigentümer nicht in der Stadt sind, vereinbare ich die Termine mit den Versorgungsunternehmen für die Bereitstellung von Strom, Gas, Wasser und Telefonanschlüssen. Dann lasse ich auch die Handwerker zum Tapezieren, Streichen, Teppichböden verlegen usw. ins Haus. Während einer Hitzeperiode habe ich sogar den Rasen für sie gesprengt."

Leeman scheut sich nicht, eigenes Geld im Namen ihrer Kunden auszugeben, falls ein Missverständnis auftritt. „Ein Ehepaar war gerade ins neue Haus eingezogen, und die Leute konnten die Garagenschlüssel nicht finden. Die früheren Eigentümer waren aus der Stadt fortgezogen, deshalb musste ich Schlüssel für sie nachmachen lassen. Was machte es schon, wenn ich hierfür 150 Dollar ausgab. Das Haus hatte sie 500.000 Dollar gekostet, und ihr Wohlwollen war mir wichtig." Sie erklärt, dass Käufer es bei einem so großen Verkauf übelnehmen, wenn jemand sechs Prozent Provision abkassiert und dann keinen überragenden Service leistet. „Wenn Sie einem Verkäufer eine solche Summe bezahlen, verdienen Sie es, wie die Königin von England behandelt zu werden", sagt Leeman.

[In Deutschland beträgt die Maklerprovision in der Regel 3 % plus MWST. = 3,45 % - A. d. Ü.]

BESTÄNDIGER SERVICE, TAGEIN UND TAGAUS

Studieren Sie die wirklich erfolgreichen amerikanischen Unternehmen der Gegenwart, und Sie werden bei allen eine Gemeinsamkeit feststellen – die großen Konzerne leisten in ihrer jeweiligen Branche den überragendsten Service. Die IBMs, die McDonalds und American Expresses auf dieser Welt scheinen immer den Löwenanteil des Geschäfts auf sich zu verbuchen. Ebenso war jeder große Verkäufer, dem ich je begegnet bin, vom Dienst am Kunden besessen. Sie kennen diesen beinahe schon fanatischen Typ, der immer auf der Suche nach Möglichkeiten ist, wie er seine Kunden noch mehr zufriedenstellen kann. Es spielt keine Rolle, um welches Produkt es sich handelt, dieser Verkäufer hat tagein, tagaus den beständigen Wunsch, Kunden zu dienen; die Spitzenkräfte sind in jeder Branche aus dem gleichen Holz geschnitzt.

Indem Sie Ihre Kunden permanent mit Service bombardieren, lassen Sie einem Konkurrenten keine Schlupflöcher, um seinen oder ihren Fuß in die Tür zu bringen. Kunden auf Lebenszeit zu gewinnen, ist nicht an eine einzige Mammutaktion gebunden. Wirklich dauerhafte Beziehungen entstehen, wenn Sie in Ihren Servicebemühungen niemals nachlassen. Dadurch gelten Sie als jemand, der verlässlich ist, weil Sie postwendend alle Telefonanrufe beantworten, angeforderte Prospekte zuschicken usw. Es klingt so einfach – und das ist es auch. Es ist weder kompliziert noch schwierig, tagein, tagaus einen beständigen Service zu erbringen. Aber es erfordert sehr wohl eine Selbstdisziplin, die niemals endet.

Erst neulich im Supermarkt sah ich ein hervorragendes Beispiel für diese Art von prächtigem Service. Mit Interesse schaute ich einem Vertreter von Frito-Lay einige Minuten lang zu, wie er routinemäßig seine Warenbestandsliste ausfüllte. Mit äußerster Sorgfalt prüfte der Mann jedes Regal im Snackbereich, um sicherzustellen, dass alle Frito-Lay-Produkte gut bevorratet waren. Ich stellte mich ihm vor, und wir unterhielten uns kurz über das Thema Kundendienst. „Sie würden's nicht glauben, Joe", sagte er, „aber ich bin einen Umweg von 20 Meilen gefahren, um einem Kunden seinen Vorrat an Kartoffelchips im Wert von 40 Dollar aufzufüllen."

„Im Ernst", sagte ich. „Wie können Sie denn was verdienen, wenn Sie soviel Zeit in einen so kleinen Auftrag stecken?"

„Die Firma besteht auf dieser Art von Kundendienst. Und Sie haben Recht mit Ihrer Vermutung: So weit zu fahren für einen kleinen Auftrag, lohnt sich zeitlich gesehen für mich nicht. Es deckt nicht mal meine Spritkosten. Aber sobald ich ein Frito-Lay-Produkt in die Regale bekomme, will ich, dass es auch da bleibt. In diesem Gewerbe ist Regalplatz alles. Ich habe nicht die Absicht, einen Kunden zu verlieren, weil er mit meinem Service unzufrieden war."

Als ich nach Hause kam, führte ich eine kleine Marktanalyse über Frito-Lay durch. Mit ihren mehr als 10.000 Beschäftigten beherrscht die Firma, wie ich herausfand, den Markt für Kartoffelchips und Salzbrezeln mit einem geschätzten Marktanteil von 70 Prozent. Im Grunde unterscheiden sich die Kartoffelchips und Salzbrezeln eines Herstellers gar nicht so sehr von denen der Konkurrenz. Die einzige Möglichkeit, wie eine Firma einen solchen Marktanteil erobert, ist, dass sie ihren Handelsvertretern einschärft, immer hervorragenden Service zu bieten. Wie ich erfuhr, sind alle Frito-Lay-Vertreter, genau wie mein Gesprächspartner, geradezu darauf versessen, ihren Kunden zu dienen. Sobald sie erst in einem Geschäft Fuß gefasst haben, bieten sie soviel Service, dass sie schließlich den Kunden auf Lebenszeit an sich binden.

Genau wie ein Verkaufsfahrer sein Bestes gibt, um einen Lebensmittelhändler zu bedienen, so trifft dies auch auf Stan Glick von International Furniture zu, seines Zeichens Vertreter für einen der führenden Möbelfabrikanten des Landes. Glick hat sich eine blühende Karriere aufgebaut, indem er bei Kleinigkeiten seinen Kunden im Einzelhandel weit mehr Aufmerksamkeit schenkte, als es normalerweise üblich ist. Glick erkennt, wie wichtig es ist, mit seinen Kunden zu wachsen, und nach dem ersten Auftrag arbeitet er eng mit ihnen zusammen, um sicherzustellen, dass sie seine Produktlinie auch korrekt vermarkten. So überprüft er nicht nur regelmäßig die Warenbestände, sondern empfiehlt auch Preissenkungen für schwerverkäufliche Artikel. In festen Abständen hält er Schulungsseminare für das Personal seiner Kunden ab und erarbeitet mit ihnen effektive Maßnahmen zur Absatzförderung seiner Produkte. Zudem betätigt sich Glick als Werbeberater, indem er seinen Händlern vorschlägt, dass sie Anzeigen schalten, die er persönlich entworfen hat und solche, die sich bei seinen Kunden in anderen Städten seines Vertriebsgebiets als erfolgreich erwiesen haben.

Und erinnern Sie sich noch an Larry Huttle von der Firma Airstream? Huttle erläutert, dass die Spitzenverkäufer bei Airstream nach jedem Verkauf, jedoch bevor der Kunde in seinem nagelneuen Wohnmobil wegfährt, eine drei- bis fünfstündige Demonstration abhalten. Sie sind angewiesen, jedes Detail des Wohnmobils zu erklären einschließlich solcher Kleinigkeiten wie z. B. wie man die Boilerbeleuchtung einschaltet, wo die Sicherung für den Mikrowellenherd zu finden ist, wie man die Beladestützen austariert usw. „Ich habe schon erlebt, dass Wohnmobilverkäufer einem neuen Kunden einfach die Betriebsanleitung mit den Worten 'Lesen Sie das hier' in die Hand drückten“, erklärt Huttle. „Nun, ich bin bisher nur sehr wenigen Menschen begegnet, die sich die Handhabung eines Wohnmobils anhand einer Betriebsanleitung vorstellen können. Wir möchten, dass unsere Kunden mit ihrem Wohnmobil optimal zufrieden sind, denn wir wollen, dass sie noch weitere von uns kaufen, und wir wollen, dass sie uns ihren Freunden weiterempfehlen. Ein Topverkäufer sagt zu seinem Kunden: 'Ich bin rund um die Uhr erreichbar. Sollten Sie je ein Problem haben, können Sie mich entweder per R-Gespräch in der Niederlassung oder privat daheim anrufen.' Unsere Verkäufer kennen ihre Produkte so gut, dass sie, wenn ein Kunde ein Problem hat, dieses in der Regel am Telefon lösen können oder ihm jemanden in seiner Region nennen, der es beheben kann.“

Es spielt keine Rolle, was Sie verkaufen – Kartoffelchips, Möbel oder Wohnmobile – Spitzenservice ist ein gemeinsamer Nenner, um langjährige Kunden zu gewinnen. Und wenn Sie einen dauerhaften, zuverlässigen Service bieten und in ständigem Kontakt mit Ihrem Kunden bleiben, dann können Sie, wann immer mal tatsächlich ein Problem auftaucht, es gemeinsam mit ihm lösen. Aber wenn Sie einen Kunden nur bei größeren Problemen kontakten, steht Ihnen eine schwierige Zeit bevor, wenn Sie ihn zu beschwichtigen suchen. Beispielsweise habe ich viele Börsenmakler erlebt, die ihre Kunden nur anriefen, wenn es etwas Positives zu vermelden gab. Es ist leicht, ihnen angenehme Nachrichten mitzuteilen wie „XYZ ist heute um zwei Punkte gestiegen." Oder „Gerade wurde bekanntgegeben, dass ABC ein Übernahmeangebot für XYZ vorlegen wird". Es ist aber für einen Broker ebensowichtig, seine Kunden fortlaufend anzurufen, um sie auch über schlechte Neuigkeiten in Kenntnis zu setzen. „Ich habe gerade eine Meldung telegrafiert bekommen, dass die Erträge von XYZ in diesem Quartal um fünfzehn Cent pro Aktie gefallen sind, und ich denke, Sie sollten hierüber informiert sein." Oder „Die Fusion mit ABC ist geplatzt".

Sie müssen sich vor Augen halten, dass Ihr Job nicht einfach darin besteht, von einem Verkauf zum nächsten zu gehen und all Ihre Energie in die Erschließung neuer Kunden zu stecken – Sie müssen sich die Zeit nehmen, sich auch um Ihre bestehenden Kunden zu kümmern. Leider gibt es viele Verkäufer, die die Meinung vertreten, „Mit Kundendienst ist kein Geld zu verdienen." Auf den ersten Blick mag es so aussehen, dass eine Pause, in der Sie eine Serviceleistung erbringen, von der Zeit abgeht, die Sie sonst in die Neukundenakquisition investieren könnten. Aber so läuft das wirklich nicht. Die Menschen schätzen guten Service, und sie werden immer wieder zu jenen Verkäufern zurückkommen, die ihn bieten. Vor allem aber werden sie andere Leute zu Ihnen schicken; es erzeugt einen Schneeballeffekt.

Ich wiederhole es nochmal, damit Sie es sich auch bestimmt merken: *Service, Service, Service. Geben Sie Ihren Kunden soviel Service, dass sie Schuldgefühle bekommen, wenn sie auch nur daran denken, mit jemand anderem Geschäfte zu machen!* Auf Service wie diesen gründen sich große Verkaufskarrieren. Denn man kann zurückgehen und einen Verkauf nach dem anderen abschließen, immer wieder.

EIN WORT ZUM SCHLUSS - ALLZEIT BEREIT

Ich habe betont, wie wichtig es ist, dass man vorbereitet ist, bevor man einem Kunden gegenübertritt. Abkürzungen gibt es nicht. Es spielt keine Rolle, was Sie verkaufen oder wo Sie es verkaufen - Sie müssen Ihren Teil dazu beitragen und Ihre Hausaufgaben machen. Wie die Aufschrift auf meiner Visitenkarte besagt: „Der Fahrstuhl zu Gesundheit, Glück und

Erfolg ist außer Betrieb - Sie müssen die Treppe benutzen, eine Stufe nach der anderen." Ich hoffe, ich habe diese Botschaft das ganze Buch hindurch oft genug hervorgehoben, dass sie sich nun tief in Ihr Gehirn eingegraben hat.

Mit der Erkenntnis, dass es neben den in diesem Buch erklärten Verkaufstechniken und -philosophien viel harter und cleverer Arbeit bedarf, verfügen Sie nun über das notwendige Rüstzeug, um *jeden Verkauf abzuschließen – immer!* Das sind keine leeren Worte. Glauben Sie daran, und *Sie können es wahrmachen.*

In meinem Vorwort habe ich Sie aufgefordert, meine Ideen aufzugreifen und sie noch besser für sich arbeiten zu lassen, als sie es für mich taten. Und es ist wiederholbar – *ich fordere Sie heraus!*

ÜBER DEN AUTOR

JOE GIRARD hat stets die Überzeugung vertreten, dass harte Arbeit und Ausdauer Wunder wirken können, und diese Prämisse hat er mit seinem eigenen Leben unter Beweis gestellt. Seit er sich im Alter von neun Jahren als Zeitungsjunge für die *Detroit Free Press* die ersten Sporen verdiente, hat Joe Girard als Schuhputzer, Tellerwäscher, Austräger, Ofensetzer und Bauunternehmer gearbeitet, bis er schließlich als Verkäufer bei einer Chevrolet-Niederlassung in Detroit eine neue berufliche Laufbahn einschlug. Bei seinem Ausscheiden aus dem Autohaus hatte er mehr als 13.000 Autos verkauft, ein Rekord, der ihm zwölf Jahre in Folge einen Eintrag im *Guiness Buch der Rekorde* als der »beste Verkäufer der Welt« sicherte. Bis heute hält er damit den absoluten Absatzrekord bei teuren Gebrauchsgütern im Einzelhandel... dies entspricht im Schnitt sechs Verkäufen pro Tag!

Als einer der begehrtesten Gastredner Amerikas spricht Joe Girard vor Bürgergruppen, religiösen Vereinigungen und bei Verkaufstagungen vieler namhafter Unternehmen. Auf der Liste seiner Engagements finden sich renommierte Firmen wie General Motors, A.B. Dick Company, Xiebart Corporation, Chrysler Corporation, Ford Motor Company, CBS Records, Kraft, Ameritech Publishing (Branchenfernsprechbücher), Polaroid, Dunn & Bradstreet, Kiwanis Clubs, National Apartment Association, International Sanitary Association, National Home Furnishing Association, John Deere Co., Federal Reserve Bank of Chicago, K-Mart, Mary Kay Cosmetics, General Electric, 3-M, Jack LaLanne Health Spas, International sowie mehrere hundert Werbe- und Verkaufsklubs in den USA und Kanada.

Es ist leicht zu verstehen, warum Joe Girards erstes Buch WIE MAN JEDEM ALLES VERKAUFT (natürlich ein Bestseller!) Millionen Verkäufern in aller Welt half, denn hier wie auch in seinem zweiten Buch WIE MAN SICH GUT VERKAUFT verrät Mr. Girard die Geheimnisse seines Erfolgs. „Die Leute kaufen nicht ein Produkt – sie kaufen mich, Joe Girard“, sagt er. „Es steht ihnen ins Gesicht geschrieben.“

Die Liste der Auszeichnungen, die Joe Girard erhalten hat, ist beeindruckend. So bekam er seit 1966 jedes Jahr den Titel »Autoverkäufer Nummer Eins« oder auch den Golden Plate Award der American Academy of Achievement verliehen.

Joe Girard ist immer daran interessiert, von seinen Lesern zu hören. Sie können ihm schreiben oder zum Telefon greifen:

JOE GIRARD (001) 313 774-9020

P.O. Box 358 · East Detroit · Michigan 48021

Andrew H. Thomson, *The Feldman Method* (Chicago: Farnsworth - Publishing, 1969, 1980)

Mark H. McCormack, *What They Don't Teach You at Harvard Business School* (New York: Bantam Books, 1984)

Martin Shafiroff and Robert L. Shook, *Successful Telephone Selling in the '80s* (New York: Harper & Row, Publishers, 1982)

Mary Kay Ash, *Mary Kay on People Management* (New York: Warner Books, Inc., 1984)

Richard C. Morals, "What is Perfume But Water and a Bit of Essence?" *Forbes* (May 2, 1988)

Robert L. Shook, *Ten Greatest Salespersons* (New York: Harper & Row, Publishers, 1978)

Robert L. Shook, *The Entrepreneurs* (New York: Harper & Row, Publishers, 1980)

Robert L. Shook, *Why Didn't I Think of That!* (New York: New American Library, Inc., 1982)

FÜR IHRE NOTIZEN:

FÜR IHRE NOTIZEN:

FÜR IHRE NOTIZEN:

FÜR IHRE NOTIZEN: